크리스토퍼
콜럼버스

종말론적 신비주의자

중세르네상스연구소 연구시리즈1

크리스토퍼 콜럼버스

종말론적 신비주의자

초판 1쇄 발행 2013년 11월 15일
초판 5쇄 발행 2023년 2월 10일

지은이 주경철

펴낸곳 서울대학교출판문화원
주소 08826 서울 관악구 관악로 1
도서주문 02-889-4424, 02-880-7995
홈페이지 www.snupress.com
페이스북 @snupress1947
인스타그램 @snupress
이메일 snubook@snu.ac.kr
출판등록 제15-3호

ISBN 978-89-521-1445-7 93920

중세르네상스연구소 연구시리즈 1

크리스토퍼 콜럼버스

종말론적 신비주의자

주경철 지음

서울대학교출판문화원

이 저서는 2007년 정부(교육과학기술부)의 재원으로 한국연구재단의 지원을 받아 수행된 연구임(NRF-2007-361-AL0016).

This work was supported by the National Research Foundation of Korea Grant funded by the Korean Government (NRF-2007-361-AL0016).

프롤로그

근대 세계의 특징은 지구상의 모든 대륙, 모든 문명이 서로 영향을 주고받으며 하나의 역사 흐름 속에 합류했다는 것이다. 물론 그 이전에도 세계 각 지역 간에는 어떤 식으로든 교류가 지속되었으나, 그것은 마치 삼투현상처럼 오랜 기간에 걸쳐 서서히 일어난 일이다. 낙타 대상(隊商)이나 노새, 우마차 같은 과거의 교통수단으로는 물자가 대규모로 오고 간다든지 정보와 지식 등이 빠른 속도로 전파되는 것은 불가능했다. 여기에 일대 혁신이 일어난 것은 15-16세기 이후 소위 '대항해시대'의 일이다. 원양항로가 개척된 이후 전 세계 모든 지역이 바다를 통해 연결되고, 사람과 물품 혹은 생태계 요소들이 세계 각지로 전파되었으며, 그럼으로써 진정한 의미의 세계사 혹은 지구사가 시작되었다고 할 수 있다. 이런 관점에서 보면 근대 세계는 바다에서 형성되었다고 해도 과언이 아니다.

근대 세계는 전 세계의 문명이 협력하여 만들어 낸 결과물이다. 장구한 시간 동안 비교적 고립된 상태에서 발전한 각 문명의 성과들이 바닷길을 통해 교류하고 뒤섞이고 결합하면서 새로운 구조가 형성된 것이다. 그 과정은 여러 의미에서 매우 '폭력적'이었다. 우선 무력의 충돌이라는 좁은 의미의 폭력이 빈발했고, 동시에 전 세계 각지의 사회·경제 및 자연생태계 요소들이 급격하게 충돌하고 변화를 겪는 넓은 의미의 폭력도 발생했다. 그러한 폭력적 격변을 촉발한 것은 유럽의 힘이었다. 유럽인들은 함포를 탑재한 우수한 선박을 이용해 전 세계의 바다로 돌진하여 주요 거점들을 장악해 나갔으며, 이는 장기적으로 광대한 영토를 지배하는 제국주의로 귀결되었다. 그렇지만 여기에서 거듭 강조하고 싶은 점은 유럽이 근대 세계 전체를 만들어 낸 것은 아니며, 세계 여러 문명의 성과물들이 융합되면서 새로운 시대, 새로운 사회가 형성되었다는 점이다. 유럽인들의 공헌이 있다면 세계 각지의 문명과 문화가 서로 조우하고 교류하도록 문을 열었다는 것이다. 비유하자면 그들이 세계화의 뇌관을 터뜨린 셈이다. 그리고 자신이 유도한 근대 세계 형성의 큰 흐름에 올라탐으로써 선두 주자가 된 것이다.(주경철, 2008)

유럽이 세계의 바다를 선점하면서 주도권을 쥔 것은 특기할 만한 일임에 틀림없다. 원양항해의 개척은 결코 쉬운 일이 아니었다. 언제든 육지로 귀환할 수 있는 근거리에서 선박을 운행하는 연안항해는 어느 문명권에서나 다 수행하던 것이다. 그러나 대서양, 인도양, 태평양을 가로질러 다른 대륙으로 향하는 원양항해는 완전히 다른 차원의 일이다. 지구 전체의 형상에 대해 정확한 지식을 가지고 있지 않았던 당시의 상황에서 오직 풍력에만 의존하는 범선을 타고 수평선 너머 어둠의 심연 같은 먼바다로 돌진하는 것은 죽음을 각오한 지극히 위험한 일이었다. 이는 아무리 탐욕에 눈이 멀고 지위 상승에 목마르다고 해서 할 수 있는 일이 아니다. 그렇다면 유럽인들은 어떤 심정으로 세계의 바다를 향해 나아간 것일까?

필자는 대항해시대에 근대 세계의 다양한 측면이 발전하는 과정을 연구한 바 있다. 이 책은 이전의 연구에서 미처 수행하지 못했던 부분을 보충하는 의미를 지닌다. 그것은 이 시대의 유럽인들이 적극적이다 못해 공격적인 태도로 세계를 향해 나아가도록 만든 심성을 궁구(窮究)해 보는 일이다. 유럽인들이 가지고 있던 아시아에 대한 강렬한 동경, 처음 조우하는 다른 문명권 사람들에 대한 폭압적인 태도, 자신들의 정신적·종교적 우월성에 대한 확신과 인종주의적 편견 같은 것들은 과연 어떤 심성 구조에서 나왔을까?

필자는 이 책에서 대항해시대의 서막을 올린 중요한 인물인 콜럼버스를 통해 이 문제를 살펴보고자 한다. 콜럼버스는 분명 시대의 큰 흐름의 선두에 서 있었으며 또 그 흐름의 형성에 일조했던 세계사적인 인물이다. 그런데 우리는 과연 콜럼버스를 어느 정도 잘 알고 있을까? 우리는 그가 유럽 대륙과 아메리카 대륙을 왕래하는 대서양 항해에 처음 성공한 유럽인이라는 것을 알고 있다. 그는 서쪽으로 항해하면 아시아로 갈 수 있다는 확신을 가졌고, 이 제안을 받아들인 스페인 왕실의 지원을 받아 대서양 항해에 나설 수 있었다. 아시아 대륙이 존재하리라고 믿은 바로 그 지점에 마침 아메리카 대륙이 위치해 있었기 때문에 그는 자신이 아시아에 도착했다고 믿었으며, 죽을 때까지 이 믿음을 버리지 않았다. 이것이 우리가 콜럼버스에 대해 알고 있는 일반적인 지식이다. 그러나 과연 콜럼버스가 마음에 품고 있던 생각이 정확히 무엇이었는지에 대해서는 그동안 잘 알려지지 않았다. 기존 연구들은 대개 콜럼버스의 항해에 집중하든지, 정치사 혹은 사회사적인 관점에서 근대 유럽을 연구하든지, 그렇지 않으면 아메리카 지역이 겪은 심대한 변화를 추적하곤 했다. 그렇지만 콜럼버스를 비롯하여 유럽인들이 왜 그토록 아시아로 가려고 했는지를 밝히는 심성사 부문에서는 아직 연구가 부족한 형편이다.

이 연구에서는 그동안 잘 알려져 있지 않던 콜럼버스의 또 다른 측면을 살펴볼 것이다. 이 책은 그가 종말론적인 태도에 깊이 침윤된 인물이라는 점을 부각시키고자 한다. 아마도 이는 그동안 우리가 알고 있던 콜럼버스와는 너무나도 달라서 매우 낯설게 느껴질 수도 있다. 사실 최근에 콜럼버스의 특이한 심성들을 밝혀내는 연구들이 많이 진행되고 있다. 이런 연구들이 밝혀낸 바에 따르면, 콜럼버스는 독학으로 많은 책들을 탐독했고 그에 근거하여 특이한 지구관과 우주관을 만들어 냈으며, 점성술적인 지식에 탐닉하여 세상이 종말을 맞기까지 150년밖에 남지 않았다는 결론을 이끌어냈다. 조만간 적그리스도가 등장하는 인류 역사의 마지막 단계가 시작될 것이라는 게 그의 시대 인식이었다. 그러므로 진실한 신도들이 구원을 얻기 위해서는 말세를 맞이할 준비 작업이 필요한데, 이 사업을 주도할 '마지막 황제'가 스페인 땅에서 나온다고 믿었다. '마지막 황제' 혹은 '새로운 다윗'이 주도하는 십자군이 예루살렘을 회복하여 성전을 재건하는 것이 당대의 급선무였다. 콜럼버스는 자신이 아시아를 찾아가는 것도 이런 맥락에서 해석했다. 새 다윗의 조력자인 그가 해야 할 일은 무엇보다도 구원받을 인류가 최종적으로 되돌아가야 하는 지상낙원의 실재(實在)를 확인하고, 구약에 기록된 금광을 재발견하여 이슬람 세력을 격퇴하는 데에 필요한 자금을 마련하는 것이었다.

그렇다면 그는 이런 사실을 어떻게 깨닫게 되었을까? 콜럼버스는 신이 자신에게 영적 이해력을 주어 '세상의 비밀'을 알게 되었다고 믿었다. 그리고 인류의 구원이라는 거대한 신의 계획에 헌신하는 것이 바로 자신의 임무라고 생각했다. 이런 논리에서 자신이 아시아의 동쪽 끝에 다녀온 것은 모세의 출애굽이나 예수의 탄생과 비견되는 세계사적인 사건이라고 판단했다. 그가 수행한 해외 영토의 '지리적인 발견'은 세계 기독교의 '영적인 갱생'과 긴밀히 연결되어 있었다. 이처럼 '콜럼버스 현상'은 그의 내면세계와 떼어놓고는 제대로 이해할 수 없다.

콜럼버스가 전적으로 이런 종교적 측면만 가지고 있었던 것은 아니며, 대단히 세속적인 측면 또한 강했던 것이 사실이다. 제노바의 빈한한 집안 출신인 그는 해외에서 위업을 이루어 귀족 지위를 얻는 것이 평생의 목표였다. '아시아 항해'에 성공했다고 확신한 이후에는 심지어 자기 아들이 추기경 직을 얻을 수 있도록 교황에게 청탁해 달라는 편지를 스페인 국왕에게 쓰기도 했다. 그렇다면 이처럼 세속적 욕구에 휘둘리는 콜럼버스와 인류 구원의 대의를 위해 헌신하는 콜럼버스 중 어느 것이 진짜 그의 모습이란 말인가?

이 책에서는 콜럼버스에게 그 두 측면이 모두 강하게 존재했다는 입장을 취하려 한다. 그렇다면 세속적인 측면과 성스러운 측면을 다 가지고 있다는 주장은 과연 타당한가? 한 사람의 내면에 그처럼 모순적인 심성이 공존할 수 있는가? 바로 그와 같은 사실, 곧 그의 내면에 상반된 두 속성이 충돌하지 않고 함께 존재한다는 것이야말로 이 책에서 드러내 보이고자 하는 바이다. 사실 이 작업은 생각보다 단순한 일이 아니다. 한 사람의 내면세계에 수도사와 같은 면모와 모험가·기업인 같은 면모가 조화롭게 공존하는 것은 흔치 않은 일이다. 어쩌면 콜럼버스처럼 내면에 영과 육, 세속과 성스러움, 정치와 종교 등이 긴밀히 얽혀 있다는 점이 현재와 다른 이 시대의 특징이라 할 수 있다. 성스러움은 이 세상을 초월한 또 다른 차원에 존재하는 게 아니라 바로 이 세상에 현존해 있다. 중세인들이 보기에 에덴동산 혹은 낙원은 추상적인 어떤 '상태'가 아니라 지구상에 실재하는 '장소'이며, 더 구체적으로 아시아의 동쪽 끝에 위치해 있다. '새 예루살렘'을 찾기 위해서는 현실의 예루살렘을 먼저 회복해야 하며, 이런 일을 주도할 인물은 현존하는 스페인 왕실에서 나온다. 이런 것이 콜럼버스와 동시대 사람들의 사고방식이었다. 이처럼 콜럼버스의 사고에서는 오늘날 같으면 추상적이 되기 십상인 요소들이 매우 구체적인 형태를 띠고 있다. 그의 항해도 마찬가지였다. 그는 현실의 아시아를 향해 항해하지만, 그곳은 단순히 물리적인 땅으로서의 아시아가 아니라 신비한 일이 가득한 땅인 아시아이며, 그곳으로 가는 항해는 인류의 구원을 향한 신의 거대한 계획 속에서 이루어지는 신성한 항해이기도 하다. 그의 대서양 항해를 인도한 것은 잃어버린 낙원을 향한 중세적 꿈이었다.

콜럼버스의 사례에서 읽을 수 있는 이런 특이한 심성은 유럽 문명의 기저에 공통으로 작용하고 있는 요소가 아니었을까? 유럽인들이 그토록 강렬한 염원을 가지고 해외로 나가고 다른 문명들에 대해 지극히 공격적인 태도를 보이도록 만든 심리적 동인은 낙원을 되찾기 위한 강박증 같은 것이 아니었을까? 『낙원의 역사(*Une histoire du paradis*)』를 쓴 장 들뤼모(Jean Delumeau)에 의하면 서구 문화의 핵심에는 '낙원의 상실'이라는 개념과 긴밀히 연관된 원죄 의식이 자리 잡고 있다.(Delumeau; 주경철 2005, 134-136) 아우구스티누스적인 신학의 관점에서 보면, 인간은 원래 신과 함께 낙원에서 완벽한 삶을 살고 있었지만 죄를 지어 쫓겨났다. 이시도루스(Isidorus)로부터 아퀴나스(Thomas Aquinas)까지 중세의 많은 학자들은 낙원이 이 세상에 구체적으로 존재하며 그곳이 지극히 아름다운 곳임을 강조하는데, 이는 곧 그곳에서 쫓겨난 안타까움을 역으로 표현한 것이다. 원죄로 인해 우리는 더 이상 낙원에 살지 못하고 지옥의 공포로 떨게 되었다. 이런 사고는 정교한 신학 교리가 아닌 민중적 종교 심성에서는 더욱 구체성을 띠게 된다. 에덴동산은 아시아의 동쪽 끝에 위치해 있으며, 원죄 이후 인간의 접근이 금지되어 있지만 말세가 되면 결국 인류는 그곳으로 향하게 된다는 것이다. 말세가 가깝다면 그만큼 낙원으로 되돌아가는 시기가 가깝다는 말이기도 하다. 따라서 시대의 과업은 신앙의 적을 무찌르고 온 세상 사람 모두가 기독교를 받아들이도록 하는 일이 된다. 신의 이름으로 전투를 벌이고 다른 대륙 사람들을 노예로 만드는 것은 그렇게 해서 일어난 일이다. 아시아에 대한 갈망은 이처럼 유럽 문명의 깊은 저변에서 무의식처럼 작동하고 있었다.

콜럼버스는 그와 같은 중세적 꿈의 세계에서 동력을 길어 왔다. 그렇지만 그 꿈이 언제까지나 지속된 것은 물론 아니다. 콜럼버스로 인해 이 세상에 풀어헤쳐진 그 힘들은 냉혹한 근대 세계를 만들어 갔다. 아마도 국가가 신의 대리인 역할을 맡게 되고, 우수한 무기를 갖춘 거대한 함선들은 솔로몬의 금광뿐 아니라 세계의 자원을 약탈하며, 인류 구원의 약속은 어느덧 서구의 지배 이데올로기와 혼융(混融)되어 갔다.

콜럼버스는 평생 자기 이름의 주인공인 크리스토퍼 성인을 염두에 두고 있었다. 예수를 안아 냇물을 건넨 성인, 유혹하기 위해 들여보낸 아름다운 여인들을 신앙의 여전사로 만들어 이교의 성전을 부수게 만든 성인, 자신을 탄압하는 왕이 쏜 화살을 공중에서 돌려보내 왕의 눈을 꿰뚫는 힘을 가지고 있었지만 스스로 참수를 허락해 순교의 피로 기독교를 널리 퍼뜨린 성인… 그와 같은 성스러운 힘을 빌려 세계의 성스러운 종말을 준비한 그의 노력은 결국 새로운 세계를 낳았다. 이제 근대 세계의 형성에 가장 크게 기여했던 인물 중 한 사람인 콜럼버스의 삶과 정신세계로 들어가 보자.

차례

제2부 대서양 항해와 내면의 항해

1

콜럼버스와 그의 시대

그는 누구인가? 우리는 콜럼버스에 대해 너무나도 잘 알고 있는 동시에 너무나 많은 것을 모른다. 심지어 20세기 초까지도 그가 이탈리아 사람인지, 포르투갈 사람인지 혹은 유대인인지 모르는 상태였다. 아직도 그는 짙은 미스터리의 안개에 싸여 있지만, 그동안 문서보관소에서 많은 자료를 확인한 연구자들의 노력 덕분에 그의 삶과 행적의 많은 부분이 밝혀졌다. 여기에서 우리는 우선 그가 어떤 성장 과정을 거쳤으며, 포르투갈과 스페인에서 어떤 활동을 하면서 신분상승을 이루어 갔는지, 그리하여 최종적으로 대서양 항해의 지원을 어떻게 얻어냈는지에 대한 사정을 정리해 보고자 한다. 동시에 그가 어떤 경로를 거쳐서 그처럼 특이한 세계관을 형성해 갔는지 알아보기 위해 내면세계의 발전 과정도 살펴볼 것이다.

콜럼버스는 새로운 시대를 개척한 인물인 동시에 자신의 시대에 가장 깊이 침윤되어 있던 인물이다. 그는 대륙에서 대양으로 유럽의 힘이 뻗쳐 나가는 세계사적인 전환기의 최전선이었던 이베리아 반도에서 자신의 사업을 펼쳤고, 천 년 동안 지속되어 온 중세적 세계관에 르네상스 시대의 새로운 학문이 더해져 다이내믹한 변화를 겪던 당대의 심성세계 안에서 자신의 독특한 사고를 발전시켰다. 그가 속해 있던 시대를 통해 그를 이해하고 또 그의 사례를 통해 시대의 내면을 읽어 보자.

1. 콜럼버스와 근대사

신세계와 구세계의 만남

1492년 8월 3일 해가 뜨기 한 시간 전, 산타마리아(Santa María), 니냐(Niña), 핀타(Pinta) 세 척의 배가 스페인의 팔로스 항을 떠나 대서양으로 진입했다. 콜럼버스가 지휘하는 이 선단의 목적지는 아시아였다. 이들은 '서쪽으로' 바다를 건너 일본이나 인도 혹은 중국으로 가고자 했다. 오늘날의 기준으로 보면 대양(大洋)을 건너기에 이 배들은 너무나 작아 보였다. 그중 콜럼버스가 직접 지휘한 산타마리아호가 그나마 가장 큰 배로서 그 크기가 약 100토넬라다(tonelada, 스페인에서 사용하던 중량과 부피의 단위로 1.42세제곱미터로 추산된다) 정도이고, 핀타와 니냐는 각각 75토넬라다와 60토넬라다로 추산된다. 산타마리아호의 제원은 길이 16-25미터에 폭 6.5-8.5미터 정도로, 테니스 코트(가로 10.97미터, 세로 23.78미터)만 한 크기였다.(Crouzet, 24)[1] 사실 탐험용 선박으로는 작은 배

1 물론 배 크기를 정확히 알 수는 없으므로 학자들마다 약간씩 다른 수치를 제시한다. 선박의 역사를 다룬 한 책에서는 이 배의 크기에 대해 길이 23-30미터에 폭 7-9미터, 흘수

가 꼭 불리하기만 한 것은 아니다. 배가 너무 크면 처음 접근하는 낯선 해안에서 암초에 걸려 좌초되거나, 수심이 낮은 해안에는 접근하지 못할 위험이 있기 때문이다. 그렇다 하더라도 이 작은 공간에서 40명이 넘는 남자들이 부대끼며 항해하는 것은 너무나도 불편한 일일 뿐 아니라, 해상 위험 요인들과 보급 문제까지 고려하면 이런 소형 선박으로 대서양을 건너는 것은 무모한 일로 보인다. 콜럼버스는 얼마나 큰 확신을 가지고 있었기에 이토록 위험한 모험을 강행했을까?

세 척의 배는 우선 스페인의 대서양 항해에서 전진기지 역할을 하는 카나리아 제도를 찾아갔다. 아프리카 대륙의 서쪽에 위치한 카나리아 제도는 스페인의 최서단 영토였다. 아프리카의 대서양 연안 지역으로 항해하는 선박들은 대개 이곳에 들러 수리와 보급을 마친 후 원래의 목적지로 항해해 갔다. 스페인에서 카나리아 제도로 가는 항해는 이즈음에는 거의 일상적인 일이어서 콜럼버스 선단도 큰 무리 없이 도착할 수 있었다. 그러나 이곳을 떠나 사람들이 '암흑의 바다'로 부르던 서쪽의 망망대해로 들어가는 것은 완전히 다른 차원의 문제였다.

과학에 무지하고 미신에 빠져 있던 선원들은 여전히 '평평한 지구(flat earth)'를 머릿속에 그리고 있어서 먼바다로 나가면 배가 낭떠러지 아래로 떨어져 영영 돌아오지 못한다고 믿었을까? 너무나도 널리 퍼져 있는 이 이야기는 사실 현대에 만들어진 우화에 불과하다. 콜럼버스의 시대에 어느 정도 교육받은 사람들이나 선원들 중에 그런 생각을 가진 사람은 아무도 없었을 것이다. 지구구형설은 이미 오래전부터 상식이었다. 아래에서 설명하겠지만, 당시 사람들이 '평평한 지구' 가설을

는 약 3미터라고 소개한다.(붕크, 70-73)

믿고 있었으리라는 견해는 그로부터 300년 이상 지난 19세기에 만들어진 이야기다. 단지 콜럼버스 선단의 선원들은 그들이 잘 알지 못하는 바다로 너무 멀리 나갔을 때 물과 식량이 떨어진 상태에서 귀환하지 못하는 사태가 일어날까 두려워했을 뿐이다.

우려와는 달리 이들의 대서양 항해는 매우 순조롭게 진행되었다. 『항해일지』에서 콜럼버스가 "마치 세비야의 4월 날씨 같다"고 표현할 정도로 날씨도 좋았고 별다른 큰 사건도 없었다. 문제는 한 달 넘게 항해했는데도 섬이나 육지가 보이지 않는다는 점이었다. 출항 시에는 700리그(league, legua, 거리를 나타내는 과거의 단위, 스페인에서 항해 거리를 나타낼 때에는 약 5,900미터에 해당한다)를 항해하면 땅이 보일 것이라고 예견했으나, 10월 6일 세 배의 도선사(pilot)들이 모여 계산해 보니 이미 800리그나 항해한 상태였다. 대륙이건 섬이건 닻을 내리지 못한 채 계속 전진하면 안전하게 되돌아간다는 보장이 없다. 선원들이 불안해하는 것은 충분히 이해할 수 있는 일이다. 이런 상황에서 콜럼버스는 2천 리그까지는 가보고 회항하자고 제안했고, 다른 두 선장도 항해를 계속하자는 의견이었다. 그러나 선원들의 불만과 불안을 잠재울 수는 없었고, 서인도제도에 도착하기 이틀 전에는 반란에 가까운 사태가 벌어졌다. 많은 선원들이 이런 식으로 계속 동풍이 불어 서쪽으로 한없이 밀려 가면 어떻게 귀환할 수 있겠느냐면서 지금이라도 빨리 뱃머리를 돌리라고 요구했다. 이런 심상치 않은 분위기에서 콜럼버스는 신이 우리를 여기까지 데려왔으므로 도로 데려가지 않겠느냐고 설득할 뿐이었다. 선원들이 무기를 드는 지경에 이르자 콜럼버스는 나를 죽일 수는 있지만 돌아가서 재판을 피할 수는 없으리라는 말로 대응했다. 그들은 결국 2-3일 더 항해하고 나서 다시 논의하기로 합의했다.

그런데 바로 다음날인 10월 11일부터 땅이 가까이 있다는 온갖 징조들이 보이기 시작했다. 막대기, 널빤지 같은 부유물들이 바다 위에 떠다녔다. 곧 육지에 닿을 것을 예감한 콜럼버스는 처음 땅을 본 사람에게 국왕이 1만 마라베디(maravedi, 당시 스페인의 화폐 단위)를 주기로 약속한 사실을 환기시키고, 동시에 자신도 비단 재킷을 상으로 얹어주겠노라고 말했다. 큰 기대에 부풀어서였을까, 원래 밤에는 위험을 피하기 위해 항해하지 않기로 했지만 콜럼버스 일행은 이제 그런 원칙도 무시하고 야간 항해를 한 것이 분명하다. 핀타호의 선원 후안 로드리게스 베르메호(Juan Rodríguez Bermejo)가 처음 땅을 발견한 것이 10월 12일 새벽 두 시였기 때문이다.[2] 카나리아 제도를 떠나 본격적으로 대서양 항해에 나선 지 33일 만의 일이다. 당시 콜럼버스는 일본 혹은 아시아 대륙의 한 지방에 도착했다고 생각했겠지만, 이곳이 바하마 제도의 한 섬이고 아시아는 훨씬 더 먼 곳에 있다는 사실을 알 리는 없었다.

이제 콜럼버스 일행은 뭍에 오를 준비를 했다. 2리그 앞에 보이는 그 섬은 현지인들이 구아나아니(Guanahani, 현지어로 '이구아나'의 뜻)라고 부르는 곳이었만 콜럼버스는 새로이 산살바도르(San Salvador, '구세주'의 뜻)라고 명명했다. 죽음의 위험을 넘기고 무사히 도착하도록 도와주신 구세주의 은총을 기린다는 의미였다. 콜럼버스 선단이 도착한 지점이 정확히 어디인지에 대해서는 오늘날까지도 논쟁이 그치지 않지만, 과거 와틀링(Watling)이라 불리던 곳으로 현재 산살바도르로 개명된 섬이라는 것이 일반적인 견해다.

2 나중에 콜럼버스는 사실 자신이 전날 밤 열 시에 먼저 땅을 봤다고 주장했다. 그는 불빛을 보았지만 너무 희미해서 확실히 주장을 하지 않았을 뿐이라는 것이다. 그는 이것이 밀랍 초였으리라고 생각했다. 그처럼 생각한 것은 괜한 일이 아니다. 모든 것을 종교적 의미로 해석하려 했던 콜럼버스는 이 불빛이 성당의 촛불을 상징하며, 이 지역에 성령의 빛을 비추라는 하느님의 계시라고 믿었다.

이 낯선 섬에서는 과연 어떤 일들이 기다리고 있을까? 처음 보는 짐승이나 '신드바드의 모험'에 나올 법한 괴물이 있는 것은 아닐까? 온갖 불안과 기대 속에 그들은 상륙 준비를 했다. 콜럼버스의 『항해일지』에는 이날의 일이 다음과 같이 기록되어 있다.[3]

> 새벽 두 시에 육지가 보였다. 약 2리그 거리였다. 그들은 중앙 마스트의 돛만 남기고 모든 돛을 내린 다음 금요일 아침 해가 뜰 때까지 시간을 끌면서 기다렸다. 아침에 루카야스(Lucayas) 제도의 한 섬에 도착했는데, 이 섬은 인디언 말로 구아나아니라 불렸다. 그들은 곧 벌거벗은 사람들을 보았다. 제독[콜럼버스]은 마르틴 알론소 핀송(Martín Alonso Pinzón) 그리고 그의 동생인 니냐호 선장 비센테 아네스(Vicente Anes)와 함께 무장 상륙정을 타고 뭍에 올랐다. 제독은 왕실 깃발을 꺼냈고 두 선장은 녹색 십자가가 그려진 깃발 두 개를 가지고 갔다. 이 깃발들에는 십자가 양쪽에 F자와 Y자가 새겨져 있고 그 글자들 위에는 각각 왕관이 그려져 있었다.[4] 상륙한 지점에서 그들은 푸른 나무와 연못 그리고 다양한 종류의 과일을 보았다. 제독은 두 선장과 또 육지에 뛰어내린 사람들 그리고 선단의 서기인 로드리고 데스코베도(Rodrigo Descobedo)와 로드리고 산체스 데 세고비아(Rodrigo Sánchez de Segovia)를 불렀다. 그리고 그들에게 자기가 모든 사람이 보는 앞에서 이 섬을 자신의 군주인 스페인 왕과 여왕의 소유로 삼았으며, 그에 필요한 선언을 하고 그곳에서 쓴 증명서에 그 내용을 자세히 기록했다는 사실을 증언하라

3 1차 항해의 『항해일지』는 원본은 사라지고 라스카사스 신부가 옮겨 적은 것만 남아 있는데, 여기에는 콜럼버스 자신의 말과 라스카사스 신부의 말이 뒤섞여 있다. 이 자료에 대해서는 아래에서 설명할 것이다.

4 F와 Y는 당시 스페인의 공동 왕이었던 페르난도(Fernando)와 이사벨(Ysabel, Isabel)을 나타낸다.

고 말했다.

곧 이 섬의 주민들이 모여들었다. 다음 내용은 그의 1차 서인도 여행과 발견에 대해 그의 책에 쓰인 그대로이다. 그들이 우리에게 호의적이 되도록 하기 위해 —왜냐하면 그들은 힘보다는 사랑을 통해 우리의 성스러운 종교에 귀의할 것이므로— 그들 몇 명에게 빨간 모자, 가슴에 다는 유리구슬 같은 자질구레한 물건들을 주자 그들은 크게 기뻐하며 곧 우리와 친해져서 경이로울 정도였다. 나중에 그들은 앵무새, 면사 꾸러미, 창, 그 밖에 여러 물건들을 가지고 우리의 상륙정에까지 헤엄쳐 와서 작은 구슬이나 종 같은 물건들과 교환했다. 간단히 말해 그들은 우리의 물건이라면 무엇이든 다 받고 대신 그들이 가진 물건들을 기꺼이 주려 했다. 그렇지만 그들에게는 물품이 아주 부족해 보였다. 모든 사람들은 어머니 몸에서 나올 때처럼 벌거벗고 다녔다. 비록 여성이라고는 아주 어린 소녀 1명만 보았지만 여성들도 모두 그런 것 같았다. 그리고 내가 본 모든 사람들은 젊은 사람들이었다. 서른 살이 넘는 사람은 보지 못했다. 그들은 모두 몸매가 좋고 얼굴이 잘생겨서 보기에 좋았다. 그들의 머리카락은 거의 말총처럼 거칠고 짧았다. 머리카락은 눈썹 위까지 내려오고 등 뒤로만 자르지 않아 길게 기르고 있었다. 일부는 몸에 검은색 칠을 했다. 그들은 피부가 하얗지도 검지도 않으며, 카나리아 제도 사람과 같은 색이었다. 그리고 어떤 사람들은 하얀색, 또 어떤 사람들은 붉은색, 또 다른 사람들은 자기가 좋아하는 색을 몸에 칠했다. 어떤 사람들은 얼굴에, 다른 사람들은 몸 전체에, 또 어떤 사람들은 눈이나 코에만 색을 칠했다. 그들은 무기를 지니고 있지 않았고, 또 익숙하지도 않았다. 내가 그들에게 칼을 보여 주자 칼날을 잡아서 손에 상처를 입었다. 그들에게는 철이 없었다. 그들의 창에는 쇠붙이가 쓰이지 않고, 끝에 생선 이빨 같은 것을 붙였다. 모든 사람들은 비슷하게 좋은 몸매를 가지고 있었고 잘 처신했다. 나는 일부 사람들의 몸에 난 상처를 보고 그것이 어떤 상처인지 손짓으로 물었다. 그들은 이웃 섬들의 사람들이 찾아와 그들을 잡아가려 했으며, 그들이 방어했다는 표시를 했다. 나는 본토(tierra firme) 사람들이 찾아와 그들을 포로로 잡아가려 했다고 믿었으며 지금도 역시 그렇게 생각한다.

그들은 훌륭하고 똑똑한 하인이 될 것이다. 그들은 자신에게 한 모든 말을 아주 빠르게 흉내 내어 말하기 때문이다. 그리고 그들에게는 종교가 없어 보이므로 아주 쉽게 기독교도가 될 것으로 믿는다. 우리 주님을 기쁘게 하기 위해 귀환할 때 그들 중 6명을 잡아다가 국왕 전하께 데리고 가서 말하는 법을 배우도록 할 것이다. 나는 이 섬에서 앵무새만 보고 다른 동물들은 보지 못했다. 이 모든 것은 제독 자신의 말이다.(Dunn, 63-69)

세계사적인 대사건은 이렇게 시작되었다. 유럽과 아메리카 두 대륙의 사람들이 처음 조우하는 장면을 묘사한 이 기록은 너무나도 많은 내용을 말해 주는 흥미로운 텍스트다.

무장 상륙정을 타고 땅에 오른 유럽인들이 처음 만난 신대륙 사람들은 모두 벌거벗고 있다. 어떤 낯선 곳에 갔더니 사람들이 모두 벌거벗고 살더라는 것은 너무나도 충격적인 일이라 이후 신대륙에 대해 말할 때에는 거의 빠짐없이 이 이야기가 등장한다. 그들의 나신(裸身)은 실제로 옷을 입고 있지 않다는 사실 외에 경제적 혹은 문화적 빈곤을 말해 준다. 이들은 에덴동산에 거주하던 인류의 조상처럼 평화로운 삶을 사는 것일까, 아니면 아프리카나 대서양의 섬들에서 보았던 원시적인 사람들처럼 가난한 삶을 사는 것일까? 콜럼버스 일행은 아직 그에 대한 판단을 명확하게 내리지는 않지만, 이들이 무력하다는 점은 곧 인식한다. 칼이 무엇인지 몰라 칼날을 잘못 잡은 사람은 손에 상처를 입는다. 그들은 기껏해야 창끝에 생선 이빨을 붙인 무기를 들고 있을 뿐이다. 어떻게 해서 그런 추론을 했는지는 알 수 없지만, 콜럼버스는 '본토', 즉 아시아 대륙의 사람들이 찾아와 이들을 공격하고 잡아가려 했다고 믿는다.

이들은 모두 젊다. 실제로 그런지, 그렇게 보이는 것인지는 모르지만 서른 살이 넘은 사람이 없다. 젊음은 곧 미성숙으로 해석된다. 이들은 기꺼이 바다를 헤엄쳐 와서 그들의 물건을 주고 유럽인들이 내미는 구슬과 모자 같은 값싼 물건들을 받고 기뻐한다. 더 나아가서 이들은 문명의 틀에서 거의 벗어나 자연 속에서 살아가는 존재, 어쩌면 차라리 짐승 같은 존재로 그려진다. 이들은 '말총 같은' 머리털을 뒤로 길게 내려뜨리고 있다. 콜럼버스의 머릿속에서는 이제 다음과 같은 생각이 이어진다. 그들에게는 언어다운 언어가 없으므로 유럽 언어를 배워야 할 것이다. 콜럼버스 일행이 하는 말을 곧잘 따라하는 것을 보니 말을 쉽게 배울 것으로 판단된다. 종교다운 종교가 없으므로 곧 기독교를 받아들이게 될 것이다. 이런 점들로 보건대 그들은 훌륭한 하인이 되기에 부족함이 없다. 그래서 콜럼버스는 돌아갈 때 6명 정도를 '샘플'로 잡아가기로 마음먹는다.

장구한 세월 동안 떨어져 살던 두 대륙 사람이 처음 조우하던 바로 그날, 콜럼버스는 태초의 정원처럼 아름다운 이곳이 지배와 정복의 대상이며, 그곳 주민들은 하인, 곧 노예로 삼을 만하다고 사실상 결론을 내리고 있다. 그들이 새로운 땅에 도착하여 제일 먼저 한 일은 왕의 깃발을 휘날리며 이곳이 스페인 국왕의 영토임을 선언하고, 그들 자신이 스스로 증인이 되어 그 사실을 기록한 것이었다. 이 모든 일들이 주 예수의 은혜를 입어 일어난 일이라 보고, 이를 기념하여 그들은 이 땅에 '산살바도르'라는 새 이름을 부여했다. 물론 그곳 주민들이 어떤 생각을 하며 이들을 맞았는지에 대해서는 아무런 언급이 없다.

근대 세계사와 중세적 인간

유럽과 아메리카는 이렇게 서로 만나기 시작했다. 엄밀하게 말하면 이때 두 대륙 사람들이 최초로 만난 것은 아니다. 이미 수백 년 전에 바이킹 일행이 오늘날의 캐나다 지역에 들어와서 인디언들과 만나 전투를 벌이거나 거래를 하고 또 일부 지역에는 상당 기간 거주한 것이 밝혀졌다. 그러나 바이킹의 해상팽창은 곧 중단되었고 이후의 역사 흐름에 거의 영향을 미치지 않은 채 잊혀졌다. 20세기 후반에 와서야 바이킹의 사가(saga, 영웅전설)에 대한 재해석과 고고학적 발굴을 통해 그런 일이 있었다는 것이 밝혀졌을 뿐이다.(Graham-Campbell)

다른 문명권과 격리되어 살고 있던 아메리카 주민들이 외부인과 본격적으로 접촉하고 역사적인 대사건들이 일어나게 된 것은 콜럼버스 이후의 일이다. 이제 세계사는 이전과는 완전히 다르게 진행된다. 당시까지 세계의 모든 문명들이 비교적 독립적으로 발전하며 느린 소통을 했다면 이제부터는 해로를 통해 문물과 문화, 생태환경 요소들을 빠른 속도로 주고받으며 하나의 역사 흐름 속에 합류하게 된다. 콜럼버스가 전 지구적 교류의 문을 연 셈이다. 한 번 문이 열리자 곧 걷잡을 수 없는 변화의 해일이 밀어닥쳤다. 이것은 간단한 연대 비교로도 짐작할 수 있다. 콜럼버스가 최초로 대서양 항해를 한 것은 1492년이었다. 그로부터 30년이 경과한 1522년에 마젤란(Ferdinand Magellan)의 선단이 대서양과 태평양 그리고 인도양을 건너는 3년의 항해 끝에 스페인으로 귀환하여 세계 주항(周航)을 완수했다.[5] 장구한 세월 동안 각 대

5 1519년 8월 10일, 마젤란은 다섯 척의 배를 이끌고 출항했다. 그러나 마젤란이 필리핀에서 현지 주민과의 갈등 끝에 사망하자 남은 선원들이 항해를 계속하여 1522년 9월 6일에 스페인에 귀환했다. 3년에 걸친 항해 끝에 빅토리아호만 돌아왔고, 출발 당시 237명이

륙을 분리시키는 장벽 역할을 하던 바다는 한 번 길이 열리자 30년이라는 비교적 짧은 기간 안에 세계 어느 곳이든 찾아갈 수 있게 만들어 주는 고속도로 역할을 하게 된 것이다.

콜럼버스는 분명 세계사의 새로운 흐름의 최선두에 있었던 인물이다. 그는 누구이며, 어떻게 해서 대서양 항해를 추진하게 되었는가?

이 책에서는 시대의 맥락 속에서 인간 콜럼버스를 이해하고, 또 콜럼버스를 통해 그 시대의 흐름을 읽어 보고자 한다. 그가 서쪽 항로를 개척하여 아시아로 가려 했다는 것은 잘 알려진 사실이다. 그리고 그것을 통해 귀족의 지위와 부를 얻고자 했다는 것도 분명하다. 이탈리아 제노바의 가난한 집안 출신인 콜럼버스는 극적인 신분상승을 노리고 있었다. 한편 포르투갈이나 네덜란드, 영국, 프랑스 등 주변 해상 강국들과 경쟁 관계에 있던 스페인 정부는 콜럼버스의 사업계획안이 성공할 가능성이 그리 커보이진 않았지만 여러 가지 고려 끝에 그를 과감하게 지원하였고 뜻하지 않은 성과를 얻었다. 이런 것들이 대체로 우리가 알고 있는 내용이다. 우리는 여기에서 한 걸음 더 나아가서 다른 종류의 질문을 제기하고자 한다. 그것은 유럽 문명의 기저에서 작용하는 집단심성에 관한 것이다.

15-16세기의 세계 문명권은 모두 발전된 해상력을 보유하고 있었다. 대부분의 지역에서 연안항해가 이루어졌고, 이 항해의 네트워크를 따라 상당히 먼 지역까지 소통할 수 있었다. 이론상으로는 아시아 동쪽 끝에서 인도양과 아라비아 해, 지중해와 북해를 거쳐 발트 해까

었던 선원 중 18명만이 생존해 있었다.

지 연안항해의 네트워크가 연결되어 있었다.[6] 또 일부 지역에서는 상당히 발전된 원양항해도 이루어지고 있었다. 일찍이 아라비아 반도에서 중국 남부까지 항로를 개척한 아랍 상인들이나, 인도양 각지를 탐사한 중국 정화(鄭和) 원정단의 사례에서 보듯 일부 문명권에서는 대양항해의 잠재력을 가지고 있었다.(마사카쓰) 근대 초의 시점에서 보면 세계의 바다를 장악할 우승 후보는 유럽보다는 오히려 다른 곳일 가능성이 높아 보였다. 페르난데스-아르메스토(Felipe Fernández-Armesto)는 만일 15세기의 시점에서 보았을 때 전 지구적 헤게모니 쟁탈전의 가장 유력한 우승후보를 꼽는다면 차라리 자바일 것이라고 이야기한 바 있다.(Fernández-Armesto 1995, xiii) 그렇지만 실제 역사상 일어난 일은 당시 비교적 후진 상태에 있던 유럽이 제일 먼저 대양항해를 개척했고, 곧 전 세계의 바다로 항해해 나간 것이었다. 유럽이 근대 세계의 패자(覇者)가 된 가장 중요한 요인 중 하나는 분명 세계의 바다를 선점한 것이다. 그렇다면 왜 유독 유럽인들은 먼바다로 나가려 했을까?

여기에서 주의해 볼 것은 연안항해와 대양항해는 근본적으로 다른 차원의 문제라는 것이다. 육지로 되돌아갈 수 있는 거리에서 항해하는 것은 어느 정도 수준에 도달한 문명권이면 거의 다 시행하고 있던 일이다. 문제는 대서양이나 태평양 같은 대양을 넘어 다른 대륙으로 가는 항해다. 이것은 죽음의 위험을 안고 지옥의 입구로 뛰어드는 것과 같다. 살아 돌아올 확률보다는 영영 돌아오지 못할 확률이 더 높은 이런 위험한 모험은 단지 돈을 벌거나 신분상승을 위해서 할 수 있는 일

6 "해양 문명들은 아주 오래전부터 서로 잘 알고 있었으며, 이 해양 문명들을 서로 연이어 놓으면 유럽 쪽 대서양으로부터 인도양, 말레이 군도, 태평양 연안에 이르기까지 끊이지 않고 이어진다."(브로델, I-2, 577)

이 아니다. 그런데도 유럽인들이 이런 시도를 한 이유는 무엇일까? 콜럼버스는 왜 그런 일을 감행했을까? 도대체 무엇이 이들을 그런 위험한 모험으로 이끌었을까?

이 물음에 답을 하기 위해서는 종합적인 이해의 노력이 필요하다. 이전에 제시되었던 설명들만으로는 분명 부족해 보인다. 예컨대 항해술의 발달이 중요한 요인이지만, 그렇다고 해서 항해술이 점차 발달함에 따라 조금씩 더 먼 바다로 나간 결과 자연스럽게 다른 대륙으로 항해해 갔다고 설명한다면 너무 단순한 논리가 될 것이다. 사회·경제적 성장이 유럽인들을 해외로 추동한 것은 사실이지만, 그 인과관계는 좀 더 치밀한 분석을 요한다. 후추와 도자기, 차와 커피 같은 물품에 대한 수요의 확대가 곧바로 원양항해를 유도했다고 단정할 수는 없다. 국가 기구의 강화가 중요한 요인 중 하나인 것은 분명하다. 원양항해와 그 이후의 교역과 지배 등은 지방 영주 수준에서 주관할 사업이 아니며, 따라서 근대 국가의 발전과 원양항해는 궤를 같이할 수밖에 없다. 그렇지만 국가의 강화가 원양항해의 직접적인 원인이라고 말할 수는 없다. 이상에서 언급한 요인들이 모두 그 나름대로 중요한 역할을 했지만, 문제는 과연 그 요인들이 왜 그리고 어떤 방식으로 작용했는지 말하기 힘들다는 것이다. 그와 같은 여러 요인들이 작동하도록 만든 동인(動因)은 무엇이었을까?

여기에서 묻고자 하는 것은 유럽 문명의 내면적 요소다. 쉽게 표현하면 유럽인들은 어떤 생각으로 먼바다로 나갔느냐는 것이다. 그런 관점에서 유럽의 해외팽창의 최선두에 서 있던 콜럼버스의 '마음'을 읽어 볼 필요가 있다. 그렇지만 그것이 곧 콜럼버스 개인이 가지고 있던 신념과 용기 혹은 신분상승의 욕구만 뜻하는 것은 아니다. 우선 지적할 사실은 서쪽 바다를 통해 아시아로 가겠다는 계획을 세운 사람이 콜럼버스 외에도 많았다는 점이다. 사실 그보다 200년 전인 1291년에 비발디(Vivaldi) 형제가 콜럼버스와 거의 같은 아이디어를 가지고 제노바를 떠나 대서양으로 항해해 나갔으나 실패한 적도 있다.(Fernández-Armesto 1995, 152) 콜럼버스는 자신의 계획을 끝까지 추진하여 성과를 거두었다는 점에서 특기할 인물이지만, 그의 생각이 유일무이하지는 않으며, 따라서 그의 생각 역시 그 시대 많은 사람들이 공유한 심성세계에 속한다고 볼 수 있다. 그러므로 콜럼버스의 심성을 읽는다는 것은 단지 그 개인의 특이한 정신 상태를 보는 것이 아니라, 그것을 통해 유럽의 정신 구조를 해독해 본다는 의미가 된다.

콜럼버스의 심성세계는 점차 사라져 가는, 그러나 여전히 힘을 행사하는 지난 과거 속에 뿌리내리고 있었다. 그는 '르네상스'를 맞이하는 '중세적 인간'이라 표현할 수 있다. 사실 '중세적', '르네상스적' 혹은 '근대적'이라는 말들은 모호하거나 편견이 개입하기 쉬운 표현들이다. 그런 점에서 콜럼버스를 굳이 '중세적' 인물이라고 표현하는 것을 피할 수도 있을 것이다. 그러나 그의 정신세계를 설명할 때 '중세적'이라는 말보다 더 적합한 단어는 없어 보인다. 물론 이 말에서 흔히 연상하기 쉬운 '암흑시대'를 떠올릴 필요는 없다. 그를 중세적 인간이라고 표현한 이유는 통상 중세 유럽을 특징짓는 독특한 요소들이 그에게 뚜렷하게 보이기 때문이다. 그는 마르코 폴로가 생각한 아시아 세계를 마음속에 그리고 있었고, 마파문디(mappa mundi, 중세 세계지도)형 지도를 근거로 항해했으며, 십자군 의식과 말세 의식을 강하게 띠고 아시아의 보물을 찾아 나섰다. 그는 그야말로 중세의 정신세계에서 살고 있었다. 근대 세계를 활짝 열어젖힌 대표적 인물인 콜럼버스가 머나먼 이국땅을 찾아 대양항해를 추진한 동력은 과거의 중세적인 꿈에서 길어 온 것이었다.

여기서 이런 질문을 던져 볼 수 있다. 한 인간을 통해서 그 시대를 읽는다는 것이 가능한가? 그것은 과연 어떤 의미를 지니는 작업인가? 이렇게 설명해 보자.

한편으로 그는 그 시대의 가장 전형적인(typical) 인간이었다. 그는 그라나다(스페인 내 무슬림 세력 축출과 국토 재정복)로부터 피렌체(사보나롤라의 광신적 통치)를 거쳐 비텐베르크(루터의 종교개혁)에 이르는 불꽃같은 종교변혁의 시대에서 지극히 강렬한 신앙심을 가지고 살았던 인물이다. 동시에 사회적으로나 경제적으로 큰 성공을 거두어 사회의 상층으로 올라가려는 강한 열망을 지니고 있던 인물이기도 하다. 그는 유럽 해상 사업의 선구자였다. 사실 그가 아니더라도 결국 누군가는 대서양 항해를 했을 테고 결국 아메리카 대륙을 발견했을 것이다. 그는 그런 '수많은 콜럼버스' 중 하나였다. 그래서 우리는 그를 통해 그와 유사한 생각을 하고 또 유사한 행동을 했을 다른 많은 인간 군상들과 또 그들이 만들어 간 사회 현상들을 파악할 수 있다.

다른 한편 그는 동시대인과는 매우 다른 비전형적(atypical) 인물이었다. 그는 주변 인물들과 계속 갈등을 불러일으키며 자신의 주장을 펼쳤다. 신실한 기독교 신자라고 하지만 그의 신앙은 분명 평범한 신자들과는 매우 달랐다. 신이 자신을 선택하여 인류의 구원이라는 거대한 계획을 구현하는 도구로 삼았으며, 인도로 가는 항해 사업이 곧 세계 구원의 중요한 단계라고 믿는 것은 분명 누구나 할 수 있는 생각이 아니다. 고전을 많이 읽었다고 하지만 독학자였던 그는 매우 이상한 방식으로 텍스트를 읽었다. 그리고 그 결과 대단히 기묘한 세계관과 지구관을 만들어 나갔다. 그는 결코 평범한 인물이 아니었다. 그런데 이런 비전형적인 인물이 오히려 그 시대를 잘 드러내 줄 수 있다. 너무나 전형적인 인물의 삶은 시대의 큰 흐름 속에 파묻혀 버리기 때문에 아무런 잡음이 일어나지 않고 조용히 흘러가 버린다. 그런 유형의 사람들을 통해서는 오히려 그 시대를 알 길이 없다. 반대로 주변 환경과 늘 갈등을 일으키는 존재는 계속해서 마찰음과 틈새를 만들어 낸다. 우리는 그 틈을 예리하게 들여다봄으로써 그 사회의 내면을 포착할 수 있다. 콜럼버스야말로 시대의 큰 흐름의 선두에 서 있으면서도 그 흐름과 충돌하던 '문제적 인간'이었다. 말하자면 그는 '전형적인 예외'이며 '예외적인 전형'이었다.[7]

우리는 중세에서 근대로 넘어가는 과도기의 유럽 근대 문명이라는 큰 맥락 속에서 콜럼버스를 이해해 보고, 또 콜럼버스라는 지극히 흥미로운 한 인물의 사례를 통해 유럽 문명의 물질적·사회적·정신적 특성을 해독해 보고자 한다.

콜럼버스에 관한 자료

이 '문제적 인간'을 어떻게 파악할 수 있으며, 그러기 위해 어떤 자료를 이용할 수 있을까? 그에 관한 자료는 한 인간의 삶과 내면세계를 속속들이 그려내기에는 턱없이 부족하지만, 그렇다고 접근 불가능할 정도로 없지는 않다. 콜럼버스에 대한 당대 기록으로 가장 중요한 문건은 다음의 두 가지다.

우선 그의 둘째 아들 페르난도 콜론(Fernando Colón)이 쓴 전기가 있다.[8] 페르난도는 콜럼버스가 스페인에 체류하던 당시 만난 —그러나 결

7 콜럼버스는 『치즈와 구더기』의 주인공 메노키오를 연상시킨다. 메노키오는 시대와 불화하는 종교적 사고를 설파한 죄로 화형당했던 반면 콜럼버스는 신대륙 발견의 주인공으로 세계사적 인물이 되었다. 두 사람의 차이가 극명하지만, 그럼에도 두 사람은 분명 유사한 측면을 공유한다. 『치즈와 구더기』에서는 메노키오를 '이례적 정상'이라는 말로 표현한 바 있다.(진즈부르그, 58)

8 아들이 저술한 콜럼버스의 전기는 원래 스페인어로 쓰였으나 1571년 베네치아에서

혼까지 이르지는 않은— 여인과의 사이에 태어난 아들이다. 스페인의 역사가 안토니오 루메우 데 아르마스(Antonio Rumeu de Armas)의 평가에 의하면 페르난도는 완전한 전기를 쓰려고 했다기보다 콜럼버스의 항해에 대해 서술하고 특히 그의 지리 개념이 어떻게 형성되었는가를 밝히려 했다. 1492년 이전의 시기를 다룬 초반의 15개 장은 다른 사람이 후일 첨가한 내용일 가능성도 있다. 아들이 쓴 이 전기는 콜럼버스를 가급적 긍정적이고 호의적으로 서술한 것이 분명하다. 더 나아가서 일부 내용은 의도적으로 왜곡했거나, 그렇지는 않더라도 오해하고 썼을 가능성이 크다. 이런 문제점들에도 불구하고 이 전기가 콜럼버스의 삶을 이해하는 데에 핵심적인 자료임에는 틀림없다.

다음으로는 바르톨로메 데 라스카사스(Bartolomé de Las Casas)의 『서인도 역사(*Hitoria de las Indias, History of the Indies*)』(1527-63)가 있다. 라스카사스는 스페인의 세비야에서 태어나 1502년 아메리카로 건너갔다가 그곳에서 사제가 된 인물이다. 그는 1511년에 종교적으로 크게 각성한 이후 아메리카 주민들에 대한 스페인 사람들의 가혹한 처우에 항의하여 현지 주민들을 위해 평생 동안 투쟁하는 삶을 살았다. 그러한 자신의 신념을 표출하기 위해 거의 40년이라는 긴 시간을 바쳐 쓴 평생의 역작이 『서인도 역사』이다. 콜럼버스와 그 후손들의 자료를 많이 참조하여 쓰인 이 책은 현재 남아 있는 콜럼버스에 대한 가장 자세한 기록이라 할 수 있다. 이 책이 그 시대를 이해하는 데 지극히 중요한 자료인 것은 분명하지만, 의도적이든 아니든 저자의 해석이 지나치게 개입되어

이탈리아 번역본으로 처음 모습을 드러냈다. 이 책에서 인용한 영어판은 다음과 같다: Ferdinand Columbus, *Life of Columbus*, B. Keen ed. (London: Folio Society, 1960). 이 책에서 인용한 경우에는 'Ferdinand'로 약칭할 것이다.

있어서 실상을 왜곡하는 경향이 있다. 이것을 어떻게 가려내어 읽느냐가 중요한 문제가 된다.

콜럼버스는 모두 네 차례에 걸쳐 아메리카를 오가는 항해를 했는데, 그와 관련된 기록들은 다음과 같다.

1차 항해: 가장 중요한 것은 『항해일지』이다(이 책에서는 편집자의 이름을 따서 'Dunn'이라 약칭할 것이다). 이 기록은 원래 스페인 국왕 페르난도와 이사벨에게 보고하기 위해 쓴 것이다. 이 일지의 원본은 국왕이 보관하고 콜럼버스 자신이 복제본을 가진 듯한데, 그 두 가지 판본 모두 사라지고 현재 남아 있는 것은 라스카사스가 옮겨 적은 요약본뿐이다. 라스카사스는 원본의 문장을 요약하면서 자신의 해석을 첨가했기 때문에, 어느 부분이 콜럼버스의 글이고 어느 부분이 라스카사스의 글인지 모호한 경우가 많다. 이 기록은 원본의 변형과 왜곡이 많기 때문에 이용할 때에 상당한 주의가 필요하다. 이 외에 1차 항해와 관련된 기록으로는 콜럼버스가 쓴 2통의 편지가 있다. 일명 '산탄헬(Santángel) 서한'(1493년 2월 15일자)과 국왕에게 보낸 1493년 3월 4일자 편지가 그것이다.

2차 항해: 이때에도 항해일지를 썼지만 그 일지는 남아 있지 않다. 1493년 4월에 페르난도와 이사벨에게 쓴 편지들, 그리고 콜럼버스의 에스파놀라 식민화 관련 보고서(1494년 1월 30일자, 통칭 '토레스 보고서(Torres Memorandum)'라 함) 등이 중요한 자료다. 추가적으로 안드레스 베르날데스(Andrés Bernáldez)의 『가톨릭 왕들의 역사(*Historia de los Reyes Católicos*)』(1500년 이전 기술)도 2차 항해에 대한 흥미로운 정보를 많이 담고 있는데, 이 책을 쓸 때 콜럼버스가 자세한 사실들을 직접 알려 준 것으로 보인다. 아들이 쓴 콜럼버스의 전기에 실린 내용도 참고할 수 있다. 그리고 2차 항해에 동참했던 창카(Chanca)와 쿠네오(Cuneo) 그리고 파네(Pané)의 기록 역시 매우 중요한 정보를 제공한다.

3차 항해: 국왕에게 보낸 항해일지의 원본은 남아 있지 않지만, 라스카사스가 자신의 책에 이 내용을 요약하여 실어서, 이 당시 콜럼버스의 상태를 파악하는 데에 대단히 흥미로운 정보를 제공한다. 라스카사스의 기록 중 3차 항해 관련 부분은 워낙 특이한 내용을 담고 있어서 이 부분만 따로 편집·출판되어 있다. 그리고 항해 중간에 국왕에게 보낸 보고서(1498년 10월 18일자) 그리고 이사벨 여왕의 측근인 후아나 데 토레스(doña Juana de Torres)에게 보낸 편지(1500년 10월) 역시 중요한 자료다.

4차 항해: 이때에는 아들 페르난도가 아버지와 함께 항해했기 때문에 그의 책에 실린 내용을 직접적인 사료로 볼 수 있을 것이다. 그리고 국왕에게 보낸 편지(Lettera Rarissima, 1503년 7월 7일자)도 흥미로운 정보를 제공한다.

그 밖에 콜럼버스의 심성을 알 수 있는 매우 이례적인 자료로 『예언서(*Libro de las profecías*)』가 있다. 이 책은 종교적 사고에 깊이 침윤된 콜럼버스가 인류사에 관한 종말론적 대서사시를 짓기 위해 자료를 모은 책자인데, 이것은 그가 어떤 정신세계에서 살고 있었는지를 보여 주는 좋은 자료다. 본서의 11장에서 이 자료를 분석하여 콜럼버스의 내면세계를 해석할 것이다. 그 밖에도 콜럼버스가 남긴 글 중에 현재 남아 있는 것들로는 자신이 받은 여러 특권들을 정리한 『특권서(*Libro de privilegios*)』, 80통이 넘는 편지, 비망록, 작은 노트 형식의 문건들, 유언장 등이 있다. 그리고 매우 특별한 자료로는 그가 많은 책을 읽으며 여백에 적어 넣은 2천 편 이상의 주석이 있다. 이것은 콜럼버스가 어떤 책을 읽었으며, 또 그 내용을 어떻게 받아들이고 어떤 반응을 보였는지를 말해 주는 매우 흥미로운 자료다. 그래서 콜럼버스의 사고가 어떻게 형성되었는지 추적하는 데 매우 요긴한 정보를 제공한다.

이처럼 콜럼버스의 생애와 그의 항해, 더 나아가서 그의 심성세계를 비춰주는 자료들이 적지 않음을 알 수 있다. 심지어 최근에도 그에 관한 새로운 자료가 발굴되기도 했다. 앞서 언급한 1493년 3월 4일자 편지가 그런 사례다.[9] 따라서 앞으로 다른 자료들이 발견될 가능성도 없지 않다. 현재 발굴된 자료들을 체계적으로 편찬하는 사업이 진행 중이다. '콜롬비아눔(Colombianum)'이라는 이름의 총서는 앞에서 언급한 주요 자료들 외에도 각종 법령들이나 편지들, 그 밖의 다양한 자료들을 모아서 출간하고 있다.

이런 자료들을 통해 우리는 콜럼버스와 그의 시대에 접근해 들어갈 수 있다. 우리는 한 인간을 열쇠로 삼아 중세 말 근대 초 유럽의 물질문명과 정신문명의 심해(深海)를 읽는 작업을 수행할 것이다. 이제 콜럼버스의 세계로 들어가 보자.

9 이는 16세기에 마요르카에 살았던 사람의 개인 컬렉션 속에서 발견된 콜럼버스의 편지 복사본이다. 모두 9통의 편지 가운데 일부는 예전부터 알려져 있던 것이지만 일부는 처음 발견된 것들이다. 이 자료들은 다음 책에 소개되었다. Antonio Rumeu de Armas, *Libro Copiador de Cristóbal Colón. Correspondencia Inedita con los Reyes Católicos Sobre los Viajes a America* (Madrid: Testimonio, 1989).

2. 콜럼버스는 누구인가

콜럼버스에 대해서 들어보지 못한 사람은 거의 없다. 그가 1492년에 스페인을 떠나 대서양을 횡단하여 아메리카에 도착했다는 사실은 누구나 다 아는 내용이다. 수많은 책과 그림, 영화에서 이 사실을 접하기 때문에 콜럼버스는 정말로 우리에게 낯설지 않아 보인다. 누구나 그를 잘 안다고 생각한다. 그렇지만 과연 그럴까? 우리는 콜럼버스에 대해 무엇을 알고 무엇을 모르는가? 사실 조금만 파고 들어가 보면, 이 세계사적인 인물에 대해 우리가 아는 것이 의외로 적다는 것을 깨닫게 된다. 그는 아주 잘 알려진 인물인 것 같으면서도 실상 많은 부분이 짙은 미스터리의 안개 속에 숨겨져 있다.

우리가 콜럼버스에 대해 알지 못하는 것들

첫째, 우리는 그의 모습이 어떻게 생겼는지 알 수 없다. 그가 생전에 초상화를 그린 적이 없기 때문이다. 그의 초상화는 수없이 많지만 모두 그가 죽은 후에 상상으로 그린 것이므로 그의 실제 모습을 정확히 아는 것은 이제 영영 불가능하다. 우리들이 보아온 많은 콜럼버스

알레호 페르난데스의 〈항해인들의 마리아〉에 그려져 있는 콜럼버스의 모습

의 그림들은 다 상상화인 것이다.

1892-3년 시카고에서 만국박람회가 열렸을 때, 콜럼버스의 아메리카 도래 400주년을 기념하여 이 박람회를 '콜럼버스 세계 박람회(World Columbian Exposition)'라 명명했다.[10] 이 박람회에서는 콜럼버스를 기념하는 행사 가운데 하나로, 당시까지 알려진 콜럼버스의 초상화를 모두 수집했다. 이때 수집된 71개의 초상화에 그려진 콜럼버스의 모습이 모두 제각각이었던 것은 물론이다. 그중에서 실제 모습과 가장 근사한 것을 고를 수 있을까? 알레호 페르난데스(Alejo Fernández)가 1531년과 1536년 사이에 세비야의 무역관(Casa de Contratación) 교회의 제단화 〈항해인들의 마리아〉에 그려 넣은 콜럼버스의 모습이 현재까지 알려진 가장 오래된 초상화다. 따라서 이것이 그나마 실제 그의 용모에 가까울 가능성이 있다. 혹은 1512년에 로렌초 로토(Lorenzo Lotto)가 그린 초상화가 19세기 말에 발견되었는데, 이것이 원래 모습에 가장 가깝지 않겠느냐고 추론하는 학자들도 있다.

10 박람회 헌정식은 1892년 10월 21일에 했지만 일반인에게 박람회장을 공개한 것은 1893년 5월 1일부터였다. 이 박람회는 당시 본격적으로 보급되기 시작한 전기용품들, 특히 밤을 훤히 밝히는 전구를 대대적으로 선보였고, 또 우리나라가 처음으로 공식 참가한 역사적 의미가 큰 박람회다.

이런 그림들에서 보이는 콜럼버스의 모습은 우리가 상상하던 것과는 크게 다를 수 있다. 사실 우리는 그의 외모와 성정에 대해 우리 편한 대로 상상력을 동원하여 판단해 왔다. 일례로 미국 초등학교 학생들이 배우는 책에서 대개 콜럼버스는 전형적인 북유럽계 인물처럼 그려지곤 한다.(Koning, 11) 남유럽 지중해 지역 출신인 그가 그런 모습일 가능성은 아주 희박하다. 이처럼 단순한 사례를 통해서도 미국이나 유럽 국가들이 콜럼버스를 자신들의 생각대로 이해하려 했음을 짐작할 수 있다.

그의 용모와 성정에 대해 추측할 수 있는 당대 기록들이 몇 편 있다. 예컨대 라스카사스는 콜럼버스를 이렇게 묘사한다.

> 그는 보통 사람들보다 키가 크다. 그의 얼굴은 길고 위엄이 있으며, 매부리코에 푸른 눈을 가졌다. 안색은 희지만 붉은 부분들이 있었다. 머리카락과 수염은 젊었을 때에는 밝은 빛이었지만 힘든 일과 고통을 겪으며 곧 하얗게 되었다. 그는 잘생겼고 활기찼다. 말도 잘하고 유려했으며, 대화할 때 말이 잘 통했다. 그는 위엄 있고 신중했으며, 낯선 이들에게 상냥했고, 가족과 친족들에게 친절하고 예의발랐다. 그의 다정한 매너와 다른 사람에 대한 감성은 만나는 사람들이 모두 그를 좋아하게 만들었다.(Symcox 2005, 47-49)[11]

둘째, 콜럼버스의 국적에 대해서도 그동안 논란이 끊이지 않았다.

11 스페인 왕실 관리이자 자연사 학자인 오비에도(Gonzalo Fernández de Oviedo) 역시 그의 모습과 성정에 대해 유사한 증언을 하고 있다. 그가 묘사하는 콜럼버스 역시 잘생기고, 키 크고, 얼굴이 붉으며, 말 잘하고, 신중하고, 대단히 지적인 인물이다.(Symcox 2005, 49-50, doc. 4)

콜럼버스가 자국 출신이라는 주장이 영국, 프랑스, 스페인, 카탈루냐, 포르투갈, 그리스 등 여러 나라에서 오랫동안 제기되어 왔다. 지금은 그가 이탈리아의 제노바 출신이라는 점에 대해 의문을 제기하는 사람이 거의 없지만, 이것은 20세기에 들어와서의 일이다. 1892년 제노바에서 롤리스(Cesare de Lollis)가 그와 관련된 문서들을 모아 사료집(Raccolta Colombiana)을 출판한 이래 이제 그가 제노바 출신 이탈리아인이라는 데에는 모두 동의하게 되었다. 특히 그의 이력 사항이 기록된 공증문서들을 복사해서 출판한 이후에는 모든 의심이 가라앉았다.[12]

또한 그 자신이 제노바 출신이라는 것을 밝힌 문서도 알려졌다. 3차 항해에 나서기 직전인 1498년 2월 22일 콜럼버스는 첫째 아들 디에고(Diego)를 상속자로 삼는 내용의 유서를 썼는데, 여기에 "제노바에서 태어났지만 이곳 카스티야에서 스페인 왕과 여왕에게 봉사한다"라고 적혀 있다. 불행히도 이 귀중한 문서는 사본으로만 보관되어 있어서 결정적 증거로 채택되지 않았던 것이다. 그가 갈리시아 혹은 코르시카 출신이라는 설, 카탈루냐 출신 해적 콜롱(Colom)과 같은 인물이라는 설, 더 나아가서 스칸디나비아 출신 선원 스콜부스(Scolvus)라는 설 등은 모두 기각되었다.(Mahn-Lot, 7)

여기에서 특별히 언급할 만한 것은 그가 유대인이라는 설이다. 이는 그의 항해가 실은 동족인 유대인이 살 땅을 찾는 일이었으리라는 주장과 연결된다. 그가 유대인이라는 주장은 당대부터 오랫동안 계속되어 왔지만, 이 설이 한때 널리 퍼진 것은 마다리아가(Salvador de Madariaga)의 책이 프랑스에서 큰 성공을 거둔 후의 일이다. 그렇지만 그

12 *Cristoforo Colombo. Documenti e prove della sua appartenenza a Genova* (Bergamo: Istituto Italiano d'Arti Grafiche, 1931).

가 제시하는 근거는 설득력이 부족하다. 콜럼버스가 구약성서 중 예루살렘에 관한 사항들에 정통하고 유대인 지식인들을 아주 잘 알고 있다는 점이 그가 드는 증거인데, 사실 당대인 중에 구약에 정통한 사람은 매우 많았고, 또 '세계의 비밀'을 연구하고자 하는 사람들은 흔히 유대인 지식인들과 교류를 많이 했기에 그런 것이 유별난 일은 결코 아니었다. 이런 박약한 근거 위에서 마다리아가는 콜럼버스의 증조부인 콜롱(Colom)이 카탈루냐 혹은 마요르카 출신 유대인인데 1391년의 박해를 피해 이탈리아의 리구리아 지방에 도착한 후 이름을 콜롬보(Colombo)로 바꿨다는 가설을 세웠다.[13] 그가 추가로 제시한 증거는 언어와 관련된 것이다. 콜럼버스는 이탈리아 표준어로 글을 쓴 적이 없다. 포르투갈에 있을 때에도 카스티야어 혹은 스페인어의 영향이 강한 라틴어로 글을 썼는데, 이를 두고 콜럼버스가 원래 출신지인 스페인 지방과 관계를 지속해 왔다고 본 것이다. 그러나 실제로는 콜럼버스가 제노바 사투리를 썼을 테고, 이탈리아 표준어 문어(文語)를 배우지 못한 채 고향을 떠났기 때문에 이탈리아어로 글을 쓰지 않았을 것으로 추측된다.[14] 현재 이런 무리한 주장인 '유대인 설'은 부정되었다. 오히려 콜럼버스는 십자군을 주장하고 가톨릭교회의 팽창을 강력하게 옹호한

13 "종교적 소수자들에 대한 왕들의 보호 노력에도 불구하고 유대인들에 대한 참혹한 박해는 그치지 않았다. 그중에서도 가장 중요한 것이 1391년의 대학살 사건이다. 이 사건은 그해 6월 6일 세비야를 시작으로 다른 안달루시아 도시들로 급속하게 퍼져 갔고, 이어 톨레도, 발렌시아, 마요르카, 바르셀로나, 로그로뇨, 레리가, 하카, 그리고 심지어 페르피냥까지 확산되었다. 무자비한 학살과 증대되는 박해의 두려움은 유대인들의 대규모 개종을 가져왔다. 예를 들면 세비야에서는 시나고그(유대인 회당)들이 강제로 성당으로 바뀌었고, 유대인 거주지는 사실상 사라졌다."(카, 136)

14 그는 동료들과 늘 스페인어로 편지를 주고받았다. 그가 이탈리아어로 기록을 남긴 것은 그의 책 여백에 주석을 달아놓은 것 두 편이 전부다.(Varela, 14)

인물이다.

셋째로, 그의 생년월일 역시 불분명하다. 콜럼버스가 자신의 나이를 언급한 후대의 기록에서 역산하면 그는 1451년 여름 혹은 초가을에 태어난 것으로 추정된다. 당시 가톨릭 국가의 관습대로 자신이 태어난 날의 수호성인을 이름으로 썼다면 크리스토퍼 성인의 날인 7월 25일일 가능성도 있으나 이것이 맞는다는 보장은 없다. 이런 기본 사항이 불명확한 이유는 우선 당시에 생일을 기억하고 또 기념하는 관례가 없었다는 데에서 찾을 수 있다. 일반적으로 중세와 근대 초에는 생일보다는 차라리 죽은 날짜가 더 중요했는데, 그 이유는 고인을 위한 미사를 드리기 위해서는 사망일자가 필요했기 때문이다.[15] 자기 생일을 기억하는 것은 국왕이나 고위 귀족, 대부호 등 소수에 한정된 일이었다.

당시 관례로 볼 때 미천한 가문에서 태어난 콜럼버스의 생일이 명확하게 알려지지 않은 것은 이상한 일이 아니다. 게다가 그는 어떻게든 사회 상층으로 올라가려 했던 인물이다. 그럴진대 자신의 미천한 과거가 신분상승 전략에 결코 유리하게 작용하지 않을 터이므로, 자신의 과거에 대해 말을 아꼈다.

그의 이름 역시 한 가지로 명확하게 굳어지지 않아 각국이 자신들의 관례에 따라 적당히 번안하여 쓰고 있는 실정이다. 영어식 표기인 Christopher Columbus가 가장 널리 알려져 있고, 우리나라 역시 그

15 실제 이 당시 1년에 한 번 돌아오는 날을 의미하는 anniversary라는 말은 생일보다는 죽은 날을 가리키는 경우가 더 많았다. 생일을 기념하는 것은 훨씬 후대에 퍼진 일이다.(Schmitt)

예수를 업고
강을 건너는
크리스토퍼 성인
(목판화)

영향을 받아 '크리스토퍼 콜럼버스'라 표기하는 것이 일반적이다. 그의 고향 제노바에서는 크리스토포로 콜롬보(Cristoforo Colombo)로 불렸을 가능성이 높다. 스페인에서는 크리스토발 콜론(Cristóbal Colón), 포르투갈에서는 크리스토파오 콜롱보(Cristóvão Colombo), 프랑스에서는 크리스토프 콜롱(Christophe Colom)으로 부른다.

여기서 한 가지 특별히 언급할 점은 그의 이름에 나오는 크리스토퍼 성인이다. 크리스토퍼 성인은 원래 이교도 거인으로 레프로부스(Reprobus)라 불리던 인물인데, 아기 예수를 업고 강을 건넌 것으로 알려져 있으며, 기독교를 받아들인 이후 이교도 지역에 가서 전도하다가 순교했다.(Voragine) 따라서 크리스토퍼 성인은 교통과 운송, 항해 등의 수호성인 역할을 한다. 당시 사회 전반적으로 안전 상태가 그리 좋지 않아서 길을 나섰다가 비명횡사할 가능성이 높았기 때문에 노상의 안전을 지켜주는 크리스토퍼 성인은 매우 중요한 성인이었다. 콜럼버스는 크리스토퍼 성인의 사례를 생각하고, 자신이 운명적으로 바다 건너 멀리 있는 이교도들에게 기독교 신앙을 전하는 주인공이 될 것으로 믿었다. 후일 자신의 이름 '크리스토퍼(Christopher)'를 '크리스토페렌스(Christoferens, 그리스도를 안고 옮기는 이, 영어로는 Christ-bearer)'로 해석한 것이 이를 말해 준다. 그의 이름은 자신의 삶에 크나큰 영향을 미쳤으며, 그의 특이한 종교적 사고와도 깊은 관련을 가지게 된다.[16]

넷째, 현재 그의 유해가 어디에 묻혀 있는지도 미스터리에 싸여 있다.(Urvoy, 20-21) 그는 1506년 5월 20일에 사망하여 바야돌리드의 한 수도원에 묻혔다. 그 후 1513년에 며느리의 청에 따라 국왕 명령으로 그의 시신은 세비야 인근의 산타마리아 데 라스 쿠에바스 성당으로 이장되었다. 그녀는 1537년에 신대륙의 산토도밍고 섬으로 이장해 줄 것을 다시 요청했고, 국왕이 이를 허락했다. 그리하여 콜럼버스의 시신은 대서양을 넘어 산토도밍고 성당에 묻혔다. 이뿐이 아니다. 콜럼버스는 살아 있을 때만큼이나 죽어서도 많은 여행을 하는 운명인지, 이후에도

16 아들이 쓴 전기에서도 이름에 관한 설명을 찾을 수 있다. 이 책에서는 그의 아버지의 성이 원래 콜롬보(Colombo)였으나 그가 거주하게 된 스페인의 언어에 맞추어 콜론(Colón)으로 바꾸었다고 이야기하고는 이 이름의 여러 종교적 관련성을 언급하고 있다. 크리스토퍼 성인에 대한 설명에 덧붙여, 그의 성이 비둘기를 뜻하기도 하므로, 이는 성령의 비둘기요 노아가 방주에서 날려 보낸 비둘기와 관련이 있고, 또 이 말이 그리스어로 '일원'을 뜻하기도 하므로 예수의 제자 중 일원이라는 뜻도 포함한다는 것이다.(Ferdinand, 30)

다시 이장을 해야 하는 일이 일어났다. 1795년, 바젤 조약에 따라 스페인이 산토도밍고 섬을 프랑스에 넘겨주어야 했으므로, 이때 콜럼버스의 유해도 쿠바의 아바나로 이장하게 되었다. 1796년 1월 15일 콜럼버스의 유해를 실은 배가 쿠바에 도착했고, 그의 유해는 사흘 후에 아바나 성당에 매장되었다. 그렇지만 이것으로 끝이 아니었다. 한 세기가 지난 1898년 미국-스페인 전쟁의 결과로 쿠바가 독립하게 되자 그의 유해를 다시 스페인으로 이장하기로 한 것이다. 1899년 그의 유해는 거의 400년 만에 세비야로 귀환했다. 그리고 1902년에 이 위대한 인물을 기리기 위해 세비야 성당에 대형 조형물을 건조했다. 작은 관에 넣은 그의 유해가 이 멋진 조형물 밑에 있다는 사실에 대해 의심하는 사람은 거의 없었다.

그런데 그 이전인 1877년 산토도밍고에서 이상한 일이 있었다. 이곳 성당에서 일하던 사람이 납으로 된 상자를 발견했는데, 그 안에는 13개의 큰 뼈와 28개의 작은 뼈들이 들어 있고, 겉에는 '저명한 위인 크리스토발 콜론'이라고 적혀 있었던 것이다. 도미니카 공화국 당국은 이것이 진짜 콜럼버스의 유해라고 주장했다. 그러니까 1795년에 스페인 측에 넘긴 유해는 다른 사람의 것이었다는 말이 된다. 도미니카 공화국은 1992년에 수백만 달러를 들여 거대한 기념물을 건조한 후 이 유해를 그곳에 안치했다. 과연 어느 곳에 있는 유해가 진짜 콜럼버스의 것인가? 세비야의 것인가, 산토도밍고의 것인가?

2003년에 이 문제를 과학적으로 풀기로 하고 스페인에 있는 유해에 대해 DNA 검사를 하기로 했다. 그라나다 대학의 호세 안토니오 로렌테(Jose Antonio Lorente) 교수가 주관하고 콜럼버스의 후손들이 입회한 가운데 각국의 전문가들과 미국의 FBI 대표까지 참여해서 과학적 조사를 시행했다. 그러나 그 결과는 실망스러웠다. 잦은 이동 때문일까,

잘 보존되지 않은 상태의 이 유해로는 아무것도 알 수 없다는 것이 결론이었다.

스페인과 도미니카 공화국은 모두 자국 영토에 묻혀 있는 것이 진짜 콜럼버스의 유해라고 주장하지만, 혹자는 제일 먼저 묻혔던 바야돌리드에 콜럼버스의 시신이 그대로 있었던 것은 아닐까, 그곳의 프란체스코 수도사들이 당시 다른 시신을 넘겨주었던 것은 아닐까 하는 가설도 제기한다. 죽어서도 그의 미스터리는 지속되고 있다.

콜럼버스를 보는 시각

이처럼 그에 관한 기본 사항조차도 잘 알려져 있지 않거나 모호하다. 따라서 객관적인 지식과 정보보다는 그를 어떻게 바라보느냐 하는 시각이 중요한 문제가 될 수 있다. 콜럼버스를 보는 시각은 신화적이거나 역으로 우상파괴적이었으며, 늘 정치적 영향을 받았다. 그를 보는 시각은 이데올로기에서 결코 자유롭지 않았다. 그는 지고의 영웅 아니면 최악의 악당이었다.

19세기 사람들은 그를 영웅으로 보았다. 안전하지만 정체해 있는 유럽 세계를 벗어나 과감하게 신대륙을 향해 나아갔던 사람, 과거의 전통과 억압적 권위에 반기를 들고 새로운 아이디어를 받아들인 사람, 당대 학자들의 수준을 앞서 나간 천재, 맹목적인 중세 종교에 저항하고 르네상스 과학정신을 받아들인 지성, 한마디로 그는 진보의 상징이었다.

이와 같은 콜럼버스의 이미지 형성에 지대한 역할을 했던 사람은 19세기 미국 작가인 워싱턴 어빙(Washington Irving)이다. 그가 1800년에 콜럼버스의 전기[17]를 쓴 이후 콜럼버스는 미국의 대중적 아이콘이 되었다. 이 책은 미국만이 아니라 전 세계에 널리 읽혔다. 현재 이 책은 거의 읽히지 않지만 그 내용은 이미 사람들의 의식을 강하게 지배하고 있다. 사람들이 공유하는 콜럼버스에 대한 고착된 이미지들은 대체로 이 책에서 만들어진 것이라 해도 무방할 것이다. 이런 흐름에 서 있는 가장 대표적인 역사가는 새뮤얼 엘리엇 모리슨(Samuel Eliot Morison)이다. 그는 콜럼버스를 합리적이고 과학적이며, 용기 있게 신대륙 항해를 시도한 인물로 묘사한 대저를 썼다.[18] 현재도 콜럼버스의 항해에 대한 설명으로는 이 책만 한 것이 없다고 할 수 있다.

콜럼버스의 아메리카 도착 400주년인 1892년은 이런 흐름에서 일종의 정점이었다고 할 수 있다. 앞에서 언급한 시카고 엑스포가 '콜럼버스 세계 박람회'로 결정된 것은 우연이 아니다. 이 당시는 유럽과 미국의 식민주의가 정점에 이르렀던 시기였다. 서구는 낙관주의를 견지했고 그런 바탕에서 '백인들의 짐'을 거론하던 때였다. 자신들에게 세계를 통치하는 권리와 의무가 있다는 것인데, 그 연원을 멀리 콜럼버스에게서 찾으려 했던 것이다.

그러나 콜럼버스를 다르게 해석하는 움직임 역시 이때부터 나오기 시작했다. 우선 신화적 해석의 틀을 벗어나 객관적인 자료를 통해 그를 이해하려는 연구자들이 등장했다. 문서보관소의 자료를 통해 진지한 연구를 한 19세기의 대표적 학자로는 스페인의 연구자인 나바레테(Martín Fernández de Navarete)를 들 수 있다. 이즈음 콜럼버스의 추악한 측면을 폭로하는 연구자도 등장했다. 콜럼버스 항해 400주년 기념 시기

17 Washington Irving, *The Life and Voyages of Christopher Columbus* (New York: Lovell, 1800).

18 Samuel Eliot Morison, *Admiral of the Ocean Sea, A Life of Christopher Columbus*, Renewed Edition (Boston: Little, Brown and Company, 1972).

에 맞추어 저스틴 윈저(Justin Winsor)는 이전과는 완전히 다른 콜럼버스의 이미지를 제시했다. 관련 문서들을 면밀히 분석한 학술적 연구 끝에 그는 콜럼버스가 원주민들을 노예화하고 노예무역을 통해 이익을 추구했으며, 스페인 왕의 명령까지 어겨가면서 이런 일들을 수행하여 국왕의 진노를 샀다는 점을 밝혔다.[19]

20세기에 들어오자 역사학은 한 개인보다는 사회나 경제처럼 더 큰 차원의 힘을 강조하는 경향이 강해졌고 영웅주의의 조류는 약화되어 갔다. 1960년대는 콜럼버스에 대한 시각이 크게 변화하는 시기였다. 민권운동, 베트남전쟁 반대운동, 페미니즘, 생태운동 등 비판적 운동의 물결이 넘실대던 그 당시, 콜럼버스는 이제 악당으로 거듭났다. 그는 파괴와 약탈, 잔혹한 지배를 시작한 인물로 그려졌다. 그런 경향은 오늘날에도 각지에서 찾을 수 있다. 예컨대 콜럼버스가 처음 아메리카 대륙에 도착한 10월 12일은 미국에서 일반적으로 '콜럼버스 데이'라는 이름으로 기념하지만, 미국 내 일부 지역과 일부 남미 국가들에서는 전혀 다른 의미로 기억되고 있다. 아르헨티나, 베네수엘라, 콜롬비아, 칠레, 멕시코는 이날을 '인종의 날(Día de la Raza)'이라고 부르는데 이는 유럽인과 아메리카 주민이 처음 만난 것을 기념하는 의미다. 미국에서도 사우스다코타 주는 이날을 '아메리카 원주민의 날(Native Americans' Day)'로, 하와이 주는 폴리네시아인이 하와이를 처음 발견한 날이라는 의미로 '발견자의 날(Discoverers' Day)'로 바꾸었다.(주경철 2012a, 92-93)

콜럼버스 항해 500주년 기념의 해인 1992년의 분위기 역시 크게

19 Justin Winsor, *Christopher Columbus and How He Received and Imparted the Spirit of Discovery* (Boston: Houghton, Mifflin and Company, 1892).(Phillips, 6에서 재인용)

다르지 않았다. 그의 항해 기술과 탐험가로서의 자질 등은 여전히 높이 평가되지만, 더 이상 문명의 전달자, 기독교 전도의 공로 등을 강조하지는 않게 되었다. 오히려 노예제를 시작하고, 천연두를 들여왔으며, 학살을 저지른 인물로 보는 경향이 강하다. 1892년의 영웅은 온데간데없고 많은 사람들은 그를 서구 제국주의의 원조로 보고 있다.(Lopez III, 104-110) 지난 100년 동안 콜럼버스를 바라보는 시각에서 심대한 변화가 일어난 것이다. 앞으로 100년이 지나면 어떻게 될까? 어쩌면 피에르 쇼뉘(Pierre Chaunu)가 말한 것처럼 아무도 그를 기억하려 하지 않을지도 모를 일이다.[20]

그를 두고 근대를 연 선구자로 미화하는 것도 문제지만, 정반대로 그를 무조건 악마화하는 것도 이데올로기적인 편견의 결과라 할 수 있다. 우리 입장에서는 처음부터 정치적으로 편향된 시각으로 접근할 것이 아니라 우선은 확실한 사실부터 정리해 나가면서, 그를 보는 시각을 다시 정립해 보는 것이 건설적인 일일 것이다. 그동안 자료 발굴과 연구의 누적으로 그에 대해 상당히 많은 사실들을 새로 알게 되었다. 이제 새로운 종합이 필요한 때이다.

콜럼버스의 성장기

오늘날 콜럼버스를 둘러싸고 있던 신비의 안개는 많이 걷혀졌다. 무엇보다도 그가 제노바의 직조공 집안 출신이라는 데 대해서는 의심

20 "1892년의 강렬한 격정에 비해 1992년은 다소 생기가 없어 보인다(일종의 조로 현상일까?). 2092년에 대해서라면 나는 10마라베디도 걸지 않겠다. 우리의 후손들은 아마 다른 데에 정신을 팔고 있을 것이다." Pierre Chaunu, *Christophe Colomb ou la logique de l'imprévisible* (Paris: François Bourin, 1993), p.10.(Boucheron, 11에서 재인용)

의 여지가 없어졌다. 제노바 문서보관소의 공증문서는 이 점을 명확히 보여 준다. 1470년 9월 22일자 기록은 비록 토막 정보만을 담고 있으나 콜럼버스의 신원을 확인하는 데에는 아무런 문제가 없다.(Symcox 2005, 43-44)

이 문서는 부채 상환에 관한 당사자들 간의 합의 사항을 공증하는 내용이다. 공증 당사자 중 한편은 "고(故) 조반니의 아들 도메니코 콜롬보(Domenico Colombo), 그리고 그의 아들인 크리스토퍼 콜롬보"이고 반대편은 "고(故) 바르톨로메오의 아들 제롤라모 델 포르토(Gerolamo del Porto)"이며, 중재자로 "조반니 아고스토 고아노(Giovanni Agosto Goano) 경"이 등장한다. 문서의 내용 자체는 아주 명백하다. 제3자의 중재를 받아들여 콜롬보 부자가 델 포르토 측에 일정액(문서에는 액수가 명시되지 않았으며, 양측이 그 금액을 알고 있는 것을 전제하고 있다)의 채무를 인정하고, 앞으로 그 금액을 성실하게 갚기로 약속한다는 것이다. 부채 문제로 다툼이 있을 경우 법정까지 가지 않고 양측이 명망 있는 사람의 중재를 받아들여 합의한 후 그 내용을 공증해 두는 것은 흔히 있었던 일이다. 여기에서 중요한 사실은 이 문건에 등장하는 '크리스토퍼 콜롬보'가 바로 우리가 추적하는 바로 그 콜럼버스라는 점이다. 이 문서는 콜럼버스가 제노바 출신이라는 사실을 확증해 준 역사적 자료다.

제노바의 문서보관소에서는 이처럼 콜럼버스와 관련된 문서들이 다수 발견되었다. 1479년 8월 25일자 문서 역시 '제노바 시민인 콜럼버스'의 사업 관계에서 불거진 모종의 문제 때문에 작성된 것이다. 여기에서 그는 리스본과 마데이라 및 제노바를 오가면서 설탕 구매 사업을 하고 있다는 사실이 기록되어 있다(이 사업과 관련해서는 아래에서 다시 언급할 것이다). 또 그의 나이가 '27세가량'이라고 적혀 있어 그가 1451년 여름에 태어났으리라는 추론도 할 수 있다.(Symcox 2005, 44-46)

이런 식으로 제노바의 자료를 이용해 콜럼버스의 집안과 그의 초기 삶의 윤곽을 어느 정도 그릴 수 있게 되었다.(Phillips, 89-94)

부록의 가계도를 참고하면서 콜럼버스의 인적 사항을 알아보도록 하자. 크리스토퍼 콜럼버스의 할아버지인 조반니 콜롬보 데 모코네시(Giovanni Colombo de Mocónesi)는 14세기 말 혹은 15세기 초에 제노바 동쪽의 모코네시 지방에서 출생한 것으로 보인다. 최초의 기록은 그가 제노바 변방 산골의 퀸토에서 살 때 자기 아들(즉 콜럼버스의 아버지) 도메니코를 브라방의 굴리엘모(Guglielmo of Brabant)라는 직조공에게 도제로 보내는 내용이다. 1418년에 태어난 도메니코는 이때 직조 기술을 배워서 모직물 직조공 겸 상인이 되었고, 직업적으로 안정을 찾은 후 결혼하여 콜럼버스를 비롯한 여러 자녀들을 낳았다. 말하자면 산골 출신이었던 이 집안은 점차 사정이 나아져서 시내로 진입해 들어온 것이다. 피렌체 같은 직물업의 대중심지와 달리 제노바에서는 직조공의 지위가 그리 높은 편이 아니었으나, 그래도 점차 제노바 시민으로 안정된 지위를 얻은 것은 분명하다. 도메니코는 시내에 자신의 가게를 열었고 도제도 받았으며, 이제 제노바 시내로 편입된 자기 고향 퀸토에 부동산도 사들였다. 그는 당시 이탈리아의 복잡한 정치 갈등의 와중에 일부 집단(Fregoso faction)을 지지했고, 아마도 그 때문에 1447-8년과 1450년 두 차례에 걸쳐 올리벨라 성문(Porta dell'Olivella)의 수문장 직책도 수행했다.

콜럼버스의 조부로부터 그의 아버지에 이르기까지 차차 형편이 좋아지긴 했지만, 그렇다고 그의 집안이 결코 상층 귀족이나 엘리트 가문이라고 할 수는 없었다. 당대 전기 작가 중에 그를 약간이나마 높이기 위해 아버지는 '양모' 직조공이지만 콜럼버스 자신은 '비단' 직조공이었다고 왜곡한 사람도 있지만 다 부질없는 일이다.(Varela, 15) 신분상승을 노리던 콜럼버스가 자신의 어린 시절에 대해 말을 아낀 것은 이런 연유였던 것이다. 더구나 그의 부친이 지지했던 정파는 반(反)스페인 성향을 띠었으므로, 후일 그가 스페인 왕실의 지원을 구하는 입장에서 이 역시 자기 가문에 대한 이야기를 꺼리게 만든 한 이유가 된 듯하다.

도메니코는 1445년에 같은 직조공의 딸인 수산나 폰타나로사(Susanna Fontanarossa)와 결혼했고, 아마도 1451년에 콜럼버스가 태어난 것으로 보인다. 그 후에 이들은 아들 바르톨로메오(Bartolomeo, 스페인 식으로는 바르톨로메), 조반니 펠레그리노(Giovanni Pellegrino), 자코모(Giacomo, 스페인 식으로는 디에고)와 딸 비안키네타(Bianchinetta)를 낳았다. 형제들 중 콜럼버스보다 열 살 어린 바르톨로메오와 17년 어린 동생인 자코모는 후일 아메리카에 따라가서 그와 고락을 함께했다(이하에서 콜럼버스의 동생인 바르톨로메와 디에고를 나타낼 때에는 스페인에서 불렸던 대로 '바르톨로메 콜론', '디에고 콜론'으로 표기하기로 한다).[21]

콜럼버스는 자기 가족과 고향 사람들에 대해 큰 애정을 가지고 있었던 것으로 보인다. 오비에도는 콜럼버스가 "지중해 서쪽 항해를 통해 경험으로 항해를 배우다가, 대양항해를 해 보고 싶다는 원대한 꿈을 품고 포르투갈로 갔지만 아버지에 대한 효성이 지극하여 돈을 아버지께 보내드렸다"라고 기록했다.(Symcox 2005, doc. 4) 1502년에 스페인에서 제노바의 산조르조 은행(Banco si San Giorgio) 이사에게 보낸 콜럼버스의 편지에는 "몸은 여기 있지만 마음은 당신들과 함께한다"라고 적

21 자코모는 열여섯 살에 직조공 도제가 되었다가 나중에 스페인에서 다른 형제들과 합류했다. 한편 여동생은 치즈 상인과 결혼한 사실이 알려져 있으나 조반니 펠레그리노에 대해서는 특별히 알려진 사항이 없다.(Symcox 2005, 3)

혀 있다.(Symcox 2005, doc. 9; Mahn-Lot, 222) 제노바 사람들도 콜럼버스의 성취에 대해 자랑스럽게 생각했다. 가족과 친족, 고향사람들과의 유대가 매우 강하다는 점은 오늘날까지 이어지는 이탈리아인들의 특징으로 보인다.

1455년 이후 콜럼버스는 아버지가 장사하는 집 2층에서 살았다. 스물한 살이던 1472년에도 자신을 '모직공'으로 기술하는 것을 보면 그는 젊은 시절에 상당히 오랫동안 아버지의 직업을 이어받아 직조공으로 일했음이 분명하다. 그러나 그는 결국 이 일을 그만두고 바다로 나갔다. 1501년 국왕에게 보낸 편지에서 그는 "아주 어린 나이에 바다에 나가 선원이 되었고 지금도 그 일을 계속한다"라고 썼다.(Ferdinand, 35) 당시 제노바인들 중에는 젊었을 때 지중해 각 지역으로 나가서 장사하는 사람들이 많았다. 그 이유는 이 도시의 지리적 특징을 보면 알 수 있다. 제노바는 산으로 둘러싸여서 농지가 별로 없었으므로 성공하길 원하는 사람들은 상업과 금융 부문으로 진출해 나갔다. 이 도시는 해로를 통해 이베리아와 연결되었고, 북쪽으로는 북이탈리아 및 북유럽과 육상으로 연결되었다. 제노바가 지중해 무역의 중요한 거점으로 성장한 데에는 이런 사정이 작용했다.(브로델 III-1, 215ff) 콜럼버스도 마찬가지였다. 그는 근거리 항해만이 아니라 때로는 키오스(Chios, 에게 해에 있는 제노바령의 섬으로서, 지중해 동부의 교역 중심지였음)를 왕복하는 항해도 했다. 이때 키오스의 특산물인 매스틱(gum mastic, 유향(乳香) 나뭇진의 일종)을 거래한 적이 있었으므로, 나중에 카리브 해에 갔을 때 비슷하게 생긴 식물을 매스틱으로 착각하고 사업 구상을 하기도 했다.

자료가 많지 않아 그가 지중해 해상 사업에서 어떻게 입지를 확보해 갔는지 명확히 알 수는 없다. 다만 아들이 쓴 전기에 그가 앙주의 르네(René d'Anjou, 앙주 공작, 프로방스 백작, 나폴리 국왕 등 여러 작위를 보유했던 15세기 인물)의 명령으로 선박을 지휘하여 튀니지에 가서 적선을 나포한 이야기가 나온다. 이때 선원들이 두려워하자 그들을 속여 카르타고까지 배를 몰고 가서 전투를 벌였다고 한다. 만일 이것이 사실이라면 놀라운 일이 아닐 수 없다. 어린 나이에 이미 선원들을 속이면서까지 자기 계획을 추진하는 뛰어난 선상 지휘 능력을 가지고 있었다고 해석해야 할 것이다.(Ferdinand, 36)[22]

이상에서 살펴본 바를 정리하면 콜럼버스는 제노바의 미미한 가문 출신으로서 젊었을 때 가업을 그만두고 해양세계에 입문한 인물이다. 그는 해외로 나가 외국 국왕을 섬김으로써 지위상승을 노렸다. 당시 많은 이탈리아인들이 그런 목적으로 이베리아 반도에 가서 활동했는데, 콜럼버스 역시 그중 한 사람이었다. 당시 유럽 사회는 그런 신분상승이 가능한 곳이었으며, 그의 경우가 특이한 것은 아니었다. 그는 일찍이 바다로 나가 사업 활동을 시작했고, 곧 지중해의 해상 사업 방식에 익숙해졌다. 그것은 어떤 방식이었을까? 제노바 상인들은 흑해 연안에 진출하여 상관(商館)들을 세워 그곳을 중심으로 교역 활동을 했고, 때로 무력 강탈도 주저치 않았다. 상업과 무력이 혼합된 이 방식은 이 시대에 보편적인 일이었다. 후일 콜럼버스가 아메리카의 여러 지역에 세운 나비다드(Navidad), 이사벨라(Isabela), 베라구아(Veragua) 같은 요새는 제노바의 상관을 연상시킨다. 그는 지중해에서 배운 내용을 대서양에서 시행한 셈이다.

22 사실 이 문제는 약간 복잡한 내용을 안고 있다. 앙주의 르네는 나폴리에 대한 지배권을 놓고 아라곤 왕국과 대결하던 인물이다. 그런데 그의 편에 섰던 콜럼버스가 후일 그의 정적인 아라곤 국왕 페르난도에게 지원을 요청한 것이다. 콜럼버스는 이런 일을 발설할 수 없었을 것이다. 이 역시 콜럼버스가 젊은 시절의 행적을 숨기게 만든 이유 중 하나다.

콜럼버스가 받은 교육

여기에서 한 가지 매우 중요한 사실을 짚고 넘어갈 필요가 있다. 그가 어린 시절부터 직업을 가지고 일을 했고 비교적 젊은 나이에 선원 생활을 시작했으므로 이렇다 할 정규 교육을 받은 흔적이 없다는 것이다. 아들이 쓴 전기에는 그가 당시의 명문 대학인 파비아 대학을 나왔다고 기술되어 있다.(Ferdinand, 35) 그러나 역사가들이 파비아 대학의 문서를 샅샅이 뒤졌지만 콜럼버스의 수학 기록은 찾을 수 없었다. 사실 그의 이력으로 보건대 그가 파비아 대학에서 공부했을 가능성은 없다고 봐야 한다. 아들이 오해한 것인지 혹은 알면서도 아버지의 학력을 미화했는지는 알 수 없다. 한 가지 가능성은 제노바의 직조공 길드가 그들의 아이들을 가르치는 초등학교를 운영했는데, 그곳이 비코 데 파비아(Vico de Pavia)에 위치해 있어서, 여기에서 어떤 혼동이 있지 않았겠느냐 하는 점이다. 말하자면 파비아 '초등학교'가 파비아 '대학'으로 둔갑한 셈이다.(Mahn-Lot, 14) 여하튼 전반적인 정황으로 보건대, 그가 정규 교육기관에서 중등 혹은 고등 교육과정을 제대로 이수했을 가능성은 거의 없다. 아래에서 살펴보겠지만, 콜럼버스는 대단히 방대한 독서를 했는데, 이는 분명 독학으로 공부한 것을 의미한다.

그는 라틴어로 『예언서』라는 책을 편집하고, 또 자신의 책에 라틴어로 주석을 달기도 했다. 그의 라틴어 역시 대학에서 배운 수준이 아니며, 스페인어를 먼저 배운 후에 라틴어를 배운 것으로 보인다.(Phillips, 96) 그의 카스티야어 역시 부정확하고 실수가 많은데 그 실수를 보면 포르투갈어의 '영향'이 강함을 알 수 있다. 왜 이탈리아어, 특히 제노바어로 인한 실수가 아닐까? 이 역시 교육을 잘 받지 못하고 일찍 고향을 떠났기 때문으로 보인다. 그는 포르투갈어와 카스티야어로 상업 세계에 입문했지만, 완벽한 문장을 구사할 정도는 아니었다. 그의 언어생활은 복잡하고 고생스러웠던 그의 삶을 고스란히 반영하는 듯하다.

콜럼버스는 자신이 고등교육의 혜택을 받지 못했다는 사실을 인식하고 있는 듯하다.[23] 그 때문일까, 그는 제대로 교육받은 사람이라는 인상을 주려고 노력한다는 느낌을 줄 때가 많다. 예컨대 국왕에게 올리는 편지에서 그는 자신이 성경, 천체학, 자연과학, 역사, 지리, 신학 등에 정통하다는 주장을 펴고 있다.(West, 105-111) 실제로 그는 대단히 성실한 독학자로서 많은 책을 읽고 꼼꼼한 주석을 달았다. 그러나 그것은 매우 기묘한 사고체계로 귀결되었다. 독학이라는 게 잘되면 천재를 낳지만, 흔히는 기기묘묘한 고집불통이 되기 십상이다. 그는 자신이 읽은 책의 내용을 자신만의 방식대로 이해하려는 경향을 보이는데, 이때 그가 해석의 근거로 드는 것은 신이 그에게 부여했다고 주장하는 '영적 이해력(spiritualis intellectus)'이었다. '믿음'으로 고전을 읽는다는 건 분명 권장할 만한 방식은 아니다. 그의 특이한 사고체계는 여기에서 비롯되었다고 할 수 있다.

23 콜럼버스 자신이 "나는 모든 것을 경험을 통해 배웠다"라고 쓴 적이 있다.(Varela, 15)

크리스토퍼 성인

크리스토퍼가 세례를 받기 전에는 레프로부스(Reprobus)라 불렸는데, 그 뜻은 '따돌림 받는 자'였다. 세례를 받은 후 그는 크리스토포로스(Christophoros)라 불렸는데 이는 '그리스도를 옮기는 이(Christ-bearer)'라는 뜻이다. 그는 네 가지 방식으로 예수를 옮겼으니 첫 번째는 예수를 강을 건네줄 때 그의 어깨로, 두 번째는 고행을 통해 그의 몸으로, 세 번째는 헌신을 통해 그의 마음으로, 그리고 네 번째로 속죄와 설교를 통해 그의 입으로 했다.

가나안 사람인 크리스토퍼는 거구에다가 무섭게 생긴 사람이었다. 언젠가 그는 세상에서 가장 강력한 군주를 모시겠노라 결심하고 가나안의 왕을 찾아갔다. 그를 본 왕은 맘에 들어 하며 궁정에 머물게 했다. 어느 날 어릿광대가 노래를 부르는데 악마 이야기가 자주 등장하자 왕은 두려워하며 성호를 그었다. 왕이 악마를 두려워한다는 것을 알게 된 그는 악마가 왕보다 더 힘이 세다고 생각하고는 왕궁을 나와 악마를 찾아 길을 떠났다. 사막을 건너다가 만난 군대의 대장은 다른 사람보다 무섭게 생겼다. 어디를 가느냐는 대장의 물음에 악마를 찾는다고 답하자 대장은 자기가 그런 악마 같은 인물이라고 말했고 레프로부스는 그의 부하가 되었다. 그들이 행군해 가던 중 사거리에 세워진 십자가를 보자 악마는 무척 두려워하며 그것을 피해 황무지로 먼 길을 돌아갔다. 이를 이상하게 여긴 레프로부스가 무슨 일이냐고 그에게 묻자 악마는 다음과 같이 답했다. "그리스도라는 사람이 십자가에 못 박혀 죽었는데, 나는 그 십자가를 볼 때마다 공포에 싸여 도망간다네." 그러자 그는 그리스도야말로 훨씬 위대하고 강한 자라는 사실을 깨닫고는 즉시 악마를 떠나 그리스도에 대해 말해 줄 수 있는 사람을 찾아다녔다. 오랜 시간 헤매던 끝에 드디어 그는 그리스도에 대해 설교하는 은수사(隱修士)를 만나 다음과 같은 대화를 나누었다.

"자네가 섬기고자 하는 이 왕은 자네가 여러 방식으로 그의 뜻을 따르기를 원한다네. 예컨대 자네는 자주 금식을 해야 해."

"다른 일이라면 하겠지만, 그건 할 수 없겠는데요!"

"자네는 기도도 많이 해야 해."

"나는 그게 무슨 의미인지도 모르겠으니 그런 것도 할 수 없습니다."

"그러면 자네, 많은 사람들이 건너가려다가 목숨을 잃는 유명한 강을 아는가?"

"물론 알죠."

"자네는 아주 키가 크고 힘이 좋지 않나. 그 강가에 가서 살게. 그리고 강을 건너는 사람들을 도와주고 있으면 자네가 섬기려 하는 그리스도 왕의 마음에 흡족할 걸세. 그러면 아마 자네에게 나타나실지도 모르지."

"좋아요! 그런 거라면 내가 할 수 있으니, 그렇게 하기로 약속하죠."

그리하여 그는 강가에 가서 오두막을 짓고 살면서 긴 장대를 들고 강을 건너는 사람을 도왔다. 어느 날 그가 오두막에서 쉬고 있는데 한 아이가 부르는 소리가 들렸다. "크리스토퍼, 이리 나와서 나 좀 도와주세요." 그가 밖으로 나오자 아무도 보이지 않았다. 그가 오두막에 들어가자 다시 같은 목소리가 들렸다. 다시 나와봤으나 아무도 보이지 않았다. 세 번째 같은 소리를 듣고 나와 보니 강가에 한 어린아이가 서 있었다. 어린아이가 강을 건너는 것을 도와달라고 하자 그는 아이를 어깨에 얹고 장대를 잡은 후 물속으로 걸어 들어갔다. 그런데 앞으로 갈수록 물결이 거칠어지고 아이가 무거워져 그는 아주 큰 곤경에 빠졌고 겨우 건너편 강가에 닿을 수 있었다.

아이를 땅에 내려놓은 후 그는 이렇게 말했다. "얘야, 너는 나를 아주 큰 위험에 빠뜨렸단다. 그리고 네가 얼마나 무거운지 온 세상을 등에 업더라도 너보다 더 무겁지는 않을 거다." 그러자 아이가 답했다. "놀라지 말아라, 크리스토퍼. 너는 온 세상을 옮겼을 뿐 아니라 온 세상을 창조한 이를 어깨에 올려놓았느니라. 나는 너의 왕인 그리스도니라. 너는 이곳에서 하는 일로 나를 섬겼다. 내가 하는 말이 사실이라는 증거가 필요하다면, 너의 작은 집에 돌아가서 그 막대기를 땅에 심어 보아라. 내일이면 그것에 잎과 열매가 달려 있을 거다." 그 말을 마치고 아이는 사라졌다. 크리스토퍼는 다시 강을 건너와 그 막대기를 집 옆에 심었는데, 다음 날 일어나 보니 그 막대기에는 야자수처럼 잎이 달리고 열매가 맺혔다.

그 후 그는 리키아(Lycia)의 한 도시인 사모스(Samos)로 가서 전도 활동을 했다. 그곳에서도 막대기를 심어 잎이 나게 하는 기적을 보이며 8천 명을 기독교 신자로 만들었다. 왕이 병사들을 보내 그를 잡아오게 했지만 이 병사들마저 모두 기독교 신자가 되었다. 크리스토퍼가 왕 앞에 가자 왕이 그의 모습을 보고 너무 무서워 넘어졌다. 크리스토퍼는 기독교를 버리고 그 지역의 종교를 믿으라는 말을 거부하여 감옥에 갇혔다. 왕은 몸매 좋은 여성 둘을 감옥으로 보내 그를 유혹하도록 했다. 그러나 오히려 그 여성들이 모두 그에게 감화를 받아 기독교를 받아들였다. 왕이 그 여자들에게 그 지역의 종교를 강요하자, 그녀들은 신전에 가서 허리띠로 우상들을 묶어 땅에 쓰러뜨려 부수었고, 두 여자는 모두 참혹하게 순교했다.

쇠막대기로 때리고 불로 고문을 가했지만 크리스토퍼는 전혀 몸이 상하지 않았다. 왕은 그를 기둥에 묶고 400명의 궁사들이 활을 쏘게 했으나 화살이 모두 날아가다 공중에 멈춰 버렸다. 왕이 그가 화살에 맞아 죽은 줄 알고 다가가자 공중에 떠 있던 화살 하나가 뒤로 돌아 날아와서 왕의 눈을 맞춰 실명시켰다. 크리스토퍼는 왕에게 이렇게 말했다. "폭군이여, 내일 내가 죽을 테니 나의 피로 반죽을 만들어 눈에 비비면 다시 시력을 찾을 것이오."

다음 날 왕은 크리스토퍼를 먼 곳에 끌고 가 목을 베게 했다. 그리고 그의 피로 눈을 비비며 "하느님과 성 크리스토퍼의 이름으로"라고 말하자 그의 눈이 도로 나았다. 왕은 곧 세례를 받고 개종한 후 하느님과 성 크리스토퍼를 모욕하는 자는 즉시 참수한다는 칙령을 내렸다. 이렇게 크리스토퍼는 4만 8천 명의 이교도를 기독교 신자로 만들었다고 한다.

3. 지중해에서 대서양으로

포르투갈 시대

콜럼버스가 지중해 해양세계에서 활동하던 시대는 1476년에 끝이 났다. 이해에 그는 포르투갈의 리스본으로 갔다. 이곳에서 머물렀던 약 10년의 기간은 그의 '인도 사업(Empresa de las Indias)'이 형성되는 중요한 시기였다. 우선 그는 이곳에서 본격적으로 원양항해에 대해 배웠다. 그는 대서양의 여러 해역을 항해하며 대양에 대한 실제적인 지식을 쌓는 동시에 지적·정신적인 측면에서도 성장해 갔다. 이 시기부터 그는 본격적으로 책을 읽기 시작했음에 틀림없다. 이에 근거하여 자신의 독특한 지리 개념이 형성되고 또 아시아로 항해해 가려는 계획안도 만들어 갔다. 후대의 기록을 통해 거꾸로 추론해 보면 그의 독특한 종교적 사고도 이 시기부터 이미 싹트고 있었던 것 같다. 한마디로 포르투갈 시대는 콜럼버스에게 결정적인 전환의 시기였다. 그러나 이 시기에 그는 여전히 무명 인사에 불과했다. 자연히 그에 관한 기록이 태부족이어서 연구에 어려움을 겪을 수밖에 없다. 이 장에서는 산재한 여러 정보들에 근거하여 콜럼버스의 '형성기'에 대해 추론하고자 한다.

포르투갈 입국

콜럼버스의 생애는 늘 극적인 사건의 연속이었는데, 포르투갈 입국도 그중 하나였다. 그는 전투 중 파선 사고를 당해 가까스로 해안까지 헤엄쳐 포르투갈에 입국한 것으로 알려져 있다. 그의 아들은 이 부분을 대단히 극적으로 묘사하고 있다.(Ferdinand, 38-39) 콜럼버스는 콜롬보라는 당대의 유명한 선장이 지휘하는 선단의 한 배에 승선해 있었는데, 이 선단과 베네치아의 대형 갤리선 네 척 사이에 격렬한 해상전투가 벌어졌다. 양측 선원들이 서로 상대방 배에 뛰어들어가 백병전을 벌이는 상황에서 콜럼버스가 탄 배에 불이 나자 그는 바다로 뛰어들 수밖에 없었다. 수영에 능했던 콜럼버스가 마침 물 위에 떠 있는 노에 의지하여 2리그 떨어진 해안까지 헤엄쳐 갔다는 것이 아들의 증언이다.

배에 불이 나고 바다에 뛰어들어 헤엄쳐 뭍에 오르는 극적인 방식으로 포르투갈 시대를 열었다는 것은 과연 사실인가? 이는 불과 물의 시련을 겪으며 재생(再生)을 경험하는 무모한 젊은이의 이야기를 그린 서사시 같은 느낌을 준다. 너무나도 극적인 나머지 그의 아들 혹은 콜럼버스 자신이 그의 삶을 과장하여 묘사하는 것이 아닐까 하는 의심마저 든다. 이 이야기가 당대 유행하던 문학적 장치와 매우 흡사하기 때문이다. 나중에 콜럼버스는 아들에게 이 이야기를 하면서 이때 죽음의 위기에서 벗어난 것 역시 하느님의 뜻이었다고 이야기했다.(Fernández-Armesto 1987, 14)

여하튼 1470년대 중엽에 그가 리스본에 있었으며 동생 바르톨로메와 함께 지냈다는 것은 분명한 사실이다.(Varela, 30) 어쩌면 바르톨로메가 그 이전에 이미 리스본에 살면서 책과 지도를 판매하고 있었는데 콜럼버스가 뒤늦게 합류했을 가능성도 있다. 리스본 도착 초기의 삶에 대해서는 자료가 부족하여 그 이상의 자세한 사정은 알기 어렵다. 이후 콜럼버스는 리스본에 약 10년 동안 머무는데, 이 시기는 후대에 그가 수행한 일들을 준비하는 기간으로서 중요한 의미를 가진다. 이에 대해 크게 세 가지 사항을 이야기할 수 있다. 첫째, 당시 유럽 해상팽창의 전위였던 포르투갈에서 사업 활동에 참여함으로써 대서양 항해를 연습할 수 있었다. 둘째, 포르투갈의 해외 식민 사업을 주도했고 왕실과 연결고리를 가지고 있던 가문의 여성과 결혼하여 상당한 도움을 얻었으며, 해양 사업과 관련된 중요한 정보를 입수했던 것으로 보인다. 셋째, 당시 해양세계에 널리 퍼져 있던 풍문과 정보를 입수하고 여기에 자신이 읽은 책의 내용을 더해 그의 정신세계가 큰 변모를 겪은 것으로 보인다(이 부분에 대해서는 5장에서 다루기로 한다).

이상의 요인들을 차례로 살펴보기 전에 이 시기에 포르투갈이 어떤 곳이었는지를 먼저 알아볼 필요가 있다. 콜럼버스가 사회적으로나 내면적으로나 자기 삶의 기틀을 만들어 가고 있을 때 그를 둘러싼 환경이 지대한 영향을 미쳤음에 틀림없기 때문이다.

포르투갈은 어떤 곳이었나

포르투갈은 유럽의 세계팽창, 어쩌면 더 큰 차원에서 세계의 해양팽창에서 뇌관 역할을 했다.(주경철 2008, 46ff) 15세기에 이 나라는 8만 9천 제곱킬로미터의 국토에 인구 100만 명 수준의 소국이었는데, 유럽 변방에 위치한 이런 작은 나라가 머지 않아 세 대륙에 걸친 해양대국으로 성장한 것은 '기적'이나 '미스터리'라고 이야기되어 왔다. 그것을 어떻게 설명할 것인가?

이베리아 반도는 8세기에 이슬람 세력의 지배하에 들어간 이후 기독교 세력이 줄기차게 국토 재정복 운동(Reconquista)을 벌이는 각축장이었다. 기독교 기사 집단이 점차 이슬람 세력을 축출하는 가운데 카스티야, 아라곤, 포르투갈과 같은 정치 세력이 형성되었다. 그 가운데 특히 포르투갈은 13세기 중엽에 이미 자국의 영토 회복을 완수하여 독자적인 왕국을 건설하고,[24] 그 여세를 몰아 해외로 진출할 힘을 갖추어 나갔다.

이런 동력을 얻은 데에는 포르투갈의 독특한 정치적 요인과 사회·경제적 요인이 작동했다. 시대를 변화시키는 특기할 만한 요소들은 흔히 여러 문화권 혹은 세력권이 중첩되는 지역에서 배태되기 쉽다. 이베리아 지역이 바로 그런 곳으로서, 이곳은 이슬람 문화권과 기독교 문화권, 유럽 대륙과 아프리카 대륙, 그리고 대서양과 지중해의 경계 지역이라는 점에 주목할 필요가 있다. 이 나라는 이슬람 세력을 몰아내고 영토 회복을 완수해야 한다는 강력한 종교적·군사적 이데올로기를 추구했지만, 동시에 이슬람교도 혹은 유대교도의 발전된 문화를 흡수하며 발전을 이루어 갔다. 수백 년 동안 상이한 집단 간에 충돌과 교류라는 모순적인 관계를 유지해 온 것이다. 최전선에서는 이슬람교도를 박멸하겠다며 전투를 벌이고 있지만 다른 한편 리스본 시내에는 오래된 이슬람 구역이 존재했다.(Martinière, 40) 문명 교류라는 입장에서 보면 이슬람교도나 유대인들은 당시 유럽보다 더 발전해 있던 아랍권의 농업, 공업, 음악, 문학, 과학, 철학 등을 전수해 주는 역할을 했다.

이와 같은 발전을 추동할 정치적 변화도 이루어졌다. 1385년에 리스본에서 일종의 '부르주아 혁명'이 일어나 아비스(Aviz) 왕조가 성립되었다. 일찍부터 상업을 활발하게 수행하던 상인층이 전면에 등장하여

24 1249-50년에 최남단의 알가르베를 이슬람 세력으로부터 빼앗고 1255년에 리스본으로 수도를 옮겼다.

해외팽창에서 주도적인 역할을 맡았다. 그와 동시에 몰락한 귀족들도 이 흐름에서 완전히 배제된 것이 아니라 해외에 나가 요새를 건설하고 군사를 지휘했다. 포르투갈의 해외팽창에 상업적 성격과 군사적 성격이 혼재해 있고, 기독교를 강요하는 편협성과 현지 문화를 용인하는 관용이 동시에 나타난 것은 이런 데에서 기인한다고 볼 수 있다.

또 한 가지 중요한 사실은 이 나라의 팽창이 지중해 세계의 지원을 받아 대서양으로 뻗어 나갔다는 점이다. 중세 시대에 경제적·문화적 중심은 이탈리아를 필두로 한 지중해 세계였다. 이탈리아 상인들은 레반트 지역과 흑해 연안 지역으로 진출하여 상업 거점을 건설하고 아시아의 산물들을 수입해서 유럽 전역에 재판매하는 교역을 수행하면서 큰 수익을 얻었다. 그와 동시에 이탈리아의 선박들은 점차 대서양 방면으로 나아가서 북유럽과 직접 교역하는 항로를 개척했다. 이탈리아는 이처럼 지중해 동쪽 방면과 지중해의 대서양 방면으로 두 팔을 뻗친 상태였지만 오랫동안 동쪽 방면이 더 큰 비중을 차지하고 있었다. 그러나 15세기에 오스만투르크가 비잔틴 제국을 정복하면서 상황이 크게 바뀌었다. 1453년 오스만투르크가 콘스탄티노플을 점령함으로써 동로마제국의 후신인 비잔틴 제국이 멸망하고 강력한 투르크 제국이 성립된 것은 유라시아 대륙 전체 역사에서 지극히 중요한 전환점이었다. 유럽과 아시아 사이의 교역도 이로써 큰 충격을 받았다. 기존의 아시아 교역로가 완전히 단절된 것은 아니며 초기의 충격을 이겨낸 후 교역이 일부 되살아났다고 하지만, 시대의 대세는 서쪽으로 향했다.[25]

25 1453년에 오스만투르크가 콘스탄티노플을 점령하여 비잔틴 제국을 멸망시킨 이후, 그때까지 베네치아를 비롯한 유럽 상인들이 아시아 상품을 구입해 오던 레반트 교역이 큰 타격을 입었는지 아닌지 여부는 오랫동안 논쟁의 대상이 되어 왔다. 상식적으로 생각

서유럽과 비잔틴 세계가 하나의 기독교 문명으로 재통합하리라는 희망은 강대한 투르크 제국의 성립으로 영영 사라지고 말았다.

이제 이탈리아를 비롯한 지중해 지역의 자본과 기술이 서쪽으로 방향을 선회했다. 대서양 세계 개척의 전위인 이베리아 반도의 여러 정치체, 즉 카스티야와 카탈루냐, 아라곤, 포르투갈 등에 이탈리아의 자본이 많이 유입되었으며,(Jehel; Heers 1960, 273-293) 또 이탈리아 상인들과 선원들이 직접 이주해 공동체를 형성했다.[26] 콜럼버스 형제들의 이주는 예외적인 사건이라기보다는 이러한 일반적인 흐름 속에 있었던 것이다. 실제로 세비야에 거주하던 제노바 출신 상인인 프란체스코 피넬리(Francesco Pinelli)는 콜럼버스의 1차 항해에 재정 지원을 한 후원자 중 한 사람이었다.(Symcox 2005, 6)

대서양 방면으로 포르투갈의 팽창이 처음 시작된 것은 1415년에 지브롤터 해협 너머 아프리카 북부 지역의 중심 도시인 세우타의 점령

해 볼 때 기존 동방무역은 아시아의 산물이 중동 지역까지 수송되었다가 육로를 통해 레반트 지역으로 온 다음 이곳에서 유럽 상인들에게 전달되는 것이었는데, 투르크 세력이 중간 지역을 장악한 이후 이 교역이 쇠락했으리라고 예상할 수 있다. 이에 대해 이미 20세기 초에 그것을 반박하는 연구가 이루어졌고, 또 그 후 레인(Frederic Lane), 브로델(Fernand Braudel), 고디노(Vitorino Magalhães Godinho) 같은 경제사의 대가들이 이를 지지하는 후속 연구를 해 왔다. 그리하여 최근까지의 정설은 1453년의 사건 이후 전통적인 레반트 교역은 일시적으로 방해받았지만 곧 다시 활성화되어 16세기까지 상당 기간 지속되었다는 것이었다. 이를 '육로 재활성화론'이라 칭할 수 있을 것이다. 이 맥락에서 보면 포르투갈의 직교역 항로는 기존의 육상 교역을 대체한 것이 아니다. 그러나 최근에는 아시아 쪽 자료를 가지고 연구한 결과, 16세기에 이미 기존의 육상 교역로가 매우 큰 타격을 받았다는 주장이 제기되고 있다. 수십 년간 많은 연구가 진행된 끝에 원점으로 돌아온 느낌이다.(Lyber, 577-588; Duncan, 512-518; Subrahmanyam)

26 제노바인들은 이베리아 반도에 들어와 그들의 공동체를 건설해 가다가, 혹시 지역 사회와 갈등이 생기면 결혼 전략, 이중 언어 생활, 공동체와 국왕에 대한 봉사, 자신들의 이름의 철자 변경 등 다양한 방법을 동원해 유연하게 처신했다. 이들은 이곳을 거점으로 해서 더 서쪽의 아프리카나 대서양상의 섬들에 식민지를 건설해 갔다.(Fernández-Armesto 1996, 14)

이다. 이베리아 반도 내에서 국토 재정복 운동이 채 완수되지 않고 양측 간에 전투가 지속되는 동안, 다른 한편으로 기독교 세력이 이슬람권 내부로 진격해 들어가는 거점을 확보한 것이다. 포르투갈의 해외팽창은 매우 복잡다기한 현상이지만, 간략히 정리하면 성격이 다소 다른 두 흐름으로 나누어 볼 수 있다. 하나는 상업 이윤을 찾아 아프리카 해안을 따라 남하하는 것으로서 주로 상인 계층이 주도했다. 우리가 포르투갈의 해상팽창을 운위할 때에는 주로 이 흐름에 주목한다. 그러나 사실 당시 대다수 포르투갈인들이 열정적으로 추구했던 것은 오히려 또 다른 방면의 팽창이었다. 이는 모로코의 정복을 목표로 한 군사적 팽창이었다. 주로 왕실과 귀족들이 지지한 이 흐름은 기독교도의 적인 이슬람 세력을 끝까지 추격하여 괴멸시키려는 의도를 가지고 있었다. 이처럼 포르투갈은 해상 방면과 육상 방면의 두 갈래로 해외 진출을 시도하고 있었다. 그중 해상팽창은 상대적으로 상업적 이익 추구의 성향이 강하고, 육상팽창은 종교적·군사적 지배의 성향이 더 강했다고 볼 수 있다. 물론 양쪽 모두 상업적 성격과 군사적 성격을 어느 정도는 가지고 있었다고 하는 것이 올바른 해석일 터이다.

이후 장기간 지속된 아프리카 내부의 육상팽창은 포르투갈을 상당한 곤경에 빠트렸다. 포르투갈인들은 여러 전투에서 패배를 겪었다. 일찍이 탕헤르(Tánger) 전투(1437)에서는 국왕의 동생인 페르난두(Fernando)가 사로잡혔고, 알카스르알카비르(Al-Qasr-al-Kabir, 오늘날의 지명으로는 Ksar el-Kebir) 전투(1578)에서는 심지어 국왕인 세바스티앙(Sebastião) 1세가 직접 참전했다가 전사하여 국가 전체가 재앙을 겪었다.[27] 이와

27 포르투갈의 국왕이 사망한 후 왕위계승자가 없는 상황에서 포르투갈 왕실이 스페인에 병합되어 1580년부터 1640년까지 양국이 합병되었다. 이때 포르투갈은 해외 식민지를 많

달리 해상팽창은 비교적 순조롭게 진행되었다. 포르투갈 선원들은 아프리카 해안을 따라 계속 남하해 갔는데, 15세기 동안 평균적으로 매년 위도 1도씩 남하한 셈이다. 이들은 1419년에 마데이라 제도에 도착했고, 이후 여러 차례의 시도 끝에 심리적 마지노선이었던 보자도르 곶을 1434년에 넘었다. 당시까지 유럽인들이 가지고 있던 관념에 의하면, 이 아래쪽은 끓어오르는 열대의 바다여서 그 너머로 내려가면 배가 파손되어 죽든지 혹은 피부가 까맣게 타서 백인이 흑인이 되는 곳이었다. 이를 넘어선 이후 포르투갈의 해상팽창은 속도를 더해 갔다. 1460년대에 기니 만에 도착했고, 1471년에는 소위 '황금해안'(현재의 가나)에 도착하였다.[28] 더 나아가서 1473년에 적도를 넘었고, 1485-6년에는 콩고 강에 이르렀다. 그 얼마 후 희망봉 도착(1488)과 바스코 다 가마(Vasco da Gama)의 인도항해(1497)가 달성되었다. 그러므로 콜럼버스가 포르투갈에 입국한 1476년은 중세 이래 수백 년 동안 유럽인들이 꿈꿔 왔던 아시아 항로가 드디어 개통되기 직전 시기였던 것이다.

콜럼버스의 사회적 상승

콜럼버스는 포르투갈의 발전된 해운업에 참여했다. 그가 언제, 어떻게 해서 포르투갈의 해운업에 입문하여 어떤 과정을 거쳐 지위 상승을 이루었는지는 알기 힘들다. 그런 것들을 다 알 수 있을 정도로 충분한 자료가 남아 있지 않기 때문이다. 그렇더라도 우리는 단편적인 증

이 상실하는 고통을 겪었다.

28 1482년 이곳에 그 유명한 엘미나(Elmina) 요새를 건설했는데, 19세기까지 노예무역의 중심지가 된 이 요새는 사하라 이남 지역에서 현재까지 남아 있는 가장 오래된 유럽 건조물이다. 콜럼버스도 이 지역까지 항해한 적이 있었다.

거들을 통해 그가 1477년 아일랜드의 골웨이를 거쳐서 아이슬란드를 항해한 것, 1478년에 마데이라에서 설탕을 구매하여 제노바로 항해한 것(이 항해에서 무역풍을 경험한 것으로 알려져 있다), 또 그 외에도 엔리케(일명 항해왕자)가 개척한 루트대로 아프리카 해안을 따라 남하하는 항해를 했다는 것을 알고 있다. 이런 것들은 후일의 대서양 횡단 항해를 위해 좋은 연습이 되었을 것이다.(Fernández-Armesto 1974, 14-17)

제노바 문서보관소에서 이 당시 콜럼버스의 사업 활동에 관한 자료들을 찾아볼 수 있다. 예컨대 1479년 8월 25일자로 제노바에서 작성된 공증문서는 마데이라 설탕 구매 사업과 관련된 내용을 기록하고 있다.(Symcox 2005, 44-46) 이 문건은 공증인이 '제노바 시민인 크리스토포로 콜롬보(콜럼버스)'를 증인으로 삼아 증언을 청취하는 내용이다.

그의 첫째 증언은 다음과 같다.

"다음 사실이 진실임을 밝히고 증언한다. 작년도 언젠가 로디지오 첸투리오네(Lodisio Centurione)의 위탁으로 파올로 디 네그로(Paolo di Negro)가 마데이라 섬에 파견되어 설탕을 구매하게 되었다. 이때 로디지오는 1,290두카트(ducat 혹은 cruzados)를 파올로에게 보냈고 이 돈으로 설탕 2,400루비(rubbi)를 사도록 시켰다. 콜럼버스는 파올로의 명령으로 마데이라 섬에 가서 위에서 말한 양의 설탕을 사려 했으며, 그러기 위해 파올로에게서 해당 금액이 지급되기를 기다렸다. 그렇지만 파올로가 돈을 송금하지 않아 콜럼버스는 103½두카트만 가지고 있었으므로 필요한 전량을 사서 포르투갈인 페르디난도 팔렌시아(Ferdinando Palencia)가 지휘하는 배에 싣지 못했다."[29]

29 로디지오 첸투리오네는 리스본에서 활동하는 제노바 출신 유명 상인이다. Cruzados는 포르투갈 금화로서 국제 표준 화폐인 베네치아 금화 두카트와 무게와 가치가 거의 같

곧이어 이와 유사한 두 번째 증언을 다음과 같이 했다.

"증인(콜럼버스)과 파올로가 리스본에 있을 때 파올로가 그에게 마데이라 섬에서 2,400루비의 설탕을 사라고 시켰고, 파올로 혹은 그의 대리인으로부터 11만 5천 레알(real은 포르투갈 은화로 3.5그램)을 받기로 했다. 마데이라 섬에 있을 때 콜럼버스는 앞에서 말한 11만 5천 레알을 받았고 이 돈을 포함하여 총액 31만 2천 레알을 가지고 있었다. 이 돈으로 설탕을 구매했지만, 포르투갈 선장인 페르디난도 팔렌시아가 지휘하는 배가 도착했을 때 실어야 하는 양만큼의 설탕을 싣지 못했다. 현재 그가 모든 사항을 적어 놓은 장부를 가지고 있지 않아 정확하게 얼만큼의 설탕을 사서 확보했었는지 증언하지 못한다." 그리고 "곧 떠나야 하느냐는 질문에 그는 '예, 내일 리스본으로 떠납니다'라고 답했다."

이 하나의 문건만으로 이 사업의 실상을 소상히 파악할 수는 없지만, 그는 파올로라는 인물과 함께 마데이라의 설탕을 구입하는 사업을 하고 있으며, 파올로 자신은 제노바 상인인 로디지오 첸투리오네의 대리인이라는 것을 짐작할 수 있다. 아마도 로디지오가 자본을 댄 사업주이고, 파올로와 콜럼버스는 그의 명령을 받아 리스본과 마데이라에서 설탕을 구입하여 보내는 대리인으로 추정된다. 이 문서는 이탈리아와 이베리아 국가들 사이의 교역 관계를 보여 준다. 특히 이탈리아의 자본과 인력이 스페인과 포르투갈에 투입되어서 사업을 주도하는 인상을 준다. 대서양 방면 팽창의 전위는 이베리아 반도의 두 국가였지만 그 뒤에는 이탈리아의 힘이 크게 작용하고 있음을 확인할 수 있다. 콜럼버스 자신이 그런 사정을 잘 말해 준다. 당시 콜럼버스의 활동을

은 3.5그램이었다. Rubbio는 부피 단위로 194.4리터이며 복수형이 rubbi다.

세세히 알 수는 없지만, 여러 정황으로 볼 때 결혼할 당시에 콜럼버스는 단순히 허드렛일을 하는 외지인 혹은 하급 선원의 수준은 분명 넘어선 것으로 보인다.

결혼

콜럼버스는 리스본에서 펠리파 모니스(Felipa Moniz)라는 여성과 결혼했다. 지난날 역사가들은 이 결혼에 대해 무일푼이지만 야망에 찬 젊은이와 쇠락한 귀족 가문의 딸 사이의 결혼으로 설명하곤 했다. 그렇지만 실상은 다르다. 이 결혼은 그가 상당한 수준의 사업가이자 항해인으로 성장한 이후에 이루어진 것으로 보인다. 분명한 것은 이 결혼이 여러 면에서 그의 사업 기반을 확고히 하는 데 큰 도움이 되었다는 것이다. 우선 신부 집안에 대해 살펴보자.(Phillips, 97ff)

펠리파 모니스는 1385년경 이탈리아의 피아첸자로부터 포르투갈로 이주해 온 필리포 팔라스트렐리(Filippo Pallastrelli)와 그의 부인 카탈리나(Catalina)의 후손이다. 이들은 리스본과 오포르토 근처에서 상업적으로 성공을 거두었고 그 덕분에 1399년에 귀족이 되었다. 봉건제가 완전히 자리 잡지 못한 유럽의 변방 지역이며, 또 그 때문에 오히려 교역과 교류가 활발하게 발달했던 당시 포르투갈에서는 이처럼 이방인(특히 이탈리아인들)이 돈을 벌어 귀족으로 신분상승을 하는 것이 가능했다. 이들은 네 자녀를 두었는데 모두 저 나름의 방식으로 사회적으로 자리를 잡았다. 장남 하파엘(Rafael)은 종교계에 들어가 리스본의 산타마링야(Santa Marinha) 수도원의 원장이 되었다(그는 성직자인데도 두 아들을 두었고 후일 이 아이들을 적출(嫡出)로 만들었다). 두 딸 이사벨(Isabel)과 블랑카(Blanca)는 모두 리스본의 영향력 큰 대주교인 동 페드로 데 노롱야(dom Pedro de Noronha)의 정부(mistress)가 되었다. 막내아들 바르톨로메우(Bartolomeu)

에 대해서는 국왕 주앙 1세의 아들인 왕자 주앙의 집안에서 거주했다는 것이 알려져 있다. 당시 사회적 관례로 볼 때 그와 같은 고위 신분의 집에 아들을 들여보낸다는 것은 곧 이 집안이 이미 매우 높은 지위에 올랐다는 사실을 말해 준다.

바로 이 막내아들 바르톨로메우가 후일 콜럼버스의 장인이 된 인물이다. 그는 포르투갈이 마데이라 제도를 공격하고 지배할 때 중요한 역할을 한 3명의 대장(captain) 중 한 사람이었으며, 그 결과 포르투산투(Porto Santo) 섬을 그의 몫으로 받았다. 동시에 그는 노롱야 대주교의 정부가 된 두 누이를 통해 왕실과 관계를 맺을 수 있었다. 두 자매는 대주교와의 사이에서 네 아이를 낳았는데, 대주교는 1444년에 이 아이들을 모두 적출로 만들었다(이런 이야기가 반복되는 것을 보면, 당시의 성도덕 관념이 우리가 일반적으로 생각하는 것과는 많이 다른 듯하다). 이런 인적 관계에 힘입어 바르톨로메우는 포르투산투 섬을 자기 가문의 세습 영지로 받았고, 그 후 이 섬에 정주하며 본격적으로 식민 사업에 매진한 결과 밀과 보리를 수출하는 등 꽤 성공을 거둔 것으로 보인다.

바르톨로메우는 두 번 결혼했다. 첫 번째로 브리테스 푸르타도 데 멘도자(Brites Furtado de Mendoza)와 결혼하여 이 사이에 세 딸을 두었고, 그녀가 사망하자 1449-50년경 이사벨 모니스(Isabel Moniz)와 재혼했다. 이 두 번째 부인이 후일 콜럼버스의 장모가 되는 사람이다. 그녀 또한 남부 포르투갈 및 마데이라 제도에 이해관계가 있는 유력 가문 출신이었다. 이 사이에서 장녀로 태어난 펠리파 모니스는 1478-9년경에 콜럼버스와 결혼하여 마데이라에 거주했고, 1480년 장남 디에고(Diego)가 출생했다.

콜럼버스의 결혼 상대 가문의 내력을 간략히 살펴보았다. 이 결혼은 젊은 남녀 간의 낭만적 사랑이라기보다는 '비즈니스' 냄새가 강하다. 이 결혼을 통해 콜럼버스는 포르투갈의 대서양 방면 식민 개척 사업을 주도한 집단 내부로 들어갔고, 포르투갈 왕실과 마데이라, 포르투산투 등과 연결고리를 얻었다. 앞에서 본 마데이라에서의 콜럼버스의 설탕 구매 사업 공증문서가 그가 결혼한 해인 1479년도 기록임을 주목할 필요가 있다.

이상의 사실들을 놓고 볼 때 콜럼버스의 결혼은 중요한 의미를 지닌다. 콜럼버스는 이 결혼을 계기로 대서양 사업에 본격적으로 참여하게 되고 이로부터 중요한 지식과 정보, 인적 유대를 얻었다. 그의 장모는 죽은 남편이 모은 지도와 문서들을 콜럼버스에게 넘겨주었는데, 여기에는 대서양의 섬과 바다에 관한 중요한 정보들이 담겨 있을 것으로 추정된다. 또 왕실과 소통하는 통로를 얻으면서 최신 고급 정보를 얻었을 가능성도 있다. 이렇게 해서 그는 해외팽창의 선두를 차지한 포르투갈의 사업 세계에 본격적으로 진입한 것이다.

펠리파 모니스와의 결혼은 1484년 그녀가 원인불명으로 갑자기 세상을 떠나면서 끝이 났다. 콜럼버스는 아들 디에고를 데리고 리스본으로 돌아갔다.

아시아 항해 계획의 제안

포르투갈에서 어느 정도 입지를 굳힌 후인 1485년, 콜럼버스는 포르투갈 국왕 주앙 2세에게 아시아 항해 사업을 제안했다. 세 척의 선박과 보급을 지원해 줄 것을 요청하고, 성공의 대가로는 나중에 스페인 왕에게 했던 것과 유사한 수준의 요구(귀족 작위, 제독 · 부왕 · 지사의 직위 등)를 했을 것으로 보인다. 주앙 2세는 수학자 및 우주지학자(宇宙誌學者, cosmographer)로 구성된 특별위원회에 이 안을 검토하도록 지시했다. 이 위원회는 콜럼버스의 사업계획을 살펴본 후 이 제안을 기각했다. 그들은 콜럼버스가 말한 아시아까지의 항해 거리가 너무 짧다고 판단했고, 시팡구(오늘날의 일본에 해당하지만, 중세의 지리 개념에서는 엄청나게 많은 금이 나는 신화화된 지역이었다)의 존재는 아예 믿지 않았다.(Fernández-Armesto 1974, 29-30) 사실 이들이 콜럼버스의 제안을 받아들이려 하지 않은 것은 충분히 이해할 수 있는 일이다. 암만해도 자신들의 지식과 정보가 훨씬 더 정확해 보였기 때문이다. 게다가 외국인에게 그런 사업을 맡기기 싫었을 것이고, 콜럼버스의 오만한 태도가 싫었을 수도 있다. 포르투갈에서 자신의 사업을 추진할 가능성이 없다고 판단한 콜럼버스는 그해에 스페인으로 떠났다.

그렇다면 포르투갈 왕실은 서쪽으로 항해하여 아시아로 간다는 아이디어를 정말로 완전히 포기한 것일까? 사실 주앙 2세는 콜럼버스의 제안을 기각하고 나서 몰래 그 아이디어를 실험해 보았다. 그는 카라벨선 두 척을 서쪽으로 보냈는데, 얼마 후 이 배들은 아무런 성과 없이 귀환했다.(Dugard, 44) 국왕이 콜럼버스의 아이디어에 더욱 비판적이 된 것은 물론이다.

포르투갈은 불확실한 서쪽 항해보다는 훨씬 가능성이 높아 보이는 남쪽 항해를 선택했다. 1486년, 주앙 2세는 바르톨로메우 디아스(Bartholomeu Diaz)의 선단을 남쪽으로 보내 아시아 항로를 탐색하도록 했다. 그렇지만 이 선단이 출항한 지 2년이 지나도록 아무런 소식이 들려오지 않았다. 침몰 사고를 당했는지, 아니면 아시아로 계속 순항하고 있는지 알 수 없는 상황이었다. 그렇게 2년이 지나자 주앙 2세는 이전에 기각했던 콜럼버스의 계획에 대해 재고하게 되었다. 이 부분은 정확한 실상이 알려져 있지 않지만, 주앙 2세가 당시 스페인에 가 있던 콜럼버스를 불러 그의 사업계획을 다시 설명하도록 했을 가능성이 있다.(Crouzet, 14) 그런데 바로 그 시점에 디아스의 선단이 드디어 아프리카 최남단의 희망봉을 발견하고 귀환했다(1488년 12월). 이제 남쪽 항로를 통해 인도양으로 항해해 갈 수 있다는 것이 입증되었다. 이렇게 확실한 아시아 항로가 열린 마당에 불확실하고 모호한 콜럼버스의 계획은 일고의 가치도 없게 되었다. 콜럼버스로서는 이제 포르투갈의 후원은 완전히 포기하고 다른 나라에서 가능성을 찾지 않을 수 없었다.

주앙 2세는 요독증으로 1495년 마흔이라는 이른 나이에 사망했다. 후계자는 선왕이 생전에 몹시 싫어했던 마누엘(Manuel) 공작으로서 당시 스물여섯 살의 청년이었다. 사람들은 포르투갈의 해상팽창 사업이 끝날 것으로 예상했는데, 오히려 마누엘이 선왕보다 더 훌륭한 성과를 거두었다. 바스코 다 가마의 시대가 열린 것이다.(Schaub, 47) 이로써 포르투갈이 콜럼버스에게 후원할 가능성은 더더욱 멀어졌다. 이제 그에게 남은 희망은 스페인뿐이었다.

4. 꿈을 현실로

스페인 시대

1485년에 콜럼버스는 스페인으로 향했다. 정확한 날짜는 불분명하지만, 안달루시아 남서쪽의 팔로스 데 라 프론테라(Palos de la Frontera)에 아들 디에고와 함께 도착한 것으로 보인다. 이제 그의 개인 행로는 스페인 역사의 큰 흐름 속에 합류했다. 당시 스페인은 국토 재정복 운동(Reconquista)의 막바지에 이르러 있었다. 이베리아 반도 내의 이슬람 세력을 최종적으로 축출하고 여세를 몰아 대서양을 넘어 해외로 팽창해 나가는 시대가 열리기 직전이었다. 바로 그 순간에 콜럼버스는 스페인 왕실에 접근한 것이다. 크게 보면 그는 아시아, 유럽, 아프리카 그리고 아메리카 대륙의 역사가 서로 만나고 변동하는 접점에 서 있었다.

스페인 입국

그가 왜 포르투갈을 떠나 스페인으로 갔는지는 사실 명확하게 밝혀지지 않았다. 빚쟁이에 시달려서, 혹은 그의 친족이 포르투갈 국왕 암살 미수에 연루되어서 등 여러 설들이 있지만, 모두 근거가 없는 낭설일 뿐이다. 또 그가 떠나면 포르투갈의 국가 비밀이 누설될까 봐 그를 체포하려 했다는 설도 있으나 역시 근거가 없는 이야기다.(Phillips, 116) 다른 어떤 특별한 이유가 있어서라기보다는 포르투갈에서 지원받을 가능성이 없다고 판단하여 이웃 국가로 가서 후원자를 찾으려 했을 가능성이 크다.

스페인에 온 이후부터는 그의 행적이 더 분명해진다. 이전보다는 많은 기록들이 남아 있어서 그의 개인사 역시 비교적 잘 알려져 있다.

콜럼버스는 코르도바에서 베아트리스 엔리케스 데 아라나(Beatriz Enríquez de Arana 혹은 Harana)라는 여인과 만나 로맨틱한 관계를 맺고 급기야 1488년 8월에 아들 페르난도를 얻었다.(Phillips, 126-127) 두 사람은 정식 결혼을 하지는 않았는데, 이유는 알 수 없지만 대부분의 학자들은 귀족 작위를 노리는 콜럼버스에게 그녀의 낮은 신분이 큰 도움이 되지 않았기 때문일 것으로 추측한다. 베아트리스는 여섯 살 때 고아가 된 후 외할머니와 이모의 손에 양육되었다. 당시 여성들은 귀족조차 글을 깨우치지 못했던 데 반해 이 여인은 평민이었지만 십대까지 교육을 잘 받은 것으로 알려져 있다. 1487년 스물두 살의 그녀는 콜럼버스를 만나게 된다. 두 사람 사이에서 태어난 페르난도는 콜럼버스의 4차 항해에 동행했고, 후일 일류 학자는 아니라 하더라도 상당히 비중 있는 인문학자가 되었으며, 아버지의 장서를 확장하여 '콜럼버스 장서(Biblioteca Colombina)'를 만들고 우리가 이 책에서 자주 인용하게 될 아버지의 전기도 썼다. 콜럼버스는 베아트리스를 재정적으로 돕고 보살펴 주었으며, 유서에서 전처의 아들인 디에고에게 그녀를 친어머니처럼 보살피라고 유언했다.(Dugard, 145)

이 시기에 콜럼버스는 항해지도와 책을 판매하는 사업을 한 것으로 알려졌다. 인쇄술이 점차 널리 보급되던 당시, 세비야는 서적 판매의 중심지 중 하나가 되었다. 아마도 이탈리아와 발렌시아에서 출판된 책을 이탈리아 상인에게서 수입하여 판매했을 것으로 보인다. 그는 자신의 사업을 도와줄 후원자를 계속 찾았으나 그것은 결코 만만한 일이 아니었다. 앞서 이야기한 대로 그는 스페인만이 아니라 그가 떠나온 포르투갈의 왕실과 다시 한 번 사업 계획을 논의하려 했고, 일이 여의치 않을 때에는 프랑스와 영국 왕실에도 자신의 사업을 제안하려 했다. 그의 사업의 진척 여부는 당시의 국제 정세에 큰 영향을 받았으며, 무엇보다 이베리아 반도 내의 정치·군사적 상황에 좌우되었다. 콜럼버스가 스페인 왕실의 지원을 받느냐 마느냐의 여부는 거의 전적으로 국토 재정복 운동이 언제, 어떻게 종료되느냐에 달려 있었다고 해도 과언이 아니다.

앞에서 언급한 것처럼 8세기에 이슬람 세력이 북아프리카에서 지브롤터 해협을 넘어와서 이베리아 반도를 지배하다가, 그 후 점차 기독교 기사들이 이를 격퇴해 나가며 영토를 확보하는 가운데 여러 정치 단위들이 생겨났다. 15세기 초만 해도 아직 통일된 스페인 왕국 같은 것은 없었고(스페인 혹은 에스파냐란 이베리아 반도 전체를 가리키는 말로 라틴어 Hispania에서 유래했다), 아라곤, 카스티야, 나바르, 포르투갈 같은 기독교 왕국과 남부 지방에 위치한 그라나다라는 무슬림 국가가 공존하는 상태였다.

이런 이유로 스페인은 이슬람 세계와 기독교권 사이의 중개 역할을 했다. 양측은 계속 전쟁만 한 것이 아니라 한쪽에서는 교역과 교류도 진행 중이었다. 이슬람권을 축출하고 재정복이 거의 완성 단계였던 이 시기에는 이베리아 반도 전체가 이슬람권, 아프리카, 대서양 섬들 그리고 유럽 지역 간 교역을 중개하였다. 전투와 교역이 동시에 활발하게 발전하던 당시 스페인은 유럽에서 가장 다이내믹한 곳 중 하나였다.

그러나 기독교권과 이슬람권 사이뿐 아니라 기독교권 내부에도 갈등이 상존했다. 포르투갈과 카스티야 간에는 한편으로 정치적인 문제로, 다른 한편으로는 아프리카와 대서양의 섬들을 놓고 복잡하고도 치열한 경쟁이 벌어지고 있었다. 이런 상황에서 1469년에 카스티야 국왕 엔리케 4세의 이복동생인 이사벨이 아라곤의 왕위 계승자인 페르난도와 결혼했다. 두 사람은 1469년 10월 14일 처음 만나고 5일 뒤에 결혼했는데, 이때 페르난도는 17세, 이사벨은 18세로, 요즘 기준으로는 미성년자들인 데다가, 이사벨은 이복 오라버니이자 국왕인 엔리케의 허락도 받지 않고 결혼했다. 문제투성이의 이 결합이 결과적으로는 근대 스페인을 만들어 낸 세기의 결혼이 된 것이다.[30]

결혼 5년 후인 1474년 엔리케 4세가 사망하자 왕위 계승 문제로 다툼이 일어났다. 여기에는 복잡미묘한 궁정 내부 문제가 얽혀 있다. 선왕 엔리케 4세는 열다섯의 나이로 나바르의 블랑슈(Blanche)와 결혼했었는데, 이는 카스티야와 나바르의 분쟁을 해소하기 위한 정략결혼이었다. 그런데 신혼 초부터 문제가 발생했다. 결혼 후 두 사람은 한 번도 성적으로 결합하지 못했다. 13년 후인 1453년 세고비야의 주교는 두 사람의 결혼을 무효화했다. 이때 공식 조사 결과 블랑슈는 처녀로 밝혀졌다. 엔리케는 다른 여성과는 성적으로 아무 문제가 없다고 주장했고, 실제로 한 사제가 세고비야의 창녀들에게 물어보니 국왕이 그녀들과 만날 때 아무런 이상이 없었다고 대답했다. 따라서 국

30 카스티야와 아라곤의 통합이라는 아이디어는 이미 오래전부터 존재했었다. 또 이사벨과 페르난도가 이 통합을 통해 정치적으로 기반을 다질 수 있으리라는 것도 분명했다. 그러나 구체적으로 어떻게 해서 이 중요한 결정이 이루어졌는지는 거의 알려져 있지 않다. 이 문제에 대해서는 존 H. 엘리엇의 『스페인 제국사 1469-1716』(까치, 2000) 제1장을 참조하라.

왕과 왕비의 결합이 이루어지지 않은 것은 저주를 받았기 때문이라고 해석했다. 엔리케는 1455년 포르투갈의 국왕 아폰수의 여동생인 후아나(Juana de Portugal)와 재혼했고 그녀는 1466년 딸 후아나 데 카스티야(Juana de Castilla)를 출산했다. 과연 이 딸의 아버지가 엔리케가 맞는지가 결국 문제가 되었다. 카스티야 귀족들은 국왕에게 대항하여 봉기를 일으키면서 이 딸의 실제 아버지가 국왕이 아니라 알부케르크(Afonso de Albuquerque) 공작이라고 주장했다. 사실 왕비는 바람기가 있는 여인이어서 그 후에도 어느 주교의 조카와 눈이 맞아 두 딸을 낳았고 결국 파혼당했다. 그러니 엔리케 국왕은 사실 성적 무능력자이며, 첫 번째 딸 후아나 역시 그의 딸일 수가 없다는 주장이 제기된 것이다. 오랜 갈등 끝에 국왕은 결국 자신의 후계자로 자기 딸인 후아나가 아니라 이복 여동생 이사벨을 지명했다.

1474년 국왕이 사망한 후 이사벨이 여왕으로 등극하려 하자 후아나가 이사벨의 왕위 계승 자격에 문제 제기를 했다. 이런 상황에서 후아나의 '출생의 비밀'은 이제 각국 간 주요 군사·외교 문제로 비화했다. 이때 이사벨과 그녀의 남편 페르난도는 카스티야 여러 분파들의 지지와 아라곤의 무장 원조를 얻은 반면, 후아나는 포르투갈이 지지했다. 이 갈등은 이베리아 반도 내 각국 간의 정치적 문제뿐 아니라 해외 영토 문제와도 관련이 있었다. 이 분쟁은 알카소바스(Alcáçovas) 조약(1479년 9월 4일)에 의해 일단락되었다. 이 조약은 일반 유럽사에서 자주 거론되지는 않지만 사실 스페인과 포르투갈의 역사, 더 나아가서 양국의 해외팽창 방향에 지대한 영향을 미친 중요한 사건이다. 조약 체결은 정치·군사적 충돌이 정리된 것을 의미한다. 결과적으로 이사벨의 카스티야 왕위가 승인되었고, 후아나는 포르투갈로 쫓겨나 그곳의 수녀원에 유폐되었다. 이후 페르난도와 이사벨이 스페인의 공동왕으로 군림하는 특이한 상태가 되었다(이렇게 두 왕이 공동으로 통치하는 것은 흔치 않은 현상으로, 영국에서 명예혁명 이후 메리와 윌리엄이 공동왕이 된 것이 또 다른 유명한 사례다). 더불어 카스티야와 포르투갈의 대서양 진출 문제에 대해서도 합의를 하여, 카나리아 제도는 카스티야가 영유권을 가지고 포르투갈은 나머지 섬들을 영유하며, 또 포르투갈이 아프리카 해안에 대한 독점적인 교역권을 인정받는 것으로 정해졌다. 더 나아가서 카나리아에서 남쪽의 기니 방향으로 앞으로 발견될 땅들에 대해서도 포르투갈이 권리를 행사하는 것으로 결정되었다. 그러므로 콜럼버스가 스페인에 오기 5년 전에 이미 이 나라는 아프리카 방향으로의 진출이 막힌 상태였다.

그라나다 문제

콜럼버스의 '인도 사업' 실현 여부는 그라나다 회복 문제와 직결되어 있었다. 이사벨과 페르난도 두 국왕으로서는 국토 재정복 사업이 완성된 다음에야 그를 후원할 수 있었다. 국토 재정복 사업은 마지막 단계에 이르러 이제 이베리아 반도 내에서 이슬람 세력은 반도 남쪽 끝 부분에만 잔존해 있었다. 대세는 이미 결판이 난 셈이지만, 그래도 마지막까지 긴장을 늦출 수 없는 상태였다.(Phillips, 117-124)

당시 카스티야의 궁정은 그라나다와의 전쟁 상황에 따라 이곳저곳으로 옮겨 다니고 있었다. 다음 세기에 펠리페 2세가 마드리드에 수도를 정하기 전에는 수도가 따로 존재하는 게 아니라 그때그때 사정에 따라 왕실이 이동하고 있었다. 1485년 3월에 이사벨은 군사 공격을 더 원활히 하기 위해 카스티야 궁정을 코르도바로 이전했다. 콜럼버스가 국왕에게 자신의 사업계획안을 제출한 것은 이 시점이었다. 그는 안토니오 데 마르체나(Antonio de Marchena)의 편지를 이용해 궁정의 여러 사람들에게 접근할 수 있었는데, 이 인물은 콜럼버스의 사업에 큰 도움을 주었을 뿐 아니라, 콜럼버스의 종교관과 세계관에 결정적 영향을 미친 인물 중 하나로 보인다. 국왕이 이 계획안을 재가하려면 우선 왕실 내의 위원회를 통과해야 했다. 이 위원회는 콜럼버스를 불러 설명을 들었다. 자세한 내막은 알려지지 않았지만, 위원회는 그의 계획이 현실성이 없다고 판단하고 그의 요구를 기각했다. 포르투갈에서와 마찬가지로 스페인에서도 전문가들은 콜럼버스의 아이디어가 실현가능성이 지극히 낮다고 판단했던 것이다. 이에 불복한 콜럼버스는 국왕에게 재심을 요구하였다.

그러는 동안 궁정은 카스티야 중부의 알칼라 데 에나레스(Alcalá de Henares)로 이전해 있었다. 두 국왕은 1485년 가을부터 1486년 겨울까지 이곳에 머물렀다. 콜럼버스는 1485년 10월에 그곳으로 찾아가서 드디어 1486년 1월 20일 국왕을 직접 알현했다. 왜 국왕이 콜럼버스를 만나 주었는지 설명하는 기록은 없다. 이때 콜럼버스가 프톨레마이오스(Claudios Ptolemaeos)의 학설을 이용해서 자신의 생각을 설명했고, 그래서 두 왕이 프톨레마이오스에 관심을 가지게 되었다는 이야기도 있다.(Phillips, 122) 1486년 국왕 페르난도가 프톨레마이오스의 『지리학(*Geographia*)』을 구입하라고 한 사실이 있는데, 아마도 이 때문에 그런 주장이 제기될 수는 있지만 과연 콜럼버스와 국왕 간에 실제로 그런 대화가 오갔는지는 불분명하다. 이때 국왕은 콜럼버스의 제안을 검토할 일종의 특별조사위원회를 구성하라고 명령했다. 위원장은 아빌라의 주교인 에르난도 데 탈라베라(Hernando de Talavera)여서 이 위원회를 '탈라베라 위원회'라 부른다. 위원들로는 레트라도스(letrados, 대학인, 대개 법률가), 사비오스(sabios, 천문학과 지도학 전문가), 선원 등이 포함되었다. 이 위원회에서 콜럼버스는 스페인으로부터 750리그 떨어지지 않은 곳에서 땅을 발견할 수 있다고 주장한 것으로 보인다. 위원들은 콜럼버스의 안을 검토할 때 대척지(antipode) 문제에 대해 논의한 것으로 알려져 있다. 중세 지리학에서는 지구의 한쪽 반구에 아시아·유럽·아프리카의 세 대륙이 모여 있으므로 그 반대편 반구에도 그에 준하는 큰 대륙 덩어리가 있어야 지구가 균형을 이룬다고 보았다. 여러 위원들은 중간에 문제의 대척지가 가로막고 있어서 아시아까지 항해하는 것이 불가능하리라고 주장했다. 그들이 아메리카 대륙의 존재를 알 수야 없었지만, 전혀 엉뚱한 근거로 추론한 끝에 결과적으로 매우 정확한 판단을 내린 셈이다. 결국 콜럼버스의 계획안은 타당성이 없는 것으로 판단되어 기각되었다. 이는 1486년 11월과 1487년 1월 사이의 일로 보인다.(Fernández-Armesto 1974, 29)

그러나 두 국왕은 그를 완전히 내치지는 않았는데, 아시아에 대한 꿈을 완전히 버리지는 않고 일말의 희망을 남겨둔 것 같다. 1479년 알카소바스 조약 이후 스페인으로서는 아프리카의 금과 아시아의 향신료를 직접 얻을 수 있는 남쪽 및 동쪽 루트가 막힌 상태였다. 당시 포르투갈은 아프리카 해안을 따라 계속 남하하고 있었고, 조만간 바르톨로메우 디아스가 남아프리카를 회항하여 아시아 항로가 열리던 때였다. 여기에 더해서 주앙 2세는 아조레스에서 출항하여 대서양의 여러 섬들을 발견하려는 노력을 기울였고, 육로로도 첩자를 보내서 아시아 지역들을 관찰하고 있었다.

스페인 왕실로서는 이웃 경쟁 국가의 약진을 보고 있을 수만은 없는 일이므로 콜럼버스의 제안을 전적으로 배제할 수 없었던 것이다. 국왕은 콜럼버스에게 하사금을 주면서 붙잡아 두는 전략을 썼다. 국왕은 두 번에 걸쳐 생활비와 여비 보조금으로 모두 6천 마라베디를 제공했다. 그러고는 8월에 스페인군이 말라카를 정복하자, 콜럼버스를 이 도시 바깥에 위치한 캠프로 소환하고 다시 4천 마라베디를 주었다(당시 도선사의 한 달 봉급이 2천 마라베디 정도였다). 이처럼 콜럼버스를 완전히 내친 것도 아니고, 또 적극적으로 지원하지도 않는 모호한 상태가 이어지고 있었다.

포르투갈의 국왕 주앙 2세가 콜럼버스에게 리스본으로 찾아오라는 친밀한 편지를 보내온 것은 이 무렵이었다. 이때 콜럼버스가 실제로 리스본으로 갔었는지에 대해서는 학자들 간에 의견이 갈리지만, 그가 피에르 다이이(Pierre d'Ailly)의 책 여백에 바르톨로메우 디아스가 아프리카에서 회항했을 때 자신이 리스본에 있었다고 기록한 내용을 볼 때 그럴 가능성이 높아 보인다.[31] 그렇지만 앞에서 이야기한 바처럼, 실제로 포르투갈 국왕에게 자신의 제안을 제출했다 하더라도 국왕이 수용하지 않았을 게 분명하다. 디아스가 희망봉을 보고 와서 이제 아시아 항로가 열리던 그 당시, 모호하고 부정확한 콜럼버스의 제안을 받아들일 이유가 없었을 것이다. 다만 콜럼버스가 스페인 왕실에 지원을 요청하는 데에 이웃 경쟁 국가의 국왕인 주앙 2세의 편지를 활용한 것은 분명하다. 그는 이 편지를 가지고 당시 발렌시아에 있던 왕실로 찾아갔다. 이때 다시 국왕으로부터 3천 마라베디를 수령했지만, 그의 사업을 확실히 지원한다는 확약을 얻지는 못했다. 스페인과 포르투갈 어느 쪽에서도 확실한 지원은 받지 못한 채, 디아스에 의해 남쪽 방향의 인도 항로가 개척된 상황에서 그는 절망에 빠졌다. 어떻게든 타개책을 찾아야 했을 것이다. 따라서 그의 동생 바르톨로메는 영국의 헨리 7세

31 "88년 12월에 바르톨로메우 디아스는 리스본에 있었다. 그는 포르투갈 국왕이 기니로 보내 그 땅을 측량케 한 카라벨선 세 척의 선장이었다. […] 그 항해에 대해 그는 해도를 그리고 그 위에 주요 사항들을 기입한 후 국왕께 직접 제출했다. 이때 나는 그곳에 있었다."(Phillips, 128에서 재인용)

에게 사업 제안을 했고, 아마도 프랑스 왕실에도 똑같은 제안을 한 것으로 보인다.(Phillips, 129-130)

동시에 콜럼버스 자신은 메디나 시도니아(Medina Sidonia) 공작, 메디나첼리(Medinaceli) 공작 등 스페인의 대귀족들에게도 접근했다. 물론 귀족 작위를 바라는 그로서는 귀족보다는 국왕의 지원을 받는 것이 일차적인 목표였을 것이다. 그런데 메디나첼리 측이 적극적으로 의사 표명을 해 왔다. 세 척의 배와 선원, 보급품 지원을 위해 3-4천 두카트(100-150만 마라베디에 해당)를 지원하기로 약속한 것이다. 다만 국왕이 콜럼버스의 사업 지원을 포기한 것이 확실해야만 자신이 지원하겠다는 단서를 달았다. 그리하여 공작이 이사벨 여왕에게 이 사실을 문의하는 편지를 보내자 이사벨은 콜럼버스를 다시 소환했다. 당시 궁정은 그라나다 근처 하엔(Jaén)에 있었다. 아마도 콜럼버스는 1489년 7월에 이곳에 도착한 것으로 보인다.

이때 대단히 극적인 사건이 발생했다.(Fernández-Armesto 1974, 35-36) 당시는 그라나다 정복이 거의 막바지에 이르러, 스페인군이 그라나다의 한 도시인 바사(Baza)를 공격하고 있었다. 이슬람권에서도 이 상황을 예의 주시하고 있었다. 그래서 그라나다 정복을 막기 위한 마지막 조치로 스페인 측에 외교적 압박을 가하려 했다. 이집트 술탄은 예루살렘의 성묘교회 소속 프란체스코파 수사 2명을 국왕에게 사절로 보내 친서를 전달했다. 이집트 술탄은 예루살렘과 팔레스티나도 지배하고 있었다. 그런 그가 그라나다에 대한 공격을 중단하라고 경고한 것이다. 술탄은 기독교 수사를 사절로 골라 보낼 정도로 정치적 수완이 뛰어났다. 이들은 의도적으로 엄청난 위엄을 과시하며 왕실에 나타났는데, 이들이 전한 내용은 만일 스페인이 그라나다 왕국을 공격한다면 예루살렘에 있는 기독교도들의 안전을 보장하지 못한다는 협박이었다. 당시 콜럼버스가 이런 장면을 직접 보았는지는 모르지만(그럴 가능성도 있다), 그는 이 상황을 이용하여 아시아로 항해할 뿐 아니라 아예 예루살렘을 정복하겠다는 자신의 구상을 이사벨 여왕에게 제안했다. 두 국왕은 이런 제안을 정신적 불안 혹은 편집증 정도로 생각했을 것이다. 두 국왕은 콜럼버스의 이와 같은 순진한 제안에 대해서 웃었을지 모르지만, 사실 이들 역시 예수성묘를 되찾고 자신들이 예루살렘 국왕이 되고자 하는 열망이 없지 않았다.

당시는 스페인이나 포르투갈 모두 종교적 열정이 넘치고 세속 권력이 종교와 긴밀한 관계를 맺고 있던 때였다. 예컨대 페르난도 국왕의 진면모는 "예언자들이 그에게 기대하는 군주상, 즉 예루살렘에 아라곤 왕기를 꽂고, 세상 끝날까지 세계를 지배할 '약속된 왕'이라는 천년왕국적 기대를 실현하기 위해 애쓰는 '중세적 인물'이었다."(카, 158) 콜럼버스가 구체적 제안을 내놓았을 때에 실제로 국왕들은 몽골 칸과의 동맹이라는 중세적 꿈을 간직하고 있었다. 심지어 아시아의 깊숙한 지역에 사제 요한(Prester John)이라는 기독교 군주가 통치하는 강력한 왕국이 존재한다는 전승도 여전히 살아 있었다. 놀랍게도 포르투갈은 아시아로 항해해 가서 광대한 식민지를 획득한 16세기에도 여전히 아시아 내륙 내부에서 사제 요한 왕국을 찾으려는 시도를 했다. 정부의 공문서에 버젓이 사제 요한 왕국 이야기가 등장하는 것을 보면 '중세의 꿈'은 아주 오랜 기간 동안 사람들의 사고를 강력하게 지배하고 있었음을 알 수 있다.[32]

32 포르투갈 정부가 알메이다 총독에게 보낸 지시문에 이런 내용이 나온다: "이곳[홍해와 그 근방]이 사제 요한의 땅과 가까우므로 두 가지 면에서 큰 이익을 얻을 수 있을 것이다. 하나는 그곳의 기독교도들에게 도움이 될 것이고, 둘째로 우리의 국고를 늘릴 수 있어

두 국왕은 콜럼버스를 붙잡아 두고, 정복이 완수되면 사업 지원을 재검토하겠다는 의사 표시를 했다. 그 결과 일단 공작과의 협력은 불가능해졌다. 콜럼버스는 적극적으로 움직였다. 그는 라 라비다(La Rábida)에 와서 후안 페레스(Juan Pérez)라는 인물을 움직여서 재차 왕에게 접근했다. 이 인물은 이후 계속해서 콜럼버스의 생애에 아주 큰 영향을 미치게 되는데, 이때에도 그는 콜럼버스를 위해 유능한 중개인 역할을 했다.[33] 그는 이사벨 여왕에게 편지를 보내 콜럼버스의 제안을 재고해 줄 것과 그러기 위해 자신을 직접 만나 줄 것을 요청했다. 2주 안에 이사벨의 답신을 받고 그는 왕궁(Real de Santa Fe)으로 가서 콜럼버스의 계획을 설명했다. 바로 이 시점에 그라나다가 항복하고 다음 해에 스페인 측에 영토를 넘겨준다는 각서에 서명하였다. 곧 이사벨은 콜럼버스에게 2만 마라베디를 주면서 궁정으로 올 것을 명령했다. 드디어 스페인 왕실은 콜럼버스의 항해를 지원할 것인가?

왕실에서는 콜럼버스의 제안을 재검토하기 위해 위원회를 다시 조직했다. 여기에는 법률, 천문학, 항해 분야의 전문가들이 보강되었고 위원장은 다시 탈라베라가 맡았다. 그런데 이 위원회의 검토 결과는

전쟁을 하고자 할 때 큰 도움이 될 것이다."(Subrahmanyam, 65) 사실 바스코 다 가마가 인도 항해를 할 때에도 사제 요한에게 보내는 국왕의 편지를 소지하고 있었다.(Crouzet, 336) 사제 요한이 문서상으로 처음 기술된 것은 1145년 오토 폰 프라이징(Otto von Freising)의 연대기적 역사 서술이다. 이후 약 20년 뒤에 비잔틴 제국의 황제 마누엘 1세 콤네노스가 사제 요한으로부터 직접 받았다는 편지가 나돌았다. 역사상 가장 유명한 위조 편지 중 하나인 이 문서는 사제 요한 왕국이 믿을 수 없을 정도로 부유한 곳이라는 점을 언급하는 동시에 기독교권이 통합하여 이슬람권에 저항할 것을 요청하는 내용이다. 이 허황된 이야기를 중세인들은 누구랄 것 없이 진실로 받아들였다.(주경철 2005, 140-141)

33 후안 페레스가 마지막으로 왕들을 설득하여 콜럼버스의 사업을 추진케 한 중요한 역할을 한 셈이다. 그는 탈라베라 전에 이사벨의 고해수사였으며 따라서 왕실에 대단히 큰 영향력을 행사할 수 있었다.(West, 57)

이전과 똑같았다. 그의 계획은 불가능하다는 것이다! 후일 이 문제가 법적 다툼이 되었을 때 미겔 토로(Miguel Toro)라는 증인은 이 당시 많은 사람들이 그의 계획은 불가능하다고 말했다고 증언했다. 분명 콜럼버스에게는 엄청난 충격이었을 것이다. 7년 동안의 노력이 물거품이 된 것이다. 그는 이제 모든 것을 포기하고 프랑스로 떠나기 위해 코르도바로 향했다. 사실 그동안 그의 동생 바르톨로메 콜론이 프랑스 국왕 샤를 8세에 사업 제안을 했던 것으로 보인다. 실제로 1490-91년에 왕의 누나인 안 드 보죄(Anne de Beaujeu)가 바르톨로메를 왕실에서 접견한 적도 있었다.(Crouzet, 15; Phillips, 132)

이 마지막 순간에 이번에는 국왕 페르난도가 개입했다. 그는 탈라베라에게 이 안건을 재조정할 수 있냐고 물었다. 후일 페르난도가 '발견은 자신 덕분'이라고 이야기한 것은 이를 가리킨다. 이사벨은 국왕회계담당관(escribano de ración)인 루이스 산탄헬에게 설득되었다. 콜럼버스의 사업은 비용이 얼마 안 드는 도박(cheap gamble)이라는 것이 산탄헬의 논리였다. 비용은 얼마 안 되지만 만일 성공하면 엄청난 이익을 얻을 수 있다. 더군다나 만일 그 이익이 모두 외국 세력에게 넘어가면 큰일이 아닌가. 스페인은 1477-9년 중에 카나리아 제도의 지배에 성공했지만 포르투갈의 희망봉 항해와는 비교할 수 없이 뒤처진 상태였으므로, 새로운 돌파구가 절실히 필요했던 것이다.(Symcox 2005, 13) 이사벨은 수비병을 보내 2리그 북쪽의 피노스(Pinos) 다리에서 콜럼버스를 불러 세워 데리고 왔다. 콜럼버스의 생애는 수많은 극적인 사건들로 점철되어 있지만 그중에서도 이 사건이야말로 가장 극적인 사례라 할 수 있다. 마지막 절망의 순간에 여왕의 은총으로 그의 사업 가능성이 되살아난 것이다.

당시 스페인의 재정은 고갈 상태였다. 우선 당장 다음 해에 그라나다를 넘겨받는 대가로 무슬림들에게 2,400만 마라베디를 주어야 했다. 아들 페르난도가 쓴 전기에 의하면 이사벨은 콜럼버스 사업을 후원하기 위해 보석을 저당잡히려 했다.(Ferdinand, 65) 이 이야기가 전혀 타당성이 없지는 않다. 실제로 여왕의 다른 보석들이 2년째 저당 잡혀 있는 상태였기 때문이다. 그러나 다행히 그러기 전에 산탄헬이 자금을 마련해 왔다.(Varela, 41)

이제 콜럼버스는 자신의 요구사항을 적시한 의견서를 제출하고 이것으로 협상을 했다. 국왕 측의 후안 데 콜로마(Juan de Coloma)와 콜럼버스 측의 후안 페레스가 대리인 자격으로 논의하여 산타페에서 1492년 4월 17일자로 문건을 완성했다. 이것이 산타페 각서(Capitulationes de Santa Fe)이다.(Symcox 2005, 60-61) 이 문서의 원본은 남아 있지 않지만 복사본들이 남아 있다. 이때 '각서(capitulation)'라는 것은 15세기 카스티야의 표준적인 합의서 혹은 계약서 형식을 말한다. 이 각서의 내용을 좀 더 보완하여 1492년 4월 30일자로 다시 그라나다 각서를 작성했다.(Symcox 2005, 62-65) 두 문건의 내용 자체는 대동소이하다. 콜럼버스가 할 일은 대양에서 '섬들과 본토'를 찾는 것으로 규정되어 있고, 그 대신 다섯 가지 특권을 인정받았다. 우선 콜럼버스는 '대양제독'이 된다. 대양제독이라는 타이틀은 해양 관련 사항에 대해 막연한 사법권을 가지는 고색창연한 중세 카스티야의 직책인데, 이를 부활시켜 그에게 준 것이다. 앞으로 그가 발견한 땅에서 일어나는 모든 상업적 문제에 대해서는 그가 재판할 권리를 가진다는 의미지만, 사실은 그저 멋진 타이틀에 불과했다. 어쨌든 이후 콜럼버스는 '대양제독' 혹은 줄여서 '제독'이라는 그럴듯한 직함으로 불리게 되었다. 또 그에게는 새로 발견할 땅의 총독(Gobernador)과 부왕(Virrey) 직도 부여받았다. 그리고 이 지역에서 국왕이 획득하는 금, 보석 및 기타 산물의

10분의 1을 차지할 권리를 받았다. 또 교역을 위한 선박 출항 비용은 국왕이 제공하되 콜럼버스는 8분의 1까지 투자할 수 있으며, 그 비율만큼의 수익을 추가로 누리게 되었다. 결국 그는 평생 바라던 귀족 직위를 얻고 자신을 '돈(don)'(영어의 sir에 해당)이라 부를 수 있게 되었다. 다만 이 계약에 따르면 그는 발견할 땅에서 여러 직위를 누리지만, 땅 자체는 그의 것이 아니라 국왕령이 된다. 이런 모호성 때문에 나중에 왕과 그의 후손 사이에 소송이 일어나게 된 것이다.[34]

한 가지 주목할 점은 이 문건들에서 사람과 땅에 대한 정복과 지배 혹은 종교 전도에 관한 언급이 전혀 없다는 것이다. 즉, 원래의 계약 내용은 상업적인 것이었다. 사실 아시아에 강력한 왕국들이 존재하는데, 배 몇 척을 보내 그곳을 정복하고 개종을 한다는 것은 생각할 수 없는 일임에 틀림없다. 당장 해야 할 일은 교역관계를 맺는 정도였다.

또 이 문건에 '아시아'라는 단어가 등장하지 않는다는 점도 눈길을 끄는 대목이다. 그는 '알려지지 않은 섬과 대륙'을 찾아 이를 스페인 왕에게 귀속시키고 자신이 그곳을 관리하며 부를 얻는 것으로 되어 있다. 사실 15세기에 포르투갈 국왕에게 올라온 많은 청원서들 역시 대개 미지의 섬을 발견하겠다는 내용이었다. 콜럼버스든 다른 누구든 중국에 가서 그곳을 정복하고 총독이 될 수 없다는 것은 누구나 잘 알고 있었다. 그래서 일부 학자들은 처음부터 이 사업은 아시아에 가려는 게 아니라 신대륙 발견의 의도가 있지 않았을까 추측하기도 했다. 그러나 이는 잘못된 주장이다. 1차 항해를 시작할 때 두 국왕은 콜

34 콜럼버스의 사후 그의 아들 디에고가 부친의 권리를 되찾겠다면서 스페인 왕실을 상대로 일련의 소송을 제기했는데, 이 재판은 이후 수십 년 동안 계속되었다.(Symcox 2005, doc. 19) 소송 자료는 최근에 자료집으로 정리되어 출판되었다.

럼버스에게 칸을 만나면 제시할 신임장을 주었고, 아랍어 통역사도 데리고 갔다(동아시아에서도 이 언어가 통한다고 믿었던 것이다).[35] '아시아'라는 말을 피한 것은 아마도 알카소바스 조약을 의식하고, 포르투갈과의 문제 소지를 없애려 했기 때문일 것이다. 이 조약에 카나리아 남쪽에 대해서는 카스티야가 어떤 권리도 가지지 않는다고 이미 규정되었으므로 콜럼버스는 남쪽으로 가지 않고 서쪽으로만 가라는 명령을 받고 떠난 것이다.[36]

사업비는 200만 마라베디로 책정되었다. 국왕은 산탄헬을 통해 114만 마라베디를 제공하고 나머지는 팔로스 시가 부담했다. 여기에 콜럼버스 자신이 50만 마라베디를 투자했다. 그는 이런 거액의 자금을 어떻게 구했을까? 최근 연구 결과 콜럼버스는 이 돈을 피렌체 출신의 노예상인 주아노토 베라르디(Juanoto Berardi)에게 차입한 것으로 밝혀졌다. 콜럼버스 자신도 엄청난 거액을 투자한 것이다. 그는 일생일대의 도박을 하고 있으며, 또 그만큼 강한 확신을 가지고 있었다.(Phillips, 134-135)

35 칸을 만났을 때 제시하라고 준 신임장에서 칸은 라틴어로 마그누스 카누스(Magnus Canus, 대칸)라고 표현했다. 이 편지에서 두 왕은 제독을 소개하고 칸에 대한 우정을 표한 다음 그가 "우리 왕국에 대해 찬미하고 관심을 가진다"는 이야기를 들었다고 말했다. 사실 몽골의 칸이 그때까지 존재했던 것도 아니고, 그들이 스페인에 대해 들어본 적도 없을 터이며, 하물며 찬미한 적도 없다. 다만 중세 전통에 따라 편지를 그렇게 썼을 뿐이다.(Fernández-Armesto 1974, 45)

36 콜럼버스가 사업을 구상할 때 스페인과 아시아 사이에 섬들과 어쩌면 대륙이 있을지 모른다는 것을 기대한 것은 분명하다. 아들 페르난도가 쓴 전기에도 그런 내용이 나온다: "The admiral's third and last motive for seeking the Indies was his hope of finding before he arrived there some islands or land of great importance whence he might better pursue his main design... This being so, he argued that between the end of Spain and the known end of India, there must be many other islands and lands."(Ferdinand, 48) 이런 기록들을 비교해 볼 때 아시아로 가는 항해 도중에 보게 될지 모르는 미지의 섬과 대륙은 부차적인 목표이거나 중간 기착지의 의미를 띠며, 원래의 목적지는 역시 아시아라고 보는 것이 타당하다.

1차 항해 준비

왕실과 모든 법적 계약 문제를 종결한 후 콜럼버스는 본격적으로 대서양 항해 준비에 착수했다. 우선 선박과 선원을 구하는 것이 중요한 과제였다. 콜럼버스는 팔로스 시에서 필요한 항해 준비를 하기로 정했다. 당시 거의 모든 항구들은 대귀족의 수중에 있었던 반면, 팔로스는 국왕이 절반을 소유하고 있는 상태여서 왕실의 계획대로 일을 진행할 수 있었다. 게다가 이곳은 어업 중심지여서 항해 경험이 풍부한 선원들을 쉽게 구할 수 있었다.(Phillips, 138ff)

5월 23일 콜럼버스와 후안 페레스는 이 도시의 산호르헤(San Jorge) 성당으로 가서 시민들과 회합을 열었다. 이곳에서 시의 서기가 왕의 선언문을 읽었고, 시 당국은 콜럼버스에게 협조한다고 선언했다. 그리고 다시 이웃 도시 모게르(Moguer)에 가서 역시 같은 내용의 선언문을 읽는 회합을 열었다. 콜럼버스는 모게르에서 팔로스 시의 계정으로 카라벨 두 척을 구했다. 선주 이름인 후안 니뇨(Juan Niño)를 따서 니냐(Niña)라고도 불리는 산타클라라(Santa Clara)호 그리고 킨테로(Cristóbal Quintero)가 선주로 있는 핀타(Pinta)호가 그것이다. 또 콜럼버스 자신도 나오선 한 척을 빌렸다. 이 배는 산타마리아(Santa María)호 혹은 라갈레가(La Gallega)로 불렸는데, 선주는 후안 데 라 코사(Juan de la Cosa)라는 인물로, 콜럼버스가 이 항구의 영주인 메디나첼리 공작의 빈객일 때 몇 번 만난 적이 있었다. 이 선단의 경우 특기할 점은 선주들이 모두 항해에 참여했다는 점이다. 이들은 자신의 재산을 잘 감시하고 혹시 큰돈을 벌면 나누려는 생각을 하고 직접 배에 오른 것이다.

선원 모집은 마르틴 알론소 핀숑(Martín Alonso Pinzón)이 맡아서 해 주었다.(Phillips, 140ff) 이 사람은 자신이 핀타호 선장직을 수락하고, 자기 동생인 빈센테 야녜스 핀숑(Vincente Yáñez Pinzón)을 설득하여 니냐호 선장직을 맡긴 후, 형제가 주도해서 선원들을 모집했다.

선원 모집은 쉽게 이루어지지 않았다. 이와 관련해서 두 가지 지적할 사항이 있다.

첫째, 선원들이 무지해서 먼바다로 나가면 폭포 아래로 떨어져 죽는다는 소위 '평평한 지구'라는 속설을 믿고 무서워했다는 이야기다. 이는 한때 매우 널리 퍼졌지만, 사실은 완전히 잘못 전해진 근거 없는 이야기다.(Simek, 37) 이미 천 년 동안 지식인들은 지구가 둥글다는 것을 알고 있었고, 선원들에게도 역시 이것은 상식이 되어 있었다. 다만 선원들은 그들에게 익숙지 않은 먼바다로 나가는 것을 두려워했을 뿐이다. 늘 생명의 위협을 느끼며 사는 선원들은 새 항로에 두려움을 느낄 수밖에 없었다.

둘째, 선원 모집이 부진하자 할 수 없이 죄수들, 특히 사형수들 가운데서 선원을 모집했다는 설이 있었다. 죄수 출신 선원들이 소수 있었지만, 결코 전체는 아니었다.

후일 한 증인의 말에 따르면 마르틴 알론소 핀송은 선원들을 모집할 때 이런 말을 했다고 한다: "친구들, 가난 속에서 헤매지 말고 우리와 함께 여행을 떠나세. 신의 도움으로 땅을 발견할 걸세, 소문에 의하면 지붕이 금으로 덮인 곳이 있다네. 그러면 우리는 모두 부자가 되어 돌아올 걸세."(Phillips, 142) 콜럼버스뿐 아니라 선주와 선원 등 당시 사람들은 모두 마르코 폴로가 이야기하는 아시아의 상을 그대로 간직하고 있었던 것이다.

산타마리아호 선원들에 대해서는 앨리스 굴드(Alice Bache Gould)가 수십 년 동안 끈질기게 관련 기록을 연구한 결과 산타마리아호 선원 40명 중 37명의 신원을 밝혀냈다. 그에 따르면 이 배에는 후안 데 라 코사가 선주인 동시에 선장으로 참여했으며, 보급과 회계를 담당했다.

디에고 데 아라나(Diego de Arana, 콜럼버스 동거녀인 베아트리스의 사촌)가 알구아실(alguacil, 선상 질서 책임자인 듯하다)이라는 점이 특기할 만하며, 그 밖에 에스코베도(Rodrigo de Escobedo, 서기), 루이스 데 토레스(Luis de Torres) 같은 인물도 보인다. 특히 마지막에 거론한 토레스는 아랍어를 비롯한 몇 개 언어가 가능한 통역사였다. 그가 기독교로 개종한 유대인이어서, 콜럼버스의 항해가 스페인에서 축출되는 유대인의 새로운 거주지를 찾는 목적을 가지고 있다는 속설의 근거로 거론되기도 했으나, 이는 사실이 아니다. 그 밖에 8명의 항해사, 11명의 선원, 10명의 보조원, 1명의 사환, 그리고 이름과 직책이 밝혀지지 않은 사람 3명이 산타마리아호에 승선했다.

한편 핀타호의 경우는 마르틴 알론소 핀송이 선장이었으며, 선주 킨테로를 포함해 모두 26명이 승선했다. 산타클라라호, 즉 니냐호는 빈센테 야녜스 핀송이 선장이었고, 선주인 후안 니뇨를 포함해 모두 모두 24명이 승선했다. 선원들 대부분은 원양항해에 능숙한 사람들이었다. 봉급은 당시의 일반적인 수준으로, 선장과 도선사는 월 2천 마라베디, 일반 선원은 1천 마라베디를 받았다. 선원들의 봉급 총액은 25만 마라베디로서, 전체 사업비 200만 마라베디 중 8분의 1 정도였다.

역사적인 대서양 항해의 준비는 완료되었다. 이 선단의 출항일은 8월 3일로 정해졌다.[37]

37 1차 항해를 준비하는 과정에서 후안 페레스가 줄곧 콜럼버스와 동행했다. 그는 출항 전날인 8월 2일에 미사를 주관하고 다음날 모든 선원들을 팔로스 항으로 인도하여 배에 승선할 때 축성했다. 그리고 후일 콜럼버스가 이 항해를 끝내고 귀환했을 때 두 사람은 2주 동안 라비다 수도원에서 함께 지내며 토론했다. 아마도 아메리카 주민들에 대한 전도에 대해서 논의했을 것으로 보인다. 후안 페레스는 당시 프란체스코 개혁운동의 리더였다. 이런 인적 관계가 콜럼버스의 종교적 사고에 깊은 영향을 미쳤으리라는 점은 제2부에서 살펴볼 것이다.(West, 57)

5. 콜럼버스의 내면세계

콜럼버스는 결국 스페인 왕실로부터 사업 지원을 받아냈다. 그러기 위해서는 왕실 내의 궁정인들과 지식인들에게 사업 가능성을 설득해야 했고, 또 그러려면 우선 그 자신부터 확신을 가지고 있어야 했다. 서쪽으로 항해하여 아시아로 갈 수 있다는 주장이 성립되려면 지구의 모양과 크기, 대륙과 바다의 구성과 성질 등에 대한 자세한 이론 틀이 준비되어 있어야 했다. 그의 지구관에 의하면 서쪽으로 항해하여 아시아에 도달하는 것은 분명 가능한 일이었다. 이런 사고는 중세 지리 지식에 근거해 있으면서도 중세 지리학 체계에서는 나오기 힘든 내용이었다. 다시 말하면 그는 전통적인 재료를 새로운 방식으로 주조하여 혁신적인 아이디어를 만들어 낸 것이다. 그는 언제부터 그런 지구관을 만들어 간 것일까? 조금 더 크게 문제를 잡아 보자면, 그의 내면세계는 어떻게 성장해 갔을까?

콜럼버스는 자신의 아이디어를 한번에 글로 쓴 적이 없으므로, 우리는 여러 자료를 통해 그가 어떤 생각을 발전시켜 갔는지 추적하는 수밖에 없다. 아마도 처음에는 단순히 서쪽으로 가면 아시아에 도착할 수 있으리라는 아이디어에서 출발해서 점차 여러 지식들을 조합하여 이론화했을 것으로 보인다. 그의 사고 틀의 기반이 된 당대의 지리적 사고와 새로운 학문적 변화는 무엇이며, 그런 것들을 콜럼버스가 어떻게 흡수하여 자신의 사고 틀을 만들어 갔는지, 그의 내면세계의 성장 과정을 알아보자.

중세 지리와 지도

콜럼버스의 지구관은 분명 중세 유럽의 지리 지식에서 나온 것이다. 그렇지만 중세 지리 지식이라는 것은 천 년 동안 변함없이 지속된 것이 아니라 변화를 거듭해 왔으며, 특히 콜럼버스가 활동하던 당시에는 변화가 더욱 가속적으로 일어나 지식사회에 상당히 큰 충격을 가하고 있었다. 말하자면 이 시대의 지리학은 중세적 내용을 근간으로 하되, 르네상스적 혁신이 이루어지고 있었던 것이다.

중세 지리는 한마디로 기독교적 세계관의 반영이다. 하느님이 만든 이 세상은 곧 하느님의 뜻이 구현되는 터전이고, 성경상의 여러 사건들이 일어난 현장이다. 이것을 눈에 보이게 표현한 것이 마파문디(Mappa Mundi, 중세 세계지도)다. 기독교 지리학에 따라 세상을 그린 이 지도는 흔히 TO형 지도(TO map) 혹은 바퀴형 지도(Wheel map)로 불린다. 이 지도는 현대 지도와 달리 위가 동쪽이고 아래가 서쪽, 오른쪽이 남쪽, 왼쪽이 북쪽이다. 지도의 중앙에는 세계의 '배꼽(omphalos)'인 예루살렘이 자리 잡고 있다. 인간이 거주하는 세 대륙인 아시아, 아프리카, 유럽을 세 개의 큰 물길인 나일 강, 돈 강, 지중해가 T자 모양으로 가른다. 그리고 이 전체를 대양(Ocean)이 커다란 원 모양으로 감싸고 있다. 지금까지 약 600편 정도 남아 있는 마파문디는 모두 이와 같은 구도로 되어 있다.(Simek, 44)

가장 대표적인 마파문디로는 엡스토르프 지도(Ebstorf map)를 들 수 있다. 이 지도는 명백하게 예수의 이미지를 구현하고 있어서 예수의 얼굴과 손발이 네 기본 방위(cardinal points)에 위치해 있다. 이 상징의 의미는 명백하다. 이 세상은 십자가에 박힌 예수의 몸이며, 예루살렘은 정중앙이고, 세계의 경계는 예수의 손발이 뻗은 범위에 의해 정의된다.(Zamora, 105) 또 다른 중요한 마파문디로는 헤러포드 지도(Hereford map)가 있다. 1275년경에 만들어진 것으로 추정되는 이 지도는 중세 마파문디 중 최대 규모이고, 또 보존 상태도 아주 좋은 편이다. 이 지도에 표시되어 있는 수많은 디테일들 역시 성경과 중세 지리학에서 많이 거론되는 내용들이다.[38]

콜럼버스가 실제로 어느 마파문디를 보았는지는 알 수 없지만, 가장 가능성이 높은 지도로 거론되는 것은 베네치아의 지도 제작자 안드레아 비앙코(Andrea Bianco)의 지도(1436년 제작) 혹은 카탈란 지도(Catalan map, 1375년으로 추정)다. 비앙코의 지도에는 인도양이 아주 크게 확장되어 있고 그곳에 엄청나게 많은 섬이 존재한다. 카탈란 지도는 당시까지 이루어진 지리 발견의 성과를 수용한 최초의 지도라 할 만하다. 여기에는 카나리아, 마데이라, 아조레스 제도가 상당히 정확하게 표시되어 있다.(Flint, 19-23)

이런 지도들은 모두 성경상의 사실들을 충실하게 나타내려고 했다. 마파문디는 기본적으로 이 세상을 기독교의 관점에서 해석하기 때문이다. 이 땅은 단순히 산과 강, 바다로 이루어진 물질세계가 아니라

38 이 지도에 대한 전반적인 설명은 다음 문헌을 참조할 것. William Latham Bevan and Henry Wright Phillott, *Mediæval Geography: An Essay in Illustration of the Hereford Mappa Mundi*, Nabu Public Domain Reprints (London: E. Stanford, 1873).

엡스토르프 지도(위)와 카탈란 지도(아래)

헤러포드 지도

'신이 만든 세상'이고, 마파문디는 바로 그 사실을 나타내는 표현물이다. 지리(geography)는 땅(geo)에 대한 글쓰기(graphy)이며, 그것은 곧 세상에 대한 기술(description)이다. 마파문디는 그러한 내용을 시각적으로 표현하고 있다. 기독교의 관점에서 해석한 지리학적 글쓰기에서는 당연히 실제 관찰보다 성경의 권위를 상위에 두므로, 중세 지도는 성경에서 규정하는 이 세상의 영적 의미를 시각적으로 해석하는 도구였다.(Zamora, 102-103)

마파문디에 표현된 많은 것들은 성경에 근거를 두고 있다. 예컨대 예루살렘이 세계의 중심이고 나머지 전 세계는 그와 관련된 관계 속에서 위치 지어진다는 것의 근거는 구약의 〈에스겔〉에서 찾을 수 있다.

> 주 여호와께서 이와 같이 이르시되 이것이 곧 예루살렘이라 내가 그를 이방인 가운데에 두어 나라들이 둘러 있게 하였거늘(에스겔 5:5)

지상낙원은 동쪽 끝에 위치하는데, 이는 인류 역사의 첫 시작이자 마지막 목적지가 된다. 이는 엄연히 지상에 실재(實在)하는 곳이며 그렇기 때문에 당연히 지도에 표시된다. 주의할 점은 이곳이 여러 의미에서 '올라가는 지형'이라는 것이다. 마파문디에서는 동쪽 방위가 위쪽에 있으므로 제일 동쪽 끝의 지상낙원은 지도에서 가장 위쪽에 위치해 있다. 이는 신성한 곳을 위에 놓는다는 의미에서 자연스러운 일이다. 그러나 지상낙원이 높은 곳에 있다는 것은 실제로 지구상의 다른 어느 지역보다 고도가 높다는 의미이기도 하다.(정인철, 423) 콜럼버스는 3차 항해 시에 파리아 만에서 지상낙원 근처에 왔다고 생각할 때 이곳이 점차 위로 올라가는 지형이라고 언급한 바 있다. 지도상에서 지상낙원은 때로 아담과 이브의 형상으로 나타내기도 하고 때로는 헤러포드 지도에서 그러하듯 섬으로 나타내기도 한다. 그리고 〈창세기〉의 설명대로 네 개의 강과 불의 장막이 그려져 있는 경우가 많다.

인간이 거주하는 지역은 세 대륙으로 나뉘어 있다. 기독교 전승에서 대홍수 이후 노아의 세 아들이 각각 대륙 하나씩을 물려받았는데, 아시아는 셈, 유럽은 야벳, 아프리카는 함에게 돌아간 것으로 이야기된다.[39] 세 대륙 중 아시아가 세계의 반을 차지한다.[40] 세 대륙을 나누는

39 "방주에서 나온 노아의 아들들은 셈과 함과 야벳이며 함은 가나안의 아버지라 노아의 이 세 아들로부터 사람들이 온 땅에 퍼지니라"(창세기 9:18-19)

강과 바다는 돈 강과 나일 강 그리고 지중해다.

그 밖에 마파문디에는 성경에 언급된 숱한 사항들이 빼곡히 표시되어 있다. 낙원 주변에는 여러 종족들이 산다. 우선 전통적으로 엘리야와 에녹이 낙원 근처에 사는 것으로 알려져 있다. 금과 귀한 목재, 보석들이 생산되는 오빌 같은 곳은 특히 콜럼버스에게 중요한 의미를 띠었다. 곡과 마곡 사람들은 수가 모래알처럼 많은데 말세에 이 세상으로 뛰쳐나오는 것으로 믿었다.(요한계시록 20:7-8) 마파문디 제작자들은 곡과 마곡을 지구 여러 곳에 배치했지만 중세 말에 이르면 대개 아시아, 특히 동쪽 끝에 두는 경향이 강해졌다. 그러므로 아시아는 낙원이 위치한 성스럽고 아름답고 풍요로운 곳이지만 동시에 위험이 가득한 곳이기도 하다. 여기에 이스라엘의 열 지파나 동방박사가 살았던 나라까지 나타내야 하는 데다가 12세기 이후부터는 이슬람권 너머에 존재하는 강력한 기독교 왕국인 사제 요한 왕국 전설도 가미되었다. 그 위치는 에티오피아, 아프리카, 아시아 등지로 제각각이지만 콜럼버스 시기에 오면 대개 인도로 정해졌다.

여기에 세계 각지, 특히 아시아 여러 지역에 온갖 괴물들이 그려져 있다. 중세인들이 생각한 특이한 사람들 혹은 괴물들은 실로 다양했다. 솔리누스(Gaius Julius Solinus)에 따르면 인도에 사는 특별한 종류의 사람들로는 예컨대 견두인(犬頭人), 손가락 대신 새 발톱을 가진 사람, 개

40 이와 같은 삼분 구조는 꼭 기독교적인 것만이 아니라 플리니우스에게서도 찾을 수 있는데, 그 설명을 보면 마파문디에 그대로 구현된 것을 알 수 있다: "The whole circuit of the earth is divided into three parts, Europe, Asia, and Africa. The starting point is in the West, at the Straits of Gibraltar, where the Atlantic Ocean burst in and spreads out into the inland seas. On the right as you enter from the ocean is Africa on the left Europe, with Asia between them; the boundaries are the river Don and the river Nile."(Rackham, ii, 4-5)

를 낳는 여인, 발이 뒤로 돌아가 있고 발가락이 여덟 개씩인 사람, 큰 발 하나만 가지고 있어서 이를 양산처럼 사용하는 사람(Sciapods), 가슴에 입·귀·코가 있는 사람, 특별한 사과 향기를 맡고 살아가는 사람, 피그미, 여인국 사람들이 있다. 또 괴물 같은 짐승들로는 초대형 뱀장어, 사슴을 삼키는 거대한 물뱀, 뿔이 돌아가는 소, 일각수, 팔이 두 개인 물뱀(코끼리를 잡아 물속으로 들어가서 죽인다), 4에이커의 바다를 덮는 거대한 고래, 집 지붕으로 쓰일 정도로 큰 알을 낳는 거북 등이 있다. 그리고 여기에 더해 엄청난 후추 숲이 있고 귀금속과 보석이 많이 난다. 중세 유럽인들에게 인도는 온갖 신비를 간직한 곳이었다.(Flint, 16-17)[41] 이런 괴물성은 신이 창조한 이 세상의 신비를 강조하는 의미를 띤다.[42]

당대의 지리 지식을 문자 그대로 믿고 있던 콜럼버스에게 이처럼 다양한 요소를 품고 있는 마파문디의 세상은 단순한 상징이 아니라 실재하는 세계였다. 이런 지도를 보거나 지참하고 아시아라고 믿는 곳에 찾아갔을 때 그곳에서 인어를 보고 아마존을 찾아가며 견두인 이야기

41 중세 유럽인들이 아시아, 특히 인도에 대해 가진 이미지의 원천은 우선 플리니우스의 『자연사(*Historia Naturalis*)』가 중요하지만, 실제적으로 더 중요한 공헌을 한 책은 플리니우스를 요약한 3세기의 수사학자 솔리누스의 책(*Collectanea rerum memorabilum*)이었다. 그리고 7세기 초의 저술가 세비야의 이시도르의 『에티몰로기아(*Etymologiae*)』가 이를 이어받았다.(Le Goff) 다음 책도 참조하라. Bettina Bildhauer and Robert Mills, *The Monstrous Middle Ages* (Toronto: University of Toronto Press, 2006).

42 이 세상에 괴물이 존재하는 것은 두 가지 의미를 가진다. 첫째, 신의 창조는 무제한적이라는 점을 보임으로써 신의 능력을 증명한다. 둘째, 인간으로서는 어떤 존재가 되어야 하는가 혹은 어떤 존재는 되지 말아야 하는가를 지시한다. 이런 괴물을 보며 인간은 '저런 존재를 닮아서는 안 된다'고 생각한다. 그런 비교가 가능하려면 전적으로 괴물성만 가진 존재여서는 안 되고 적어도 일부는 인간의 형상을 가지고 있어야 한다. 예컨대 만티코라(Mantichora)는 입에 3열의 이빨이 나 있고, 사자 몸과 전갈 꼬리를 가지고 있으며, 핏빛 색깔을 하고 뱀 같은 소리를 내며 엄청난 속도로 달리는 데다가 사람을 잡아먹는 괴물이지만 사람의 얼굴을 하고 있다.(Le Goff, 32)

를 믿는 것은 결코 이상한 일이 아니었다. 이 지도는 기독교 세계관에서 본 현재 상태를 말해 줄 뿐 아니라 더 나아가서 궁극적으로 기독교도가 수행해야 할 의무를 말해 주기도 한다. 이런 유형의 지도는 분명 기독교 이데올로기의 확산과 깊은 관련이 있다. 예컨대 〈계시록〉에 붙어 있는 중세 지도는 사도들의 전도, 이단과의 전쟁, 그리고 세계 전도의 긴급성 등을 나타내는 역할을 한다. 말하자면 단순한 지도라기보다 차라리 도덕에 가까웠던 것이다.

그렇지만, 중세 지도가 마파문디 유형만 있었던 것은 아니며, 지형과 거리 등을 정확하게 나타낸 지도도 존재했다. 이런 정확한 지도를 필요로 한 사람들은 다름 아닌 선원들이었다. 그들에게는 바닷길과 연안 지역을 정확하게 기록한 해도가 있어야 안전하게 항해할 수 있지, 그렇지 않으면 자칫 죽음의 위험에 빠질 수 있다. 선원들이 마파문디와 같은 부정확하고 몽상적인 지도에 의지해서 베네치아에서 리스본까지 운항할 수는 없지 않겠는가. 그래서 연안 지역과 항구들, 섬, 조류, 바람, 거리 등을 정확히 기록한 해도가 발전했는데, 이를 포르톨라노 해도(portolano chart)라 한다.(Zamora, 107-109) 이 유형의 지도는 지중해, 흑해, 대서양 등지에서 해상 활동이 확대됨에 따라 선원들과 상인들의 필요에 부응하기 위해 나온 것이다. 이 지도는 실제적 효용이 중요하므로 대개 아무런 장식도 없으며, 지역 이름들이 연안에 빼곡하게 기입되어 있다. 중요한 것은 오직 정확한 위치와 방향이었다. 그런데 정말로 흥미로운 것은 이런 지도에는 상상의 섬까지도 정확하게 그려져 있다는 점이다. 브렌단 섬 같은 상상의 장소가 아조레스 제도나 카나리아 제도 옆에 그려져 있고, 어떤 해도는 심지어 그런 섬들까지의 거리도 기록했다. 이 역시 당시의 시대 배경에서 이해해야 할 것이다. 현재 우리는 아조레스 제도는 실존하는 섬이고 브렌단 섬은 가상의 장소라는 것을 알지만 그 당시에는 아직 그런 점이 불명확했다. 피치가노 해도(Pizzigano Chart, 1424)가 그런 사례다. 이 지도에는 대서양과 지중해 서쪽 연안만 그려져 있어서 대서양 항해를 위한 지도임을 알 수 있다. 그런데 여기에 안틸리아(Antillia) 같은 상상의 섬들이 표기되어 있는데, 이런 섬들과 실제 섬은 전혀 구분되어 있지 않았다.(Phillips, 109)

상이한 기능을 수행하는 두 종류의 지도는 서로 상보적인 역할을 했다. 마파문디는 세계의 전반적인 모습을 제공하고, 포르톨라노는 그 가운데 일부 지역에 한하여 매우 정확한 실제 모습을 나타냈다.[43] 『항해일지』를 보면 콜럼버스는 선상에 두 종류의 지도를 다 구비해 가지고 있었다. 더 일반적으로 말해서 그는 마음속에 두 가지 상이한 지도학적 이미지를 가지고 항해했을 것이다. 우선 포르톨라노적인 이미지로 정확한 항해 방향을 잡고, 마파문디적인 이미지에 견주어 그가 마주치는 새로운 지리의 성격과 의미를 해석해 간 것이다.

아래에서 1차 항해의 『항해일지』를 분석하게 될 터이지만, 우선 여기에서 이 자료에 두 가지 상이한 지도 유형이 등장한다는 점을 확인해 보도록 하자.

A. 제독은 (다른 두 배의 선장들과 함께) 사흘 전에 보낸 지도에 대해 이야기했다. 그는 예전에 그 위에 이 해역의 몇몇 섬들을 그려 넣었다. 마르틴 알론

43 중세 말부터 마파문디와 포르톨라노 지도가 융합되는 과정이 일어나고 있었다. 동일한 지도제작자가 두 종류의 지도를 제작하는 경우가 많아졌는데, 마파문디를 만들 때에도 포르톨라노적인 실용성이 도입되기 시작했다고 볼 수 있다. 지도 제작 방식이 변화하는 초기 상황을 보여 주는 대표적인 지도로는 프라 마우로(Fra Mauro)의 지도를 들 수 있다. 1450년에 만들어진 이 지도는 남쪽을 위로 하였으며 낙원이 지도 안에 포함되지 않고 지도 외곽에 표시되었다. 지도 제작 스타일도 과거와 달라지고 있고 글 역시 라틴어가 아니라 베네치아 방언으로 표기하였다.(정인철, 425)

소가 그 섬들이 이 지역에 있을 것이라고 말하자, 제독은 자신도 그렇게 생각하지만 아마도 해류가 계속해서 배들을 북동쪽으로 몰기 때문에 그 섬들을 못 만난 것 같다고 답했다. 이때 제독은 그 지도를 다시 보내라고 말했다. 로프로 지도를 건네자 제독은 도선사와 선원들과 함께 그 위에 현재 위치를 기입했다.(Dunn, 41-43)

B. 그는 그처럼 높고 많은 섬들을 보고 경탄했다. 그리고 국왕들에게 보고하기를 그제부터 이 지역 연안과 섬들에서 보는 산들보다 더 높은 산은 세상에 없을 것이라고 했다. 또 안개와 눈이 없이 아름답고 깨끗한 자태를 보이며 또 발치에 깊은 계곡이 있는 산들도 다시없을 것이라고 했다. 그리고 말하기를 이 섬들은 세계 지도의 동쪽 끝에 그려진 그 수많은 섬들일 것이라고 믿었다.(Dunn, 153)

A에 등장하는 지도는 포르톨라노 유형이고 B에 등장하는 지도는 마파문디 유형이 틀림없다. 이는 단지 두 유형의 지도를 가지고 있다는 데에 그치는 것이 아니라 콜럼버스가 두 가지 유형의 사고를 하고 있음을 말해 준다. 그는 아시아에 대한 기존의 큰 그림을 머릿속에 가지고 있고 종종 그것을 확인하는 동시에, 해당 지역의 해도에 그가 보는 지역들을 기입하여 정확한 정보를 축적하고 있다.

『항해일지』는 그 두 가지 방식이 때로는 혼용되면서 점차 바뀌어 가는 것을 보여 준다. 전반적으로 앞부분에는 항해의 방향, 속도, 바람, 조류, 기타 해상 관련 사항들 위주로 기록되어 있다. 이 시기는 말하자면 '포르톨라노 유형'의 사고에 따르고 있다. 그러다가 아메리카에 도착한 이후 서술 방식이 크게 바뀐다. 이는 단지 정보가 더 많아진다는 게 아니라 서술의 '의미화'의 성격이 바뀌는 것을 뜻한다. 이제는 단순히 어떤 대상을 찾아냈다는 것에 그치는 게 아니라 그것의 성격을 파악하는 것으로 바뀌었다. 말하자면 '항해'로부터 '발견'으로 성격이 바뀌는 것이다.

지리 개념의 변화: 프톨레마이오스의 충격과 대응

중세 지도와 지리학은 고정된 것이 아니라 계속 변화해 왔다. 그것은 아랍 지역을 비롯한 외부 세계로부터 과학을 수입한 데 따른 충격의 결과일 수도 있고, 유럽인들의 항해 경험이 많아지면서 실제적인 정보가 누적된 결과일 수도 있다. 아마 그 두 가지가 함께 작용했을 터이다.

콜럼버스가 중세 지리관을 바탕으로 아시아 항해 계획을 세우는 데에는 몇 가지 중요한 문제가 제기된다. 앞에서 이야기한 것처럼 지구구형설에 대해서는 논란 자체가 없을 정도였다. 문제가 된 것은 육지와 바다의 비율, 적도 이남의 인간 거주 가능 여부, 적도의 바다 상태, 다시 말해서 적도 통과 가능 여부 등이다. 이런 바탕 위에서 거리, 해류와 풍향 체계, 발견 가능한 섬들의 존재 여부 등이 중요한 고려사항이 된다. 자신의 사업계획을 제안하고 지원을 받기 위해서는 이런 문제에 대한 답을 제시해야 한다. 스페인과 포르투갈 궁정에서 그의 계획안이 의문시되고 여러 차례 기각되었던 것은 이런 문제와 관련이 있었다.

콜럼버스는 고대의 여러 고전 작가들을 거론하며 지구의 형상에 관한 자신의 사고를 검토했다. 무엇보다 지구에서 땅과 물 중 어느 부분이 더 큰가 하는 문제가 제기되었다. 바다가 대륙보다 크다고 주장한 학자로는 플리니우스가 있다. 그는 대양이 엄청나게 큰 덩어리를 이루고, 대지는 그 아래에서 물을 떠받치고 있다고 보았다. 이는 마치

호두 알맹이와 껍질의 관계와 유사하다고 설명했다.

그러나 다른 많은 저자들은 반대로 대륙이 바다보다 크다고 설명했다. 페트루스 코메스토르(Petrus Comestor)는 원래 천지창조 때에는 물이 모든 것을 덮었지만 후에 가스가 응축되면서 훨씬 작아져서 이제는 땅이 물보다 훨씬 크다고 설명했다. 니콜라스 리라(Nicholas de Lyre)도 여기에 동의했다. 아리스토텔레스는 지구 자체가 작고 물, 즉 바다의 비율이 작기 때문에 스페인에서 인도까지 쉽게 항해할 수 있다고 주장했으며, 아베로에스(Averroes)도 여기에 동의했다. 세네카(Seneca) 역시 여기에 동의하면서 덧붙여 아리스토텔레스는 알렉산더 대왕 덕분에 많은 것을 알게 되었으므로 그의 판단이 정확할 것이라고 말했다. 콜럼버스는 이러한 고대의 저자들과 아랍 학자들의 견해를 참고했다. 그렇지만 그가 최종적인 권위로 삼은 것은 언제나 성경이었다. 무엇보다도 6 대 1의 비율로 땅이 바다보다 크다고 명시되어 있는 〈에스라〉(2 Esdras 혹은 불가타 성경에서는 4 Esdras, 6:42)가 중요한 전거 중 하나다.(Jane, vol. II, 40-42)

그 다음으로 중요한 문제는 대척지(antipode)였다. 고대와 중세 학자들은 인간이 거주하는 세 대륙의 존재와 구조에 대해서는 비슷한 견해를 가지고 있었지만, 이는 사람들이 사는 '이쪽' 반구(半球)의 이야기다. 지구의 반대편(동쪽 혹은 남쪽)인 '저쪽' 반구에 대해서는 사실 누구든 정확하게 알 길이 없었다. 이 가운데 많은 사람들은 이쪽 반구에 큰 대륙이 존재한다면 반대쪽에도 이에 준하는 대륙, 곧 대척지가 있어야 한다고 생각했다. 지구 전체가 균형을 이루어야 한다는 주장이다(사실 천동설의 세계에서 지구가 우주의 중심이라면 굳이 이런 식의 균형을 생각할 필요는 없었지만 이런 추론은 중요하지 않았다). 그렇다면 과연 대척지는 존재하는가?

이와 함께 남쪽에 위치한 열대(torrid zone)를 통과할 수 있느냐 하는 것도 중요한 문제였다. 유럽인들은 경험적으로 남쪽으로 내려갈수록 기온이 올라간다는 것을 알고 있었고, 사람이 살기 힘들 정도로 더운 지역이 있다는 정보도 들었을 것이다. 그래서 지구를 몇 개의 기후대로 나눈 후 남쪽의 열대는 인간의 거주가 불가능할 정도로 뜨겁다는 설을 제시했다. 여기에 더해 '거주'가 아니라 '통과'가 가능하냐 하는 문제도 제기할 수 있다. 남쪽 바다는 끓어오르는 엄청난 열기로 배가 파손되고 사람이 죽든지 백인이 흑인으로 변한다는 식의 속설이 널리 퍼져 있었다. 포르투갈이 아프리카 해안을 따라 남하할 때 대체로 보자도르 곶이 심리적인 마지노선이었던 것도 이 지점을 넘어 내려가면 그 악명 높은 열대가 된다는 속설 때문이었다.

대척지와 열대라는 이 두 문제에 대한 고전 저자들의 견해는 상반되었다. 아리스토텔레스는 대척지는 존재하지만 열대를 넘어 그곳에 도달할 수는 없다는 견해를 피력했다.(West, 63) 그런데 이렇게 되면 기독교적 세계관의 관점에서 곤란한 문제들이 제기된다. 대척지가 존재한다면 그곳에는 사람이 살고 있는가? 만일 대척지에 사람이 존재하되, 중간에 열대가 가로막고 있어서 통과할 수 없다면, 그곳 주민들은 어떻게 그곳에 존재하게 되었는가? 그들은 '이곳' 주민들과 마찬가지로 아담의 후손인가, 아니면 하느님은 그곳에 별도의 인간을 창조하셨는가? 그들은 신앙을 전해야 할 '모든 사람'에 포함되는가?

아우구스티누스(Aurelius Augustinus)는 '저쪽' 반구는 전부 바다로 되어 있으며, 대척지는 존재하지 않는다고 보았다. 로저 베이컨(Roger Bacon)은 고대 그리스·로마의 지리학 지식과 이슬람 지식을 통합하여, 인간이 거주하는 세 대륙 외에 지구의 나머지 지역은 바다라는 전통적인 견해를 수용하되, 다만 적도 부근은 너무 뜨거워서 생존이 불가능하다는 설은 배제했다. 그 대신 아프리카와 아시아 대륙이 남쪽으로 크게

뻗어 있고 그곳에 사람들이 거주한다고 보았다.(Phillips, 78)

콜럼버스가 이런 여러 가지 설들을 접하고 자기 나름대로 정리한 결론은 열대 바다는 항해가 가능하며 그 너머로 가면 대륙이 있고 사람들이 살고 있는데 이들은 우리와 같은 아담의 자손이므로 신앙을 전할 수 있다는 것이다.[44] 그렇다면 아시아와 대척지의 관계는 어떠한가? 이런 복잡한 문제에 대해서 그가 체계적인 대답을 정리해서 내놓은 적은 없다. 그의 사고는 서서히 변화해 갔고, 또 항해 경험에 비추어 자신의 지구관을 조금씩 형성해 갔을 것이다.

중세 지리 사고에 큰 영향을 끼친 것은 프톨레마이오스(Klaudios Ptolemaios)였다. 15세기 초에 프톨레마이오스가 소개되면서 유럽의 지성계 일반이 큰 충격을 받았다. 프톨레마이오스의 『지리학(*Geographia*)』은 1406년경 앙겔루스(Jacobus Angelus 혹은 Jacopo Angelo de Scarperia)에 의해 라틴어로 번역되어 널리 알려졌다. 이 책에서 시도한 대로 360도의 경도와 위도로 지구를 나누는 방식은 지구를 파악하고 표현하는 데에 완전히 혁신적인 방법이었다. 프톨레마이오스의 지도는 특정한 초점이 없으며, 단지 알려진 세계(oikoumene)가 일정한 격자(grid) 위에 균등하게 펼쳐져 있다. 말하자면 이 지도는 이데올로기적인 강조가 없고 신비주의적이지 않다. 중심보다는 펼쳐진 상태가 더 강조된 이 지도는 마파문디 유형과는 완전히 다른 세계관에 근거해 있었다. 이런 식으

44 콜럼버스의 견해는 결국 아우구스티누스와 반대되는 것이다. 그의 아들이 쓴 전기에 의하면 콜럼버스가 왕실에 처음 제출한 사업계획안이 탈라베라 위원회에서 기각된 중요한 근거가 바로 아우구스티누스의 견해였다고 한다. 교회는 대척지의 존재를 강하게 비판했으며, 놀랍게도 14세기까지도 대척지의 존재를 주장하면 화형에 처해졌다. 파도바 대학의 의학 교수인 피에트로 다바노(Pietro d'Abano)와 볼로냐의 천문학자 체코 다 아스콜리(Cecco da Ascoli)가 각각 1316년과 1327년에 대척지를 믿는다는 죄로 종교재판소에서 화형당했다.(Flint, 34; Simek, 54)

로 세계를 파악하는 방식은 당연히 유럽의 지리학에 큰 충격을 가했다.(Zamora, 103) 많은 학자들이 이 책을 연구하고 그 성과를 이용했다. 피에르 다이이도 이 책을 참조했을 터이고, 콜럼버스는 다이이의 책을 가장 열심히 연구했기 때문에 그 영향을 받았음에 틀림없다. 어쩌면 그가 『지리학』(1478년 본)을 직접 읽고 연구했을 가능성도 없지 않다.[45]

프톨레마이오스의 지도는 분명 매우 큰 영향을 미쳤으며, 마파문디의 지배적 지위를 흔들어 놓았지만, 그렇다고 그것을 대체할 정도는 아니었다. 인쇄술이 도입된 후 처음 출판된 지도도 여전히 TO형 지도였다. 15세기 후반까지도 마파문디가 여전히 통용되었으며, 현재까지 알려진 최초의 지구의인 베하임(Martin Behaim)의 지구의 역시 마파문디 개념에 따라 만든 것이다. 이 지구의에는 마르코 폴로의 여행기에 나오는 내용이 그대로 반영되어 있다. 지상낙원을 비롯해 성경상의 여러 지리 요소(동방박사, 오빌, 곡과 마곡 등), 사이렌, 바다 괴물, 꼬리 달린 인간, 브렌단 섬 등도 표시되어 있다. 즉, 마파문디를 구(球)에 그대로 전사한 것에 가깝다.(Flint, 38-39)

콜럼버스의 태도 역시 이에 가깝다. 그는 부분적으로 지구를 이해하는 새로운 방식(예컨대 경도와 위도로 공간을 나누는 것)을 수용했지만, 기본적인 세계관과 지구관은 이전 방식을 고집스럽게 지켜 나갔다. 이전의 종교적 방식(마파문디)을 유지하여 이교도 과학(프톨레마이오스)의 충격을 이겨낸 셈이다. 달리 말하면, 새로운 지식과 지식체계의 충격을 구지식체계 안으로 끌어들여 다만 유용한 도구로 사용한 것이다. 이처럼 전통에 집착한 결과 그는 더욱 낙관적인 세계관을 견지할 수 있었다.

45 이 책은 콜럼버스가 1차 항해 이후 구입한 것이 알려져 있다.(West, 24-25) 그러나 이 책에는 콜럼버스가 읽은 다른 책과는 달리 주석이 달려 있지 않다.

콜럼버스는 이 시대의 정신사를 이해하는 데에 매우 흥미로운 사례를 제공한다. 르네상스 시대의 유럽에서는 하늘과 땅에 대한 지식, 자연과 인간에 대한 지식이 뚜렷하게 증가했다. 이는 단지 지식의 양이 늘어난 것만 의미하는 게 아니라 지식에 대한 태도, 즉 세계에 대한 호기심이 증대한 것을 말해 준다. 유럽인들은 그들의 지식이 가진 한계를 넘어서려고 했다. 르네상스 시대의 유럽에서 의문을 품고 질문을 던지는 정신이 강화된 것은 분명하다. 그런데 그런 새로운 흐름이 일어나면서 동시에 지극히 전통적인 내용으로 회귀하려는 경향 역시 매우 강했다는 점도 주목할 필요가 있다. 콜럼버스는 여전히 지상낙원을 찾아가려는 염원을 품고 있고, 세계의 모든 사람들에 대한 전도를 꿈꾸고 있었다. 인도의 엄청난 부를 손에 넣어 자기 자신의 입신양명을 노렸지만, 동시에 그것으로 스페인의 세계 전도에 공헌할 것도 기대했다. 그는 지난 시대의 꿈의 실현을 확신하고 있었기에 그만큼 더욱 강경했다. 스페인의 르네상스는 중세를 넘어서는 혁신적인 내용이 아니라 이전의 전통을 강화하면서 그 바탕 위에 새로운 것을 추구하고자 했다. 보수적인 성격이다 못해 무력을 통해서라도 전통 가치를 지켜내려는 전투적 성향이 덧씌워져 있어, 이 나라의 르네상스는 갑옷을 입은 기사(騎士)가 책을 읽는 모습, 즉 '무사 르네상스'로 표현할 수 있다.(카, 147, 그림)

이런 복잡하고도 미묘한 사고체계를 내면적으로 발전시키기 위해서 콜럼버스는 많은 노력을 기울여야 했다. 그는 구전문화, 즉 널리 유포된 정보에 귀 기울이는 것과 출판문화, 즉 책을 통해 공부하는 두 가지 방식을 모두 활용했다.

경험과 소문

콜럼버스의 특이한 사고방식도 결국은 그 시대와 그 사회에서 나온 것이다. 서쪽 바다를 통해 아시아로 간다는 특이한 발상도 완전한 무(無)에서 나온 것이 아니라 당시 유럽 해양세계의 여러 요소들을 이용하여 형성되었을 것이다. 사실 15세기에 유럽이 활기차게 해외팽창을 시도했지만, 그것은 이 시대에 처음 시작된 것이 아니라 12세기 이래 지속되어 온 유럽팽창의 새로운 단계였다. 유럽과 아시아가 지속적으로 접촉하여 정보가 교환되었기 때문에 1400년경 유럽인들이 가진 세계관은 전통적으로 전해 오는 내용에다 이국적인 이야기와 여행자들의 경험담이 혼합된 느슨한 체제를 이루고 있었다.

콜럼버스는 소문으로 접한 정보를 자신의 항해 경험에 비추어 판단했다. 그가 지중해에서 선원 생활을 시작했다가 포르투갈에 입국한 이후 마데이라 섬을 오가는 항해 활동을 했다는 사실을 앞에서 지적한 바 있다. 이후 그의 항해 경험은 더욱 풍부해졌다. 북쪽으로는 아이슬란드에 이르고 남쪽으로는 아프리카 해안을 따라 멀리 남쪽으로 내려갔다. 1482년 그는 상조르게다미나의 요새까지 갔으며, 이에 대해 "나는 포르투갈 국왕 소유인 엘미나 성에 갔었는데, 이는 적도 아래에 있지만 인간이 거주할 수 없는 곳은 아니었다"라고 말한 적이 있다. 그는 아프리카 방면의 항해에 대해 잘 알고 있었고, 신대륙을 기술할 때 아프리카와 비교하는 말들을 많이 했다. 예컨대 '쿠바에는 야자나무들이 아주 많은데, 이는 기니나 우리나라의 것과는 다른 종류들이다' 같은 식의 말을 하는데, 이는 그의 사고에 아프리카의 경험이 매우 중요한 역할을 했음을 말해 준다.(Phillips, 106) 이런 항해 경험을 통해 대서양의 풍향 및 조류 체계를 이해하게 되고, 이는 더 나아가서 지구의 형상에 대한 추론으로 이어졌을 것이다.

콜럼버스는 자신의 실제 경험과 책에서 얻은 지식을 대조하곤 했으며, 때로 자신의 경험이 기존 고전의 권위보다 정확할 수도 있다고 생각했다. 예컨대 1495년에 에스파뇰라에서 국왕에게 보낸 편지에는 프톨레마이오스의 권위에 대해 공개적으로 의문을 표시하는 내용이 나온다.

> 1477년 2월에 나는 툴레(Thule) 섬 넘어 100리그를 항해했습니다. 이 섬의 남쪽 부분은 흔히 말하듯 북위 63도가 아니라 북위 73도이며, 프톨레마이오스가 이야기한 것처럼 서쪽[서반구]이 시작되는 지점이 아닙니다…(Phillips, 105)

사실 원양항해를 하는 선원들에게 해양 환경의 관찰 그리고 동료 선원들과 공유하는 정보는 대단히 소중한 자산이다. 콜럼버스가 접한 중요한 자료의 첫 번째 원천은 무엇보다 선원들 사이에 널리 퍼진 소문이었을 것이다. 페르난도의 전기 역시 "콜럼버스는 아조레스 제도와 마데이라 제도 서쪽의 섬과 바다로 항해했던 많은 선원들로부터 들은 이야기에서 깊은 인상을 받았다"라고 썼다.(Ferdinand, 48)

그러므로 콜럼버스가 최종적으로 만들어 낸 지구관과 서쪽으로의 항해 계획도 처음에는 항구와 시가(市街)에 떠도는 단순한 정보와 소식들이 씨앗이 되었으리라 짐작된다. 그중에는 사실과 부합되는 믿을 만한 이야기도 있을 테지만, 허황하기 그지없는 이야기들도 분명 많았을 것이다. 다만 현재 우리로서는 유용한 '정보'와 믿을 수 없는 '루머'를 구분할 수 있다고 생각할지 모르지만, 그 시대 사람들에게는 그런 구분이 쉽지 않았다.

대서양의 서쪽 바다에 생각보다 육지가 가까이에 있다는 이야기는 콜럼버스에게 매우 솔깃한 정보였을 것이다. 각종 부유물들이 그 증거였다. 마르틴 비센테(Martín Vicente)라는 한 포르투갈 도선사는 바다에서 나뭇조각을 끄집어 올렸는데, 그것은 철제 도구가 아닌 다른 도구로 새긴 것이었다고 콜럼버스에게 이야기했다. 그것을 건진 곳은 포르투갈 남서 해안에서 서쪽으로 50리그 떨어진 지점인데, 그 당시에는 며칠 동안 서쪽에서 바람이 불어왔다고 한다. 이런 이야기들을 종합해 볼 때 아마도 서쪽 어딘가에 사람이 거주하는 섬이 있을지 모른다고 그는 결론을 내렸다. 콜럼버스의 이복 자매와 결혼한 다쿵야(Pedro Correa da Cunha) 역시 포르투산투 섬에 밀려온 이상한 나뭇조각과 식물들이 가까운 섬들, 어쩌면 인도에서부터 흘러왔을지도 모른다고 말했다. 이 사람들의 견해는 결국 그런 물체가 흘러올 정도로 가까운 서쪽 지역에 사람이 거주하고 있다는 것이다. 또 얼굴이 매우 넓적해 아시아 인종으로 추정되는 시체 두 구가 조류에 밀려온 적이 있는데 이는 곧 아시아의 동쪽 끝에서 유럽에 이르는 바다가 그리 크지 않을 수 있음을 말해 준다고 보았다.(Ferdinand, 48-49)

이보다 더 직접적으로 서쪽의 육지를 거론한 것으로는 카나리아, 마데이라, 아조레스 제도 사람들이 간혹 서쪽 바다에서 섬을 본다는 이야기다. 콜럼버스는 여러 번에 걸쳐 이런 이야기를 들었는데, 그중 특기할 만한 것은 『항해일지』에 직접 기록한 카나리아 제도의 이에로(Hierro) 섬 주민들 이야기다.

> 이에로 섬에 거주하는 스페인 사람들은 매년 카나리아 제도 서쪽으로 해가 지는 방향에서 육지를 본다고 단언한다. 고메라의 다른 사람들 역시 그 점에 대해 선서를 하며 확실한 사실이라고 주장한다. 제독은 1484년에 포르투갈에 있을 때 마데이라 제도 출신의 어떤 사람이 그가 본 그 땅에 가겠다

며 국왕에게 카라벨선 한 척을 요구한 것을 기억한다고 말했다. 그는 매년 언제나 같은 방향에서 그것을 보았다고 맹세했다. 또한 제독은 아조레스에서도 사람들이 같은 이야기를 했으며, 그들은 모두 그 방향, 모습, 크기에 대해 일치하는 말을 했다는 사실을 기억했다.(Dunn, 25-27)

이베리아 반도나 대서양 여러 제도(諸島)의 해양세계에서는 서쪽 바다 멀리 미지의 땅이 존재한다는 이야기가 늘 있어 왔다. 이런 해양 이야기 중에 특기할 만한 것은 먼바다에 있는 신화적인 섬 이야기들이다. 그 가운데 특히 중요한 두 가지 사례를 보자.(Flint, 87-99)

첫 번째 사례는 안틸리아 섬이다. 전승에 의하면 734년 스페인과 포르투갈이 이슬람의 지배하에 들어가자 많은 기독교도들이 이베리아 반도를 탈출하여 이 섬으로 도주했으며, 그 후 7명의 주교가 일곱 개의 도시를 건설한 후 배를 불태워 누구도 바깥으로 다시 나가지 못하도록 했다고 한다. 이 전승대로라면 서쪽 먼바다에 기독교도들이 사는 섬이 있으니, 이곳을 중간 기착지로 활용할 수 있다는 의미가 된다.[46] 그런 가능성을 언급한 사례들은 꽤 많이 있지만, 특히 기억해 둘 만한 것으로는 토스카넬리가 마르팅스(Fernão Martins)에게 보낸 편지에서 이를 언급했다는 사실이다. 심지어 그는 "안틸리아에서 시팡구까지 그리 멀지 않다"고도 기록했다. 이 섬은 콜럼버스에게는 분명 큰 희망을 주는 요

46 15세기 중엽에 이 섬과 관련된 새로운 전설이 추가되었다. 엔리케 항해왕자 시절에 포르투갈의 배 한 척이 폭풍우에 떠밀려가서 이 섬에 도착하여 선원들이 상륙했다고 한다. 선원들은 이곳 주민들이 교회에 다니는 것을 보고 이들이 기독교도라는 사실을 알았다. 그런데 이들이 억류되어 다시 돌아오지 못할까 두려워 몰래 섬을 탈출하여 포르투갈로 되돌아왔다. 항해왕자는 이 선원들에게 다시 같은 방향으로 항해해 볼 것을 지시했지만 돌아오지 못할 수도 있다는 위험 때문에 그 지시를 거절했다.(Crouzet, 82)

소였다. 이 섬에 대한 이야기는 아들 페르난도 역시 기록하고 있다(다만 연도를 714년으로 잡은 점이 다를 뿐이다).(Ferdinand, 49) 안틸리아 섬은 베하임의 지구의에도 등장하는데, 베하임 역시 이 정보를 토스카넬리에게서 얻었을 가능성이 크다. 이 섬에서 일본까지의 거리가 거의 똑같이 표시되어 있기 때문이다.

이 전설의 섬은 대체 어디를 가리키는 것일까? 유럽인들에게 아조레스 제도가 알려지기 전에 누군가가 멀리서 이 섬을 본 것이 전설화된 것이 아닐까 추측하는 학자도 있지만, 물론 순전히 전설상의 섬일 가능성도 크다.

브렌단 섬 역시 아주 널리 알려져 있는 이야기이며, 특히 지상낙원과 관련된 요소가 이야기 속에 포함되어 있다.(Delumeau, 137-138) 이는 원래 라틴어로 기록된 이야기(*Navigatio Sancti Brendani Abbatis*)였는데, 중세에 여러 언어로 번역되어 널리 퍼져서 콜럼버스 역시 이를 읽거나 알고 있었을 가능성이 크다. 그 이야기는 이런 식이다. 6세기 중엽 아일랜드의 수도사 배린드(Barrind)의 아들이 서쪽으로 3일간 항해해 가서 '행복의 섬(insula deliciosa)'에 정주했다. 배린드가 아들을 찾아 항해에 나섰다가 하느님이 남겨놓은 '약속의 땅'인 섬을 발견한다. 이 섬은 말세에 성인들이 가는 섬이어서 누구도 이 섬에 갈 수는 없고 다만 먼발치에서 볼 수만 있다. 배린드 부자는 돌아와서 낙원이 얼마나 가까이 있는지 사람들에게 말해 주었다. 이 이야기를 들은 브렌단 일행이 이 섬을 찾아 나섰는데, 온갖 해상 모험 끝에 결국 그 섬을 방문하고 돌아왔다는 것이다. 이 섬 이야기는 콜럼버스의 사고에 지대한 영향을 미친 것 같다. 그는 어쩌면 이 이야기를 문자 그대로 믿었을 가능성도 있고, 그렇지 않더라도 이 신화 이면에 실재하는 섬이 있으리라고 생각했을 수도 있다. 3차 항해 당시 그가 '지상낙원' 근처에 붙인 몇몇 지명은 브렌단 이야기에 나오는 요소들과 관련이 있다. 예컨대 '고래 만(el golpho de la Vallena)'은 브렌단의 배가 지상낙원을 찾아가기 전에 큰 고래의 등 위에 올라갔던 이야기와 관련이 있어 보인다.(Crouzet, 349) 사람들은 이 섬 역시 완전히 허황된 것으로 치부하지 않고 실재하는 것으로 믿었으며, 그래서 당시 많은 지도에는 이 섬이 표시되어 있다.

이런 전설상의 섬들이 실재한다는 것을 넘어 누군가가 그런 섬에 직접 가보았다는 이야기도 많이 퍼져 있었다. 더 나아가서 1492년 이전에 누군가가 이미 아메리카 대륙에 갔었고, 콜럼버스는 그 정보를 들어 알고 있었기 때문에 그처럼 확신을 가지고 서쪽 항로를 고집했다는 주장도 있다.[47] 심지어는 콜럼버스 자신이 이미 아메리카에 다녀왔지만, 자기 소유권을 확실히 하기 위해 1492년에 정식으로 항해를 했다는 설도 유포되었다.

누군가가 먼저 아메리카 대륙의 존재를 알고 있었고 그 정보를 콜럼버스에게 주었다는 이야기는 때로 매우 그럴듯한 형태로 포장되었다. 그 이야기는 이런 식이다. 포르투산투에서 난파 사고를 당한 스페인 출신 도선사를 콜럼버스가 구해 주었다. 그의 배는 아메리카에 갔었는데 돌아오다가 사고를 당한 것이다. 콜럼버스가 구한 선원은 죽기 전에 그에게 비밀을 알려주었다. 라스카사스에 의하면 이 이야기는

47 사실 콜럼버스 이전에 유럽인들이 아메리카 대륙에 가보았을 가능성을 전혀 배제할 수는 없다. 가장 가능성이 높은 사람들은 대구 잡이 어부들이다. 뉴펀들랜드 어장을 발견한 어부들은 이를 사업 비밀로 엄수하고 자신들만 매년 정해진 때에 그곳으로 항해해 갔기 때문에 정확한 정보는 은폐되고 소문만 떠돌았으리라고 생각할 수 있다. 어부들이 뉴펀들랜드까지 항해해 갔으면 분명 그 인근의 섬이나 대륙에 상륙했을 개연성이 있다.

1530년대에 에스파뇰라에 널리 퍼져 있었다고 하는데, 라스카사스 자신도 예전에 백인을 본 적이 있다는 쿠바 주민들의 이야기를 전하면서 이 이야기를 부분적으로 믿는 듯한 인상을 준다.(Phillips, 104)

이런 이야기가 처음 글로 쓰인 것은 1534년에 오비에도가 출판한 책에 나오는 내용이다.

> 스페인의 카라벨선 한 척이 영국으로 항해하던 중 폭풍우를 만나 며칠 동안 서쪽으로 표류하다가 한 섬에 상륙했는데 그곳에서 벌거벗은 사람들을 보았다. [···] 그 배의 화물이 포도주와 음식이었기 때문에 선원들이 생존할 수 있었다. 이들은 그 후 귀환 길에 올랐는데 항해가 몇 달 걸리는 바람에 아주 큰 고생을 했다. 그리하여 모든 선원들이 사망하고 도선사와 3-4명의 선원만 살아서 포르투갈에 입국했으나 이들도 며칠 안 가서 죽고 말았다. 그런데 그 도선사가 콜럼버스의 친한 친구여서 콜럼버스에게 모든 비밀을 이야기해 주었다. 콜럼버스는 친구에게 지도를 그려서 그 위에 그가 간 이상한 섬의 위치를 표기해 달라고 부탁했다. 그리고 친구를 집으로 데려가 극진히 간호했으나 그 역시 결국 사망했다. 그리하여 콜럼버스가 이 비밀을 아는 유일한 인물이 되었다. 그가 서인도에 갈 수 있었던 것은 이 때문이라고 한다.(Symcox 2005, doc. 4)

콜럼버스가 1차 항해 때 들고 있던 지도가 바로 그 내용을 담고 있는 지도라는 것이다. 물론 이 이야기는 근거가 박약하며, 이 이야기를 하는 오비에도 자신도 믿기 힘들다는 투로 기술하고 있다.

콜럼버스와 토스카넬리

콜럼버스는 시중에 떠도는 불확실한 정보만이 아니라 새롭게 발전하던 과학 지식도 많이 흡수했다. 이 점에 대해서는 특히 파올로 토스카넬리(Paolo Toscanelli dal Pozzo)와의 관계를 주목할 필요가 있다.(West, 14-16)

토스카넬리는 의사이자 사업가이면서 지도학과 수학 등에 관심을 가진 당대 피렌체의 대표적인 지식인 중 한 사람이었다. 그는 일찍부터 먼바다를 항해한 선원들을 인터뷰하면서 정보를 모으는 한편, 비잔틴 학자들과 교류하면서 세계의 모습을 파악하여 지도에 그리는 노력을 기울였다. 1439년, 기독교 신앙의 통합을 위해 피렌체와 비잔틴 제국의 학자들 간에 토론회가 개최된 적이 있다. 게오르기우스 게미스투스(Georgius Gemistus 혹은 Plethо로 불리는 비잔틴 학자로, 고대 지리학자 스트라보의 지리학 이론을 편집한 인물)가 주관한 이 심포지엄에 참가한 토스카넬리는 스트라보와 프톨레마이오스의 주요 이론들에 대해 토론한 바 있다.[48]

1474년, 리스본의 대성당참사회 위원이며 아프리카 항해를 후원하는 위원회 위원인 페르낭 마르팅스가 토스카넬리를 만나 그와 토론했다. 당시 주제는, 남쪽으로 가면 북극성이 사라져서 안 보이는데 이때 어떻게 항해할 것이냐 하는 문제였다. 피렌체의 지리학 발전 동향에 관심이 많았던 그는 이 기회를 이용해 토스카넬리에게 의견을 물은 것이다. 토스카넬리는 이런 문제들에 대해 자신의 의견을 종합적으로 기술한 편지를 포르투갈 국왕에게 보냈다. 그 내용은 서쪽으로 5천 마일 항

48 장-마르크 베스(Jean-Marc Besse)는 당시 개최되었던 피렌체 공의회(1436-9)에서 게미스투스에 의해 스트라보의 이론을 접하게 된 결과 서유럽의 지리 개념이 결정적으로 변화했다고 보았다.(Crouzet, 30)

해하면 킨사이(Quinsay, 항저우)에 도착하며, 그 전에 안틸리아와 시팡구를 만난다는 것이다. 사실 국왕은 이 편지 내용이 마르코 폴로의 과장된 서술을 그대로 따르고 있다는 것을 간파하여 있는 그대로 받아들이지는 않았지만, 그래도 이 내용이 왕실에서 논의된 것으로 보인다. 그래서 토스카넬리의 주장은 왕실 및 측근 사람들에게 잘 알려져 있었다.[49]

콜럼버스는 토스카넬리가 주장한 내용을 잘 알고 있었다. 일설에 의하면 1481년에 그가 직접 토스카넬리에게 편지를 보냈고, 토스카넬리는 1474년 포르투갈 국왕에게 보냈던 편지 사본과 지도를 그에게 보냈다고 한다. 콜럼버스의 아들 페르난도 역시 그렇게 주장하며 콜럼버스의 전기에 두 사람이 주고받았던 편지의 내용을 옮겨 적었다.(Ferdinand, 44-48) 콜럼버스가 정말로 토스카넬리와 이 편지들을 교환했는지는 그 밖의 다른 증거가 없어 불분명하지만,[50] 그가 토스카넬리의 주장에 대해 잘 알고 있었던 것은 분명하다. 1871년에 아리스(Harrisse)라는 연구자는 피콜로미니의 『히스토리아』의 여백에 콜럼버스가 옮겨 적은 토스카넬리 편지의 라틴어 사본을 발견했다. 따라서 콜럼버스가 토스카넬리의 주장을 면밀히 검토했다는 데에는 의심의 여지가 없다.

토스카넬리가 한 주장의 주요 내용은 크게 두 가지다. 첫째는 아시아와 유럽 사이의 거리가 짧다는 것이고, 둘째는 고정된 시각에서 보는 '연속적인 시각 공간(visual space)'이라는 새로운 지도 아이디어였다.

49 1474년 당시에는 아직 포르투갈 선박이 아프리카 해안을 돌아 아시아로 가는 항로를 발견하지 못한 때였으므로 아시아로 항해해 가는 여러 가능성을 타진하고 있었다. 마르팅스가 여러 지리 정보를 수집하고 이론적인 문의를 한 것 역시 이와 관련이 있다. 그러나 곧 희망봉 항로를 발견하자 더 이상 다른 가능성을 찾을 필요가 없어졌다.

50 와츠(Pauline Moffitt Watts)는 그럴 가능성이 지극히 낮다고 판단한다.(Watts, 81)

첫 번째 사항은 사실 구태의연한 과거 주장을 반복한 것에 불과하지만, 두 번째 사항은 세계를 보는 방식의 혁신적인 변화를 의미한다. 말하자면 그는 대단히 혁신적인 틀 안에 지극히 오래된 내용을 담고 있는 것이다. 그 점에서는 콜럼버스와 전적으로 같다고 할 수 있다. 다음 문장이 그런 점을 잘 보여 준다.

> 지도상에 길게[수직으로] 그은 직선은 동쪽에서 서쪽까지의 거리인 반면, 가로질러[수평으로] 그은 직선은 남쪽에서 북쪽까지의 거리다. […][51] 리스본 시에서 서쪽으로 직선 방향에 가장 고귀하고 가장 위대한 도시 킨사이가 있는데, 그곳까지 지도상에 스물여섯 개의 공간이 있다. 한 공간은 250마일이다. […] 이 거리는 전체 지구의 3분의 1이다. 그렇지만 당신이 잘 알고 있는 안틸리아로부터 고귀한 섬 시팡구까지는 열 개의 공간밖에 되지 않는다. […] 따라서 알려지지 않은 바다 중 건너야 하는 거리는 그리 길지 않다.(West, 15에서 재인용)

이 내용은 콜럼버스의 '인도 사업' 구상과 관련하여 대단히 중요한 내용이다. 우선 바다를 보는 관념이 달라졌다. 여기에서 바다는 지구를 둘러싼 항해 불가능한 바다라는 원래 의미의 '대양(Ocean)' 대신 항해하여 건너갈 수 있는 '해로'로 서술되어 있다. 이는 토스카넬리로 대변되는 당대 새로운 지리학에서 받아들인 내용이다. 예술사가 새뮤얼 에저튼(Samuel Edgerton)은 토스카넬리의 르네상스 과학, 특히 지도학에 대해 이렇게 설명했다. 토스카넬리는 일단 지구 표면을 사각형의 격

51 앞서 언급했듯이 중세 지도의 전통에 의하면 지도의 위쪽이 동쪽, 아래쪽이 서쪽이며, 왼쪽이 북쪽, 오른쪽이 남쪽이다.

자 방식으로 파악함으로써 새로운 통합성을 획득했다. 지구는 더 이상 중세 지리학에서 말하는 두려움을 주는 낯선 땅의 조합이 아니다. 이런 개념으로 그린 토스카넬리의 지도는 지구 전체에 기하학적 연속성을 부여했다. 모든 지점들을 상대화하고, 모르는 지점에 대해서도 전체와의 조화와 비율을 부과하는 것이 가능하다.(Edgerton, 275-292)[52] 아마도 콜럼버스는 이런 식으로 그려진 지도를 가지고 항해했을 것이다. 이 지도상으로는 대양이 대륙 간 연결로로 보이며, 격자 하나씩 차례로 항해하면서 심리적 용기를 얻을 수도 있다. 후일 콜럼버스가 새로운 지도술에 익숙한 교황 알렉산더 6세에게 보낸 편지에서 "나는 지구의 반대편 반구로 선 열 개를 건너갔습니다"라고 쓴 것은 그가 그런 관점을 가지고 있음을 말해 준다.(West, 16)

그런데 흥미로운 점은 토스카넬리와 콜럼버스는 바로 이러한 새로운 지리학과 지도학의 관념 안에 여전히 과거의 내용들을 담고 있고, 또 그것을 이용해 아시아 항해의 가능성을 주장한다는 점이다. 토스카넬리의 주장에는 리스본과 킨사이가 실제보다 훨씬 가까운 거리에 있는 것으로 나오는데, 이는 분명 마르코 폴로의 영향 때문이다. 폴로는 유럽에서 출발하여 아주 먼 거리를 육로로 여행한 끝에 이 도시에 도착했는데, 이 말은 곧 아시아가 대단히 광대하여 동쪽으로 아주 멀리까지 뻗어 있으며, 결과적으로 반대 방향으로 유럽에서 아시아까지의 항해 거리가 짧다는 것을 말해 준다. 또 안틸리아라는 전설상의 섬이 있어서 이곳으로부터 아주 짧은 거리만 항해하면 일본에 도착할 수 있다는 이야기도 볼 수 있다. 앞에서 언급한 것처럼 안틸리아를 비롯한

52 르네상스 시대에 발전한 이런 사고는 건축과 회화, 지도에 큰 영향을 미쳤다.

수많은 섬이 대서양상에, 달리 말하면 아시아의 동쪽 바다에 산재해 있어서 이것이 유용한 중간 기착지로 활용 가능하다고 판단했다. 이런 식으로 조합된 새로운 사고에 의하면 대양이 더 이상 소통을 막는 장벽이 아니라 오히려 대륙을 잇는 고속도로이고 섬들은 중간 휴게소가 된다. 이것이 피렌체의 사고혁명인데, 간접적인 경로를 거쳐 콜럼버스 역시 이런 것들을 받아들였다.

이처럼 콜럼버스는 세계의 모습을 새롭게 파악하고 거기에 근거해서 아시아까지 항해해 갈 수 있다는 생각을 구체화시켜 나갔다. 토스카넬리는 이론가이므로 해류나 풍향 등의 문제에 대해서는 거론하지 않고 오직 거리 문제에 집중했다. 그러나 실제로 항해를 해야 하는 콜럼버스로서는 그의 이론 체계에 힘입어 큰 그림을 그리고 이를 이용해 구체적인 계획안을 만들었다. 전체를 아우르는 완성된 기획안은 단순히 파편적인 정보들의 어색한 조합 상태로 있어서는 안 된다. 왕실에 접근하여 자신의 생각을 설명하고 사업 지원을 받아내려면 더 정교하고도 완결성 있는 틀이 갖추어져야 했다. 그러기 위해서는 체계적인 이론화가 필요했다. 이것은 거리의 소문이라든지 토스카넬리의 편지 같은 것만으로 만들어 낼 수 있는 것이 아니며, 많은 고전 저작들의 내용을 통해 만들어 낼 수밖에 없었을 것이다.

콜럼버스의 독서

당시 유럽은 이미 인쇄술의 시대로 들어갔다. 콜럼버스는 이 흐름의 최선두에 서 있었다. 그는 당시로서는 놀라울 정도로 많은 책을 소유하고 또 읽었다. 콜럼버스는 호메로스, 세네카, 오비디우스 등 많은 고전을 읽었다. 이런 고전들과 그에 대한 해석을 접한 것은 분명 그의 사고 형성에 심대한 영향을 주었다. 그가 인용한 성경과 저자 및 저작

은 다음과 같다.[53]

〈콜럼버스가 인용한 성경〉

창세기, 출애굽기, 신명기, 열왕기 상, 역대기 하, 에스더, 시편, 전도서, 아가, 에스라, 예레미야, 에스겔, 이사야, 묵시록, 다니엘, 호세아, 요엘, 아모스, 오바댜, 요나, 미가, 하박국, 스바냐, 스가랴, 마카베오 상, 집회서, 지혜서, 바루크, 유딧기, 마태, 마가, 요한, 사도행전, 로마서, 고린도전서, 고린도후서, 데살로니가전서, 데살로니가후서, 디모데후서, 히브리서

〈콜럼버스가 인용한 고대 저자〉

아리스토텔레스, 에라토스테네스, 스트라보, 프톨레마이오스, 세네카, 솔리누스, 플라톤, 율리우스 시저, 플라비우스 요세푸스, 마리누스 티로스, 디오도루스, 율리우스 카피톨리누스, 오비디우스, 핀다로스, 성 아우구스티누스, 성 암브로시우스, 성 그레고리우스, 성 이시도루스, 요한 크리소스토모스

〈콜럼버스가 인용한 중세 저자 및 서책〉

토마스 아퀴나스, 장 제르송, 프란시스쿠스 마이로니스, 니콜라스 리라, 피에르 다이이, 포르투갈 국왕 알폰수 10세, 요한네스 뮐러, 요아킴,

53 그 외에도 콜럼버스가 소유한 것이 거의 확실한 책으로는 맨드빌(John Mandville)의 『여행기』와 카피톨리누스(Julius Capitolinus)의 *De locis habitabilibus*가 있다. 베르날데스가 남긴 글에 콜럼버스가 그의 집에 손님으로 와 있을 때 이 책들을 읽는 것을 보았다는 내용이 나온다. 1차 여행 후 구입했던 책은 다음과 같다. Albertus Magnus, *Philosophia naturalis*; Ptolemy, *Geography*; Giovanni da Genova, *Catholicon*; St. Isidore, *Ethymologie* 등.(West, 23-25, 주28)

메를린, 알프라가누스, 아비세나, 알폰소 데 사모라, 아흐메드 벤 코테르, 성무일도서, 베다, 발프리두스, 스트라보, 피우스 2세, 파올로 토스카넬리, 맨드빌, 코란, 연감(Almanach), 토스타투스 아불렌시스, 페트루스 코메스토르, 이븐 라시드(아베로에스), 요한네스 드 사크로보스코, 둔스 스코투스, 알부마사르, '여자예언자(The Sybil)', 로저 베이컨, 아퀼라, 마르코 폴로, 랍비 사무엘 드 이스라엘 드 페스, 니콜라스 세쿤디누스

콜럼버스의 사후 그가 소장했던 책들은 인문학자가 된 그의 아들 페르난도가 물려받아 자신의 장서에 합쳤다. 그는 나중에 이것을 세비야의 성당 사제단에 기증했는데, 불행하게도 이 가운데 많은 책들이 유실되었다. 그의 장서 1만 5천 권 중 2천 권만 남아 이것이 현재 세비야 대성당의 '콜럼버스 장서(Biblioteca Colombina)'를 구성하고 있다.(West, 24)

콜럼버스가 소장했던 책들이 연구자들에게 지극히 중요한 것은 콜럼버스가 책을 읽으면서 대단히 방대한 양의 주(postille)를 달았기 때문이다. 당시 책은 대단히 고가여서 이렇게 많은 책을 학자가 아닌 일반인이 소유하고 있다는 것부터 예외적인 일인 데다가, 이런 비싼 책의 여백에 주저치 않고 주를 기입한다는 것은 흔치 않은 일이었다. 콜럼버스는 책을 읽을 때 한 권에 심지어 900개 가까운 많은 주를 달았기 때문에 우리는 그가 어떤 내용을 읽었으며 그에 대해 어떤 식으로 이해하거나 오해하고, 또 어떤 반응을 보였는지도 알 수 있다. 이것은 콜럼버스의 사고가 무엇에 근거해 어떻게 발전해 갔는지를 짐작할 수 있는 아주 좋은 자료가 된다.

이때 책에 쓰인 주들이 모두 콜럼버스의 것인가, 혹은 언제 그 책을 읽었는가 하는 문제가 제기된다. 연구자들은 필적 연구를 통해 일부는 다른 인물(예컨대 그의 아들)의 것이라는 점도 밝혀냈고, 또 주의 내

용을 통해 언제 그 글을 썼는지도 일부 알아냈다. 이런 연구 결과를 이용하여 그의 독서 내용을 추적해 보자.

가장 많은 주가 달려 있고, 그래서 콜럼버스에게 아마도 가장 중요한 영향을 미쳤으리라 보이는 책은 다음의 다섯 권이다.[54]

다이이의 『이마고 문디』

캉브레의 주교이자 추기경인 피에르 다이이(Pierre d'Ailly)가 1410년경에 쓴 이 책은 1480-3년경 루벵에서 출판되었다. 이마고 문디(Imago Mundi)란 '세계의 형상(image)'을 말한다. 제목 그대로 세계 각지의 지리 정보를 순서대로 제시하는 것이 기본 내용이지만, 여기에 더해 책력, 천문, 점성술, 논증, 신학적 내용 등도 포함되어 있다. 여기에는 그의 제자인 장 제르송(Jean Gerson)이 쓴 내용도 포함되어 있다. 이 책은 말하자면 다양한 정보를 망라하는 백과전서와 같은 책이다. 여러 종류의 책들에 있는 좋은 내용들을 발췌·요약하여 제공하는 이런 종류의 책들은 이전부터 매우 인기 좋은 베스트셀러였다. 다이이의 책은 사실 과거에 호노리우스 아우구스토두넨시스(Honorius Augustodunensis) 그리고 그 후에 다시 고티에 드 메스(Gautier de Metz)가 출판한 같은 제목의 책들의 정보를 업데이트하여 새로 출판한 것에 가깝다.(West, 21)[55] 콜럼버

54 이 다섯 권에 대한 분석은 다음 논문에 많은 빚을 지고 있으나, 물론 다른 연구서들의 내용들을 많이 추가했다.(Flint, ch. 2)

55 그 외에도 『이마고 문디』의 내용의 원류가 되는 저자들이 여러 명 있는데 그중 특히 중요한 인물로는 로저 베이컨(Roger Bacon)을 들 수 있다. 그런데 베이컨 자신은 요한네스 드 사크로보스코(Johannes de Sacrobosco), 로버트 그로스테스트(Robert Grosseteste)에게서 우주론 및 지구론의 내용을 배웠으며, 그 앞 시대 아랍 학자들의 주장을 많이 따랐다. 즉 콜럼버스의 사고는 중세 천문학과 지리학에 깊이 뿌리 내리고 있었다.

스는 이 책을 아주 유용하게 사용했다. 그가 알게 된 많은 고전 저작들의 내용은 사실 이 책에 실려 있는 것이었다. 콜럼버스는 이 책에 라틴어로 898개의 주를 달았다. 그만큼 이 책을 열심히 읽었으며, 또 많은 영향을 받았다고 할 수 있다. 콜럼버스는 이 책의 내용을 거의 그대로 받아들였으며, 그렇게 그가 이 책에서 취한 내용 중에는 그의 사업 구상에 결정적 영향을 미친 것들이 많다.

이 책에 그려진 세계의 형상에는 지상낙원이 포함되어 있다. 이는 성경에 나오는 에덴동산이 지구상에 실재한다고 믿는 일반적인 견해를 따르는 것이다. 낙원은 산으로 묘사되어 있고, 더 구체적으로 동쪽의 산으로 올라가는 곳에 위치한다고 되어 있다. 그 위치는 예전에 '행복의 섬'이라고 부르던 곳으로 설정되어 있다. 이 책의 15장에는 낙원의 상태가 명확하게 소개되어 있다. 그곳은 아주 높이 솟아 있어서 달과 같은 궤도에 있으며, 따라서 아주 고요한 공기층에 닿아 있다. 반면 유럽인들이 살아가는 곳은 낙원과 아주 멀리 떨어져 있고 지대가 낮아 공기의 흐름이 격동한다. 한편, 낙원 안에 샘이 있고, 이것이 네 개의 큰 강으로 나뉘어 우리가 사는 이 세상으로 흘러나오는데 이때 어찌나 큰 소리가 나는지, 이 지역에서 태어난 아이는 자궁 속에서 청력을 상실하여 귀머거리로 태어난다. 콜럼버스는 이 부분도 특별히 주목했다. 낙원 근처에서 엄청난 소리로 인해 사람들이 청력을 잃을 정도라는 내용은 맨드빌의 책에도 나오는데, 그 원천은 플리니우스의 『박물지』까지 거슬러 올라간다.(Flint, 168-172) 이런 내용들은 특히 3차 항해 당시 자신이 낙원 근처까지 도달했다고 추론하는 근거가 되었다.

천체와 지구에 관한 내용 중에서 콜럼버스가 많은 주석을 달면서 주목한 내용은 우주와 지구가 둥글다는 점, 그리고 무엇보다 지구의 크기가 우주 전체에 비하면 점 하나에 불과할 정도로 작다는 것이었다. 지구가 작다는 것은 그의 사업의 중요한 근거가 된다. 그래야 전체적인 항해 거리가 짧아지기 때문이다. 그는 특히 대척지가 존재하고 또 그곳에 인간이 거주할 수 있으며, 열대 지역은 항해가 가능하다는 의견에 큰 관심을 두었다. 사실 다이이는 열대 지역은 통과할 수는 있더라도 인간의 거주는 불가능하다고 생각했지만, 콜럼버스는 이 점에 대해서 반박하는 주를 달았다. 콜럼버스는 포르투갈의 엘미나(Elmina) 요새가 적도 이남에 있다고 주를 달았다(엄밀히 말하면 이는 틀린 내용이지만, 여하튼 그가 말하고 싶은 바는 적도 근처의 지역에서도 사람이 실제로 살아갈 수 있다는 것이다). 그리고 디아스의 희망봉 항해와 관련된 아주 긴 주를 달면서 열대의 열기에도 불구하고 남해는 항해 가능하다는 디아스의 보고 내용도 부기했다.

콜럼버스는 이 책의 8장에서 세계의 7분의 6이 대륙이고 7분의 1만이 바다라는 에스라(Ezra)의 견해(2 Esdras 6:42)를 옮겨 적은 데 대해 동감을 표했다.(Simek, 51) 그 견해를 지지하기 위해 암브로시우스의 서한, 아우구스티누스의 『신국』을 비롯해서 페트루스 코메스토르, 프란시스쿠스 마이로니스, 니콜라스 리라 등을 동원했다. 즉, 콜럼버스는 이 책에서 거론된 지구관을 아주 열정적으로 받아들인 것이다. 또 각 나라마다 동서가 있지만 '진정한 동쪽(the truest east)'은 인도의 최동단이고 '진정한 서쪽(the truest west)'은 스페인의 최서단이라는 내용에도 각별한 주의를 기울였다. 사실 이는 프톨레마이오스 식의 초점이 없는 객관적인 지리 관점이 아니라 성경에 근거한 의미론적 동과 서의 개념이다. 동쪽에서 해가 뜨므로 태양의 영향을 더 크게 받아 동쪽 사람이 더 빠르고, 더 큰 사업에 민감하다는 식의 언급도 이런 맥락에서 나온 것이다.

그가 『이마고 문디』를 읽으면서 자신의 지구관을 정립해 갈 때 가장 중요한 요소 중 하나는 지구 둘레에 관한 것이었다. 아마도 다음의 주는 그의 사고 형성을 보여 주는 가장 중요한 내용 중 하나일 것이다.

> 리스본에서 남쪽의 기니로 항해해 갈 때 나는 모든 선장과 선원들이 그런 것처럼 항로를 면밀히 관찰했으며, 사분의와 다른 도구들을 가지고 태양의 고도를 여러 번 쟀다. 그 결과 나는 알프라가누스(Alfraganus)[9세기 페르시아의 저명한 천문학자]의 의견에 동의하게 되었다. 즉 1도(degree)가 56⅔밀라스(millas)라는 것이다. 그러므로 이 계측을 신뢰해야 한다. 결과적으로 적도상에서 지구 둘레는 2만 400밀라스라고 할 수 있다. 물리학자이며 천문학자인 박학자 호세(Master José) 역시 같은 사실을 발견했다. 포르투갈 국왕께서는 오직 이 하나의 목적을 위해 그 외에도 많은 사람들을 파견했다. 누구든지 해도에서 이런 계측을 해 본 사람이면 이를 확인할 수 있다. 즉 육지를 피해 북쪽에서 남쪽으로 대양을 가로질러 직선으로 계측해 보면 -이는 잉글랜드나 아일랜드에서 남쪽의 기니까지 직선 방향으로 선을 그으면 가능하다- 이를 알 수 있다.(Phillips, 109에서 재인용)

그가 얻어낸 적도상 1도의 길이가 56⅔밀라스이므로, 이를 360배 하면 지구 둘레는 2만 400밀라스가 된다. 문제는 이 '밀라스(millas, 마일)'가 어느 정도의 길이인지 불확실하다는 것이다. 로마 마일 혹은 이탈리아 마일은 4,810-4,860피트 사이인데, 이 중 최대치로 계산한다고 해도 현대의 마일로 환산하면 1만 9천 마일이 된다. 실제 적도상 1도의 길이는 69마일이며 지구 둘레는 2만 4,900마일이므로, 콜럼버스는 실제보다 적어도 32퍼센트 작게 추산하고 있는 셈이다.

따라서 그는 토스카넬리를 비롯한 여러 사람들에게 영향을 미친 오류를 그대로 공유하고 있다. 아시아가 실제보다 30도 더 뻗쳐 있고, 일본은 1,500마일 더 동쪽에 있다. 그렇다면 아시아와 유럽 사이의 바다가 아주 짧아질 뿐 아니라 카나리아 제도와 일본 사이의 거리는 2,400마일에 불과하게 된다(실제로는 1만 600마일이다). 이렇게 계산하면 콜럼버스의 항해 계획이 성공할 가능성이 훨씬 높아진다. 그렇지만 프톨레마이오스의 주장만 따르더라도 콜럼버스가 제시한 수치보다 18퍼센트나 더 커지며, 그러면 당시 유럽의 배로는 목적지에 도착할 수 없다. 전문가들이 그의 말을 믿지 않은 데에는 이유가 있었던 것이다.(Watts, 82; Phillips, 109)

다이이의 책에는 맨드빌의 책만큼이나 많은 괴물이 기록되어 있다. 괴물이란 극단적 기후가 초래한 기형(deformity)이라는 책 내용에 대해 콜럼버스는 "인육을 먹는 것 역시 그런 기형 중 하나"라고 주석을 달았다. 그가 아메리카에 갔을 때 현지 주민과 대화하고 난 후, 특히 그들의 집에서 인골과 해골을 보았을 때 식인종 이야기를 자주 하는 것 역시 이런 내용을 염두에 두고 있었음을 알 수 있다. 특히 이 책의 16장은 인도의 경이(marvel)에 대해 자세히 설명하고 있다. 2큐빗(cubit, 손가락 끝에서 팔꿈치까지의 길이라는 의미로 대체로 45센티미터) 크기의 피그미가 학과 싸우고, 12큐빗 크기의 마크로비아인이 그리폰과 싸우며, 자기 부모를 죽여서 그 고기를 먹는 사람들과 같은 신기한 이야기들이 거론되는데, 콜럼버스는 이런 내용에 줄을 긋고 여기에 더해 자신이 알고 있는 괴물 이야기를 추가하기도 했다. 예컨대 갠지스 강의 거대한 뱀장어가 그런 사례다.[56] 당대 최고의 베스트셀러 중 하나에서 이런 식으로 괴물 이야기를 사실인 듯 이야기하고 있다는 사실을 놓고 보면 콜럼버스가 그런 괴물의 존재를 믿는 것이 하나도 이상한 일이 아니었다.

56 아마도 맨드빌 여행기에서 본 내용일 것이다: "인더스 강에는 30피트(9미터)짜리 뱀장어들이 있다."(Mandeville, 120)

아시아의 산물 역시 놀라운 것들이 많다. 금, 은, 보석, 향신료, 코끼리 등이 거론되는 부분에서 콜럼버스는 진주 이야기를 덧붙이고, 특히 인도에는 금이 엄청나게 많이 난다는 점을 덧붙였다. 금에 대한 콜럼버스의 지극한 관심과 집착을 엿볼 수 있는 대목이다.

여기에서 특히 금이 산출되는 곳으로 성경에 나오는 다시스 지역에 관한 주석이 흥미롭다. 다이이는 다소 모호하게 다시스가 카타이(Cathay) 서쪽 경계에 있다고 기록하고 있는데, 콜럼버스는 좀 더 명확하게 이곳이 카타이 동쪽 끝에 위치한다고 적고, 또 이것이 오빌과 같은 곳이라고 명시했다. 그리고 이곳에서 히람이 3년마다 금은과 상아를 솔로몬에게 가져다주었다고 기록하고, 구약의 〈열왕기〉, 〈역대기〉 등의 관련 부분과 니콜라스 리라, 성 제롬 등을 인용한다. 다이이는 오빌과 홍해 사이의 항해에 1년 반이 걸린다고 적었는데, 이는 아시아가 거대한 대륙이라는 의미가 되며 또 그만큼 아시아와 유럽 사이의 바다 길이가 짧아지는 결과가 된다는 점 또한 콜럼버스의 생각과 맞아떨어졌다.(Crouzet, 316)

동방박사에 관한 내용에 대해서도 콜럼버스는 주를 달았다. 그들은 에티오피아의 사바에서 온 것이 아니라 훨씬 더 동쪽에 있는 같은 이름의 사바 출신이라는 것이다. 콜럼버스가 카리브 해의 몇몇 섬들의 정체를 논할 때 이런 이야기들이 나온 것을 놓고 보면 다이이의 이 책이 그의 지구관에 결정적 준거가 되었음을 다시 한 번 확인할 수 있다.

이와 같은 여러 사항들을 놓고 볼 때 『이마고 문디』는 콜럼버스의 지구관, 특히 아시아관을 형성하는 데에 결정적인 영향을 미친 책이라고 할 수 있다.

피콜로미니의 『히스토리아』

이 책의 저자 피콜로미니(Enea Silvio Piccolomini)는 후일 교황이 된 인물이다(비오 2세, 재위 1458-64). 콜럼버스가 읽은 『히스토리아(*Historia Rerum Ubique Gestarum*)』는 1477년에 출판된 판본이다. 콜럼버스는 1권에 대해서만 주를 달았는데, 그 개수는 861개에 달한다. 이처럼 어려운 책을 읽은 것을 보면 콜럼버스의 끈기를 짐작할 수 있다. 콜럼버스에게 이 책은 『이마고 문디』를 보충하는 성격이었을 것이다. 다만 『이마고 문디』가 훨씬 더 서술적인 반면 이 책은 기독교의 우세를 희망하는 시각이 강하다.

이 책에도 세계의 지리에 관한 많은 내용들이 실려 있다. 이 책에 따르면, 흔히 메로에(Meroe, 나일 강변에 위치한 고대 도시)가 인간 거주의 동쪽 한계라고 하지만 그보다 더 동쪽에도 사람이 살고 있다. 프톨레마이오스도 말했듯이 타프로바나 섬은 적도 이남에 있지만 거주민들이 있다. 지상낙원 역시 적도 근처에 있다(위도상으로는 기후가 온화할 수 없지만, 산이나 바다가 기온을 떨어뜨리는 효과를 낸다는 것이다). 이런 것들은 콜럼버스가 자신의 계획을 구상할 때 매우 중요한 내용이었다.

피콜로미니는 당시까지 유럽인들에게 알려진 지구의 항해 가능성을 언급했는데, 콜럼버스는 여기에 더해서 서쪽에서 동쪽을 향한 항해 가능성으로 이야기를 확대하는 주를 달았다. 그리고 이 지점에서 그는 아일랜드의 골웨이(Galway)에서 발견된 중국인 이야기를 끄집어냈다. 이 지역에서 아시아인 부부로 보이는 시체가 발견되었는데, 이는 중국인이 이곳까지 항해해 왔다가 죽었으리라는 추론을 가능케 한다. 그러니 반대 방향으로 유럽에서 중국으로 항해하는 것 역시 가능하다는 근거가 된다.

피콜로미니는 중국에 관해서 식인종이 존재한다는 점, 비단이 많이 나는데 이 얇은 직물은 여성의 몸을 가리기보다는 오히려 드러내는 데에 쓰이는 음탕한 물건이라는 점 등을 거론하였다(중국까지 가는 게 어렵기 때문에 이런 사악한 물품을 얻기 쉽지 않은 게 다행이라는 말도 덧붙였다). 그런데 콜럼버스는 아리스토텔레스를 인용하며 오히려 중국이 세상에서 가장 좋은 곳이라는 주를 달았다. 그는 자신의 사업과 관련하여 늘 좋은 방향으로 생각하고 있었던 것이다.

이 책 역시 『이마고 문디』와 마찬가지로 경이로운 일들에 대해 많이 거론하고 있다. 코끼리, 보석, 후추, 괴물, 또 이상한 음식(뱀, 개미)뿐 아니라 이상한 사람들에 대해서도 거론한다. 대표적인 것이 아마존이다. 그 내용은 전통적으로 유럽인들이 믿어 왔던 여인국에 관한 것으로, 콜럼버스가 항해 중에 여인국의 존재를 문자 그대로 믿는 것 역시 이런 맥락에서 나왔음을 알 수 있다.

그리고 앞에서 본 바와 같이 이 책의 여백에 토스카넬리의 유명한 편지를 옮겨 적었다는 사실 또한 주목할 점이다.

마르코 폴로의 『동방견문록』

콜럼버스가 읽은 마르코 폴로의 책은 도미니칸 수사인 볼로냐의 피피노(Pipino)가 1302-14년 사이에 라틴어로 번역한 판본으로 3권, 186개의 작은 장들로 구성되어 있으며 '동방에 위치한 지역들의 풍습과 특성들에 대하여(De Consuetudinibus et Conditionibus Orientalium Regionum)'라는 제목을 가지고 있다. 이 책은 앤트워프에서 1485-6년에 인쇄되었는데, 솜씨 좋은 축약본이라 인기가 좋아 널리 읽혔다. 이 책은 폴로의 책 중에 가장 먼저 인쇄된 판본이었다. 콜럼버스는 이 책을 여러 번 읽고 여기에 366개의 주석을 달았다. 이 책의 내용은 콜럼버스의 사업 구상에 큰 공헌을 했든지 혹은 사후적(事後的)으로 그의 생각

을 강화시켰을 것이다.[57]

이 책에서 읽을 수 있는 점은 우선 폴로 일행의 여행 거리가 대단히 길다는 점이다. 카타이에서 시팡구까지의 항해 거리만 해도 엄청나다. 그러므로 아시아 동쪽의 대륙 혹은 섬들은 스페인 방향으로 아주 멀리 튀어나와 있다는 이야기가 된다. 쿠빌라이 칸의 부는 엄청나다. 캄바룩, 킨사이, 푸주, 자이톤 등에는 보석, 진주, 후추, 향신료, 면화, 비단 같은 상품이 넘쳐난다. 그리고 칸과 그 아래 왕들은 모두 기독교 지배자들에게 호의적이며 사제 요한(Prester John)에 대해 존경심을 가지고 있다. 그러므로 카타이는 큰 이윤을 보장해 줄 뿐 아니라 기독교로 개종할 수 있는 가능성이 매우 크다.

콜럼버스가 관심 깊게 본 대목은 분명 시팡구(일본)다. 카타이 동쪽 1,500마일 바깥에 존재하는 이 나라는 금, 진주 등 보석이 많이 나는 곳이다. 다만 이 나라에는 식인종과 같은 위험 요소가 있어서 칸 자신도 이 나라에 접근하기 힘들어한다. 시팡구 외에도 아시아 동쪽의 바다에는 7,378개의 섬이 존재한다는 언급이 있는데, 이는 매우 중요한 의미를 띤다. 스페인에서 시팡구나 카타이로 갈 때 중간에 섬이 있으면 물과 식량의 보급, 선박의 수리 등이 가능하며 그만큼 항해의 성공 가능성이 높아진다. 더구나 그 섬들에는 모두 놀라운 물품들이 존재한

57 콜럼버스가 자신의 항해를 구상할 때 마르코 폴로의 내용을 참조하여 항해 거리가 그렇게 길지 않다는 낙관적 견해를 구성했다고 생각해 볼 수 있다. 그러나 과연 그러한지는 그가 이 책을 어느 시점에서 읽었느냐에 따라 달라진다. 에르스(J. Heers)는 콜럼버스가 이 책을 뒤늦게 읽었기 때문에 『이마고 문디』나 『히스토리아』에 비하면 적어도 그의 초기 구상에 결정적 영향을 주지는 않았으리라고 판단한다.(Heers 1984, 125-143) 1497년에 존 데이(John Day)라는 영국인이 콜럼버스에게 보낸 편지 중에 그의 주문을 받아 책을 여러 권 구매했다는 내용이 나오는데 그 책 중 하나가 『동방견문록』이었다. 현재 남아 있는 것이 바로 이 책인지 아닌지는 불분명하다.(Varela, 53)

다. 대(大)자바, 소(小)자바 등의 설명을 보면 후추, 금, 향신료, 알로에, 감송(spikenard) 등 귀한 아시아 물품들이 풍부하게 존재한다. 이 책에서 그리는 아시아 역시 신비로운 일들이 가득한 곳이다. 수마트라에 사는 꼬리 달린 사람을 비롯해서 견두인, 유니콘, 인도 연안에 있는 쌍둥이섬(한 섬에는 남자만 살고 다른 한 섬에는 여자만 사는 섬) 등이 그런 것들이다. 콜럼버스의 기록에 꼬리 달린 사람을 언급하는 것도 이와 같은 근거에서 나온 것이다.

콜럼버스의 주석은 금, 은, 향신료, 약품, 동물 등에 집중되어 있다. 그의 1차 관심사는 동방의 부이며, 자주 언급되는 것은 금, 은, 보석, 비단, 생강, 호박, 후추, 사향, 정향, 장뇌, 그리고 말에 이르기까지 귀한 상품들이다. 그 밖에도 그는 산업과 관련된 유용한 세부사항에 관심을 기울였다. 예컨대 만지 근처의 '자르단돈(Zardandon)'이라는 곳 사람들의 금니에 관한 사항, 은 셋으로 금 하나를 얻는다는 정보, 사탕수수의 크기 같은 세부 사실들을 주목하여 보았다.

플리니우스의 『박물지』

크리스토페로 란디노(Cristofero Landino)가 이탈리아어로 번역한 플리니우스의 『박물지』는 베네치아에서 1489년에 출판되었고, 콜럼버스는 여기에 24개의 주석을 달았다. 플리니우스는 지금까지 생각했던 것보다 더 큰 정도로 콜럼버스의 구상에 직접 관련 있어 보인다.

이 책에서 지리 정보는 3-6권에 집중되어 있는데, 특히 6권은 아시아 동쪽 나라들과 인도로 가는 여행로에 관해 중요한 정보를 제공한다. 인도는 5천 개의 도시와 9개의 나라에 엄청난 수의 군인과 코끼리와 말이 있는 광대한 땅이며, 거주 가능한 세계의 3분의 1을 차지한다고 언급되어 있다. 특히 콜럼버스의 눈에 띈 것은 금으로 된 산과 금,

은, 진주 등 보석이 풍부한 여러 섬들(Patale, Chryse, Argire, Taprobane)이었다. 콜럼버스는 이런 섬들에 금과 은 외에 다른 종류의 귀금속들도 있을 거라는 주석을 달았다. 그리고 이곳까지의 항로가 길다는 점도 다시 언급한다. 특기할 점은 자신이 에스파뇰라에서 직접 파낸 호박과 플리니우스가 언급한 인도 호박을 비교하면서, 에스파뇰라에서 얻은 것이 덜 순수하다고 기록한다는 점이다. 신대륙 항해 이후에 이 책을 읽으며 현실의 정보와 고전에 나오는 정보를 비교하고 있음을 알 수 있다. 플리니우스는 콜럼버스에게 자신이 갔다 온 곳이 인도라는 확신을 주었을 것이다.

그 외에 콜럼버스가 주석을 단 부분은 머리가 세거나 빠지는 데 대한 치료책, 흔들리는 이 굳건히 하는 방법, 신장 결석 치료처럼 의료 관련 사항들이 많다.[58] 신대륙에 갔을 때 콜럼버스가 찾는 물품 중에 플리니우스에서 나오는 물품들이 아주 중요하다는 것을 알 수 있다. 특히 알로에, 매스틱, 몰약, 계피 등에 관해 플리니우스가 매우 중요한 정보를 제공했다.

플루타르크의 『전기』

플루타르크의 『전기』는 르네상스 시기에 와서야 진정으로 널리 알려졌다. 이 책은 1470년에 라틴어 완역본이 등장했고, 이 세기 말이 되어서야 일반 언어로도 접근이 가능해졌다. 콜럼버스가 이 책을 가지고 있다는 것은 무엇보다 그가 당대의 지적 유행에 뒤지지 않고 따라가고 있다는 사실을 말해 준다. 그가 소장한 책은 알폰소 데 팔렌시아(Alfonso

58 예컨대, 콜럼버스가 기록한 흰머리를 없애는 비법은 "머리를 완전히 삭발한 뒤 피부에 당나귀의 정액을 뿌리는 것"이다.(Varela, 18)

de Palencia)의 카스티야어 번역본으로서 1491년 세비야에서 출판되었다. 그는 20명의 인물에 대해 437개의 주석을 달았다. 이 인물들은 그에게 감동을 준 인물이었을 것이다. 그 내용은 아시아와 직접 관련은 없으나 분명 그의 사고방식에 영향을 주었을 테고, 식민화와 관련해서 생각할 거리를 주었을 법하다. 그의 주목을 끈 인물들은 부에 대한 인간적 욕망을 잘 다스리고 심지어 경멸했던 리쿠르고스, 솔론, 포키온 같은 인물들이다. 정반대로 크라수스는 물질적 욕망이 과도했기 때문에 그의 주목을 끌었다. 부에 관하여 콜럼버스의 심사는 복잡했을 것으로 보인다. 미천한 출신의 그가 지위 상승을 이루려면 큰돈을 벌어야 하지만, 당시에 노골적인 재물 추구는 현재보다 훨씬 더 큰 정도로 경멸당했다. 더구나 콜럼버스처럼 인류 구원을 위한 성스러운 임무를 수행한다고 자부할 경우 부에 대한 자제는 더욱 필요한 일이다. 가난을 찬미하는 중세적 도덕은 아직 굳건했다. 그러므로 부의 추구는 정당화가 필요했다. 이런 상황에서 그는 플루타르크가 제시하는 인물들의 삶을 주목해서 읽으며 교훈을 얻으려 한 것으로 보인다.

그 외에도 콜럼버스가 소유한 책으로는 다음의 것들이 있다.

- *Concordantiae Bibliae Cardinalis S.P.* (15세기의 무명작가의 용어색인, 콜럼버스의 주석은 없으나 여백에 중요한 성경 구절들을 지시하기 위한 표시들이 있다.)
- St. Antoninus of Florence, *Sumula confessionis* (1476년 출판)
- 15세기의 팰림프세스트(palimpsest) 문서 (세네카의 비극이 포함되어 있다.)
- Abraham Azcuto, *Almanach perpetuum, cuius radix est annun* (1473년, 필사본, 콜럼버스 및 다른 사람들의 필적이 보인다.)

주석이 달린 책 자체는 존재하지 않으나 그가 읽었음에 틀림없는 책으로 꼽히는 대표적인 사례는 맨드빌의 『여행기』이다. 콜럼버스가 이 책을 읽었으리라는 것은 아래에서 설명하는 안드레스 베르날데스의 기록에서 콜럼버스와 관련하여 이 책이 언급되었고, 실제로 베르날데스가 콜럼버스의 항해를 맨드빌의 내용과 견주어 기술한다는 데에서 알 수 있다. 또 아들 페르난도도 아버지가 이 책을 알고 있었다고 증언한다. 그러므로 콜럼버스가 이 책을 읽고 여기에서 영감을 얻었을 개연성은 충분하다.

맨드빌 자신의 설명에 따르면, 그는 영국에서 한 백작을 살해한 후 참회하기 위해 고향을 떠났으며, 그 후 아시아 각지를 여행한 후 이 책을 썼다. 그러나 실제로 그는 아시아에 한 발자국도 들여놓지 않은 소위 '안락의자 여행자'라는 것이 정설이다. 그는 아시아에 관한 온갖 이야기들을 모아 자기 나름대로 픽션을 구성한 후 출판했을 것이다. 프랑스어로 쓰인 이 책은 나중에 여러 언어로 번역되었다. 중요한 점은 중세 내내 이 책이 최대의 베스트셀러 중 하나였으며, 많은 사람들이 이 책을 실제 여행기로 오해하고 있었다는 점이다. 그가 그리는 기상천외한 일들, 온갖 괴물들과 요괴인간들, 신비의 땅들이 사람들의 머릿속을 물들였다. 그가 그리는 지상낙원은 콜럼버스를 비롯한 많은 사람들의 상상력을 지배했다. 동쪽 끝에 자리 잡은 지상낙원이 '지구의 첫 출발점'이라는 식의 사고방식을 콜럼버스는 그대로 따르고 있다. 이렇게 그려낸 아시아는 그야말로 엄청난 부를 자랑하고, 온갖 진기한 일들이 벌어지는 신비의 땅이다. 현대의 독자라면 이런 내용을 상상의 산물로 칠 테지만, 콜럼버스 및 그와 동시대의 다른 사람들은 여전히 그 내용을 사실로 받아들였다.

한 가지 짚고 넘어가야 할 중요한 문제는 앞에서 분석했던 이 책들을 콜럼버스가 언제 읽었느냐 하는 점이다. 확실하게 파악할 수 있는 가장 이른 시기의 주석은 1481년 것이다. 피콜로미니의 책에 단 주석 중에 “세계의 시작부터 올해 1481년까지 5241년(desde el comienç del mundo fasta esta era de 1481, son 5241 años)”이라고 적은 것이 그것이다. 이는 콜럼버스가 천지창조 이후 종말까지의 기간을 계산하는 매우 흥미로운 주석인데, 그와 동시에 그가 언제 이런 책들을 읽었으며, 언제부터 종말론적인 사고를 했는지 알려주는 매우 흥미로운 자료다. ‘올해 1481년’이라고 명기된 이 주석을 보면 그가 이미 20대 후반부터 고전을 통해 독창적인 사고를 형성하고 있었음을 알 수 있다. 또 앞에서 인용했던 기니 항해와 지구 둘레를 추산하는 주석은 1482년에 쓰인 것이다.[59] 이런 정황들로 보건대 그는 포르투갈에 체류하던 젊은 시절부터 많은 책을 읽고 있으며, 그 내용을 가지고 특유의 사고체계를 형성해 갔음에 틀림없다.

콜럼버스가 그린 세계

페르난데스-아르메스토의 평가에 따르면, 콜럼버스는 실로 광범위하게 읽었지만 비판적으로 읽지 못했고, 많은 지식을 얻었으나 최선으로 이용하지는 못했으며, 어색한 근거 위에서 이상한 결론을 끌어냈다. 지적으로 텍스트를 고르는 것이 아니라 망상에 사로잡혀 읽었다. 자신의 이론을 정당화시켜 주는 것만 골라 읽고 자신의 편견에 어긋나는 주장은 버렸다. 불균형한 독서, 이것이야말로 그의 강박적인 집착을 강화시키는 요소가 된 것이다.(Fernández-Armesto 1974, 12-13) 이렇게 해서 그가 만들어 낸 세계의 이미지, 특히 아시아의 이미지는 어떤 것이

59 독일의 고문서학자 프리츠 슈트라이허(Fritz Streicher)는 다이이와 피콜로미니에 단 주석들에 대해 1480-3년에 기록된 것으로 추정한다.(West, 37, 주13)

었던가?

다시 강조하지만 그는 새로운 지리학적 틀을 일부 수용했지만 그 안에 여전히 지난 시대의 내용을 담아냈다. 그가 그리는 지구는 단순한 땅덩어리가 아니라 의미가 충만한 곳이다. 그것은 한편으로 괴물이 사는 곳이면서 그 자체가 기독교적 의미로 채색된 곳이다. 특히 아시아는 엄청난 부로 인해 탐나는 곳인 동시에 늘 사람을 위험에 빠트리는 위험천만한 곳이다. 그 모든 곳 위로 인류가 그곳에서 유래했고 언젠가는 그곳으로 돌아가야 하는 본향(本鄕)인 지상낙원이 존재한다.

현실적인 의미에서 중요한 사실은 지구는 '작은 곳'이다. 또한 육지가 바다보다 6배 더 크고, 따라서 바다는 아주 작다. 아시아는 대단히 광대하여 아시아의 동쪽 끝이 스페인을 향해 길게 뻗어 나와 있고, 본토에서 아주 멀리 시팡구라는 큰 섬이 존재하며, 그 외에도 8천 개 가까운 섬들이 산재해 있다. 결국 스페인에서 서쪽으로 항해해 가면 쉽게 아시아에 도착할 수 있고, 중간에 섬을 만나 안전하게 휴식을 취하며 보급을 확보할 수 있다.

콜럼버스의 '인도 사업'의 기반이 된 것은 이러한 지구관이었다. 그것은 단지 항해 가능성만 높여 준 것이 아니라 그의 사업의 성격에도 큰 영향을 미쳤다. 그의 사업은 단순히 큰돈을 벌기 위한 것이 아니라 그 이상의 의미가 담겨 있었다. 그의 지리는 기독교적인 의미를 띠고 있었다. 그의 사업은 단순히 개인의 사회적 상승만 아니라, 인류의 구원과 연관된 훨씬 더 진지한 세계사적 의미를 띠고 있었다. 그는 이런 특이한 사고방식으로 항해를 구상했고, 또한 항해를 하면서 자신의 사고방식을 더욱 구체화했다. 그의 실제 항해와 내면의 항해는 상호 조응관계에 있었다.

2

대서양 항해와 내면의 항해

콜럼버스는 드디어 꿈에 그리던 아시아 항해 구상을 실천에 옮길 수 있었다. 그는 모두 네 번에 걸쳐 대서양 항해를 하게 된다. 실제로는 아메리카 대륙의 섬과 본토 연안 지역을 탐험했지만, 그 자신은 여전히 아시아의 동쪽 세계를 탐사하는 중이라고 생각하고 있었다. 그는 중세 지리학에서 말하는 '신비에 가득한 아시아 세계'를 기대하며 여러 지역을 돌아다녔고, 심지어 3차 항해에서는 아담과 이브가 살았던 지상낙원, 즉 에덴동산을 발견했다고 판단하기에 이른다. 그는 점차 이 새로운 땅의 발견이 신의 뜻이라는 확신을 가지게 되었다. 그의 항해와 '발견'은 자신의 종교적 환상과 긴밀히 얽혀 진행되고 있었다.

콜럼버스는 스페인의 종교계 인사들과 교류하고 또 많은 고전 저작들을 읽으면서 독특한 지리관을 형성해 갔다. 이 과정에서 그는 중세 스페인의 특이한 종말론적 기독교 사상에 경도되었다. 대서양 항해와 아메리카의 탐험은 그의 내적인 정신세계에서는 단순히 물리적 여행이 아니라 인류의 구원과 관련된 신의 거대한 계획의 실천으로 해석되기에 이른다. 그동안 많이 연구되지 않았던 자료인 『예언서』는 그의 특이한 종말론적 환상을 잘 드러내 보여 준다. 이러한 신비주의자의 면모를 염두에 두고 그의 항해 기록을 보면 네 번에 걸친 대서양 항해 또한 종교적 성격이 매우 강하다는 점을 파악할 수 있다.

6. 1차 항해

『항해일지』의 분석

1492년 8월 3일 일출 한 시간 전, 콜럼버스의 선단은 팔로스 항을 떠나 대서양으로 진입했다. 그들은 카나리아 제도에 잠시 기항한 후 33일의 항해 끝에 바하마 제도에 도착했고, 이후 카리브 해의 여러 섬들을 탐험한 후 다음 해 봄에 스페인으로 귀환했다. 1차 항해의 경우에는 다행히 그의 『항해일지』가 남아 있어 우리는 이 선단의 항해와 모험에 대해 많은 사실들을 파악할 수 있다. 다만 이 기록은 원본 그대로 보존된 게 아니라 라스카사스가 불완전하게 옮겨 적은 상태여서 이 기록만으로 항해의 전모를 완벽하게 재구성할 수는 없다. 따라서 이 자료를 이용하는 데에는 많은 주의가 필요하다.

콜럼버스는 1차 항해를 마치고 귀환한 후 일지를 정리하여 국왕에게 제출하는 한편 자신도 한 부를 소장한 것으로 알려졌다. 현재 이 두 문서는 모두 남아 있지 않다. 이렇게 완전히 사라진 줄 알았던 이 자료는 그 후 250년이 지난 1790년경에 스페인의 역사가 나바레테(Martín Fernández de Navarette)에 의해 인판타도(Infantado) 공작 도서관에서 발견됐다. 이 문서가 과연 진짜인지에 대한 논란이 있었지만, 문법이나 철자

상의 세부사항을 연구한 학자들의 결론은 이 문건이 원본 텍스트를 옮겨 적은 게 분명하다는 것이었다. 나바레테는 이 문서의 필적이 라스카사스의 것이며, 아마도 그가 1530년대에 원본을 보고 옮겨 쓴 것으로 추정했다. 그렇지만 라스카사스는 원본을 그대로 옮기지 않고 자신의 목적에 맞춰 적극적으로 수정을 가했다. 자신의 뜻에 맞는 부분은 강조하고, 때로는 축소하고, 심지어 필자인 콜럼버스를 비판하기도 한다.[60] 게다가 인용부호가 없던 그 시절에 1인칭과 3인칭을 혼용하다 보니 때로는 어느 부분이 콜럼버스의 글이고 어느 부분이 라스카사스의 글인지 구분이 불가능할 때도 있다.(Zamora, 42-43)

이런 난점에도 불구하고 이 문서는 콜럼버스의 1차 항해 내용을 파악하는 데에 핵심적인 자료다.

『항해일지』의 서론

일지의 도입부에 대해서는 특별히 세밀한 고찰이 필요하다. 이 부분은 콜럼버스가 쓴 것이 분명하지만, 원래 이 일지의 서론이 아니라 다른 목적으로 쓴 글을 후일 라스카사스가 일지 앞부분에 붙여놓은 것이 틀림없다. 무엇보다도 글의 시제를 보면 이 글이 어떤 상황에서 쓰였는지 짐작할 수 있다. 팔로스 항에서 출항하기까지의 일은 과거형으로 서술되어 있고, 그 다음 일은 앞으로 어떻게 할 것인지를 설명하는 미래형으로 서술되어 있다. 따라서 이 글은 팔로스 항을 떠나 카나

60 예컨대 콜럼버스가 인디언을 스페인으로 데려가기 위해 나포하거나 착취 가능성에 대해 언급할 때 라스카사스는 여백에 강력히 비난하는 글을 달았다: "그들은 노역, 농사, 건설 등의 일을 시키기에 적합하며, 우리의 관습을 배우고 옷을 입고 다니도록 해야 한다"라고 콜럼버스가 쓴 부분 옆쪽 여백에 라스카사스가 "이 부분에서 제독은 너무 심하게 나아갔다"라는 코멘트를 다는 식이다.(Dunn, 236-237)

리아로 가는 도중에 쓴 것이 틀림없다.(Dunn, 21, 주1) 원래 이 글은 콜럼버스가 국왕에게 올린 편지였으나 라스카사스가 일지의 앞부분에 배치하여 이 글 전체의 서론으로 삼은 것이다. 왜 이런 식의 편집을 했을까?

이 글에서 콜럼버스는 국왕이 자신에게 서쪽으로 항해하여 아시아로 가라는 명령을 내린 정황을 설명한다. 1492년 1월에 무슬림과의 전쟁이 끝나고 그라나다 정복이 완수되었다. 같은 달에 콜럼버스는 「두 전하께 올린 인도 땅과 대칸(grã Can)에 관한 보고서」에서 "칸과 그 후손들은 우리의 성스러운 신앙에 정통한 학자들을 보내 달라고 로마에 거듭 요청했지만 교황은 결코 그것을 이행하지 않았으며, 그래서 수많은 사람들이 올바른 신앙을 찾지 못하여 잘못되고 해로운 우상 숭배 신앙으로 빠졌다"는 사실을 이미 말씀드렸노라고 상기시킨다. 그리고 국왕이 "1월에 당신의 왕국과 통치령에서 모든 유대인들을 축출한 다음 나에게 동쪽의 육로가 아니라 서쪽 해로로 갈 것을 명령"했다는 사실을 적시한다. 그래서 "인도로 가서 전하의 메시지를 그곳 영주들에게 전하고 또 당신이 내게 명한 것을 수행하리라"고 기록하고 있다.(Dunn, 17-21) 이것은 맞는 주장일까?

실제로는 그라나다 정복, 유대인 축출 결정, 그리고 콜럼버스의 사업 승인이라는 세 사건은 같은 달에 이루어진 일이 아니다. 그라나다가 항복한 것은 1월이고, 유대인 축출 명령은 3월에 내려졌으며, 산타페 각서에 서명한 것은 4월이므로 모두 다른 시기에 일어난 사건이다. 그런 사실을 모를 리 없는데 왜 이렇게 틀린 내용을 적었을까? 이는 모르고 범한 실수가 아니라 중세 서한문의 전통에 따라 의도적으로 그렇게 쓴 것이다. 사건 자체의 정확성보다는 그것이 큰 맥락에서 같은 의미를 띤다는 사실을 강조하려는 의도다. 더 큰 목적을 위해서라면 작은 사실의 정확성은 어느 정도 무시할 수 있다는 것이 중세 서한 문학의 특징이다. 이런 맥락에서 보면 같은 장소, 같은 시간에 이슬람 및 유대인 문제가 해결되었고 그와 동일한 흐름 속에서 콜럼버스의 출항이 이루어진 것이 된다. 즉 그라나다 회복과 유대인 축출 그리고 인도 항해 – 세계인의 기독교 전도와 통한다 – 는 더 큰 전체 시공간 내에서 통일성을 부여받으며 연결된다. 그 핵심은 완전한 기독교 세계의 완수라 할 수 있다. 결과적으로 콜럼버스의 여행은 성스러운 사업으로 격상된다. 만일 상업적 성공을 거두지 못하면 중단되어야 할 사업이 이제 종교적 의무가 되어서 끝까지 지속되어야 하는 것이 되었다. 콜럼버스의 의무는 이제 산타페 각서 혹은 그라나다 각서의 규정을 넘어서게 된다.(Zamora, 25-33)

이런 방식을 통해 이 '서론'은 국왕이 지원하는 사업이 전 세계를 대상으로 한 기독교 전도라는 고매한 성격을 가진다고 강조한다. '인도'(오늘날 국가로서의 인도가 아니라 중세 지리 개념에서 말하는 넓은 의미의 인도)가 목적지인 것은 명백하며, 칸을 만나고 기독교화하겠다는 목표도 분명하다. 이는 과거에 교황청이 몽골인의 전도 요청을 거부했다는 주장에서도 읽을 수 있다. 사실 몽골의 칸과 그 후손들이 교황청에 신학자나 선교사를 보내 달라고 요청했다는 말은 전혀 사실이 아니다. 그럼에도 불구하고 이를 언급하는 것은 교황청도 제대로 수행하지 못한 세계 전도 사업을 이제 스페인 국왕이 대신 맡아서 하며, 그 위대한 사업을 콜럼버스 자신이 위임받아 수행한다는 주장을 펴려는 것이다. 이제 콜럼버스의 사업은 단순히 세속적 부와 이득을 좇는 것 이상의 고상한 차원으로 격상되었다.

이는 자신의 사업을 누구도 건드릴 수 없는 중요한 일로 만들어 보호하려는 전략적 글쓰기의 차원으로 이해할 수도 있다. 그러나 이를 두고 반드시 콜럼버스의 교활한 책략이라고만 단정할 수는 없다. 실제로 콜럼버스의 종교적 심성은 매우 강했을 뿐 아니라, 국왕들 역시 그런 중세적 심성을 여전히 강하게 가지고 있었다. 중세적 개념에 의하면 국왕은 전도자(missionary)이자 십자군 지도자로서, 다시 말해 신앙의 보호자이다. 실제로 페르난도와 이사벨이 국토 재정복 운동을 할 때 이와 유사한 심성을 가지고 있었던 것은 분명하다.

그렇다면 콜럼버스는 실제로 세계 전도라는 목적으로 항해를 했고, 그런 사실을 강조하기 위해 이 편지를 썼을까? 전적으로 그렇다고 말할 수는 없다. 아마도 이 편지의 '실제적인' 목적은 다른 데에 있었다. 그는 자신이 그러한 성스러운 일을 하는 주체라는 점을 밝히면서 자신의 지위를 '내가 발견하고 얻게 될 모든 섬과 땅의 귀족(don), 대양제독, 부왕이자 지사'라고 적시한 후 이 직위를 자신의 아들이 세습할 것임을 밝히고 있다. 바로 이 부분이 이 서문(편지)의 원래 의도였을 것이다. 그는 출항하는 자리에서 산타페 각서에서 얻은 특권과 지위를 다시 한 번 확실히 다짐받고자 한 것이다.

여기에서 강조하고 싶은 점은 콜럼버스가 신성한 종교적 사명감과 세속적 지위에 대한 욕심을 모두 가지고 있었다는 점이다. 세속적 목적만 가지고 있으면서 신성한 전도 사업을 거론한다면 그것은 야비한 속임수가 된다. 그러나 이후 그의 행적과 사고의 편린을 보건대 그는 지극히 종교적인 인간이었다. 결국 그 두 가지가 혼재한다는 것, 다시 말해서 영혼과 물질이 동시에 중요한 의미를 띤다는 것이 그의 사고의 특징이었다. 이 점에 대해서는 앞으로 자세히 살펴볼 것이다.

마지막으로 서론에서 주목할 부분은 앞으로 자신이 하고자 하는 바를 이렇게 서술하는 내용이다.

> 나는 새로운 항해지도를 작성할 것이다. 그리고 대양의 모든 바다와 땅들의 위치를 나침반 방위에 따라 정확하게 표시할 것이며, 책을 편집하고 그림으로 나타낼 것이다.(Dunn, 21)

이는 그의 지리적 발견을 당대의 지리학적 개념으로 기록하여 보고할 것을 약속하는 내용이다. 그는 단순히 어딘가를 보고 오는 데에 그치는 것이 아니라 그 대상을 인식 가능하게 만들고자 했다. 그것은 대상을 실제적으로 지배할 뿐 아니라 더 나아가서 정신적으로 우리의 소유로 만드는 것을 의미한다.

대서양 항해

'서론'에 이어서 본격적으로 항해 기록이 나온다.

1492년 8월 3일 금요일, 콜럼버스의 선단이 카나리아 제도를 향해 출항한 이후 초기 기록은 그야말로 항해에 관한 기본 사실들을 건조하게 적은 항행(航行)의 기록이다. 10월 12일 새벽에 신대륙의 섬에 상륙할 때까지 다른 내용은 거의 없고 대부분 무미건조한 항해 관련 사실들만 간략하게 기록되어 있다. 능히 짐작할 수 있듯이 이때의 항해는 대단히 힘들고 불편한 삶의 연속이었을 것이다.[61]

61 참고로 이야기하면, 과거의 선박은 절대 쾌적한 공간이 아니었다. 예컨대 화장실은 이물과 고물 양쪽 판자에 둥근 구멍 하나가 나 있는 곳일 뿐이다. 콜럼버스 선원들은 이것을 '하르디네스(jardines, 정원)'라고 불렀다. 선장만 방이 있을 뿐 선원들에게는 개인 공간이라고는 없었으므로 아무 데서나 잠을 자야 했다. 갑판에서 짚 매트리스를 깔고 로프를 말아서 베개 대용으로 삼고 자는 식이다. 날씨가 좋지 않으면 화물창을 사용했는데, 이곳은 통과 바닥짐이 있어 평평한 구석이 전혀 없는 데다가 쥐, 이, 바퀴벌레가 득시글거렸다. 또 썩은 생선 등으로 인해 온갖 악취가 심했고 때로 그 안에서 통에다가 용변을 보았다. 이것은 신참이 내다 버려야 했다. 네 시간이 채 못 되는 간격으로 불침번을 섰기 때문에 수면

당대의 항해 기술로는 경도와 위도를 정확하게 파악할 수 없었고, 항해 거리를 측정하는 것도 매우 힘든 일이었다. 이는 우선 출항한 지 며칠이 지나지 않은 8월 7일에 도선사들 간에 배의 위치를 놓고 의견이 엇갈리는 데에서도 알 수 있다.(Dunn, 25) 9월 19일에도 같은 일이 벌어졌다. 도선사들의 추산치에 차이가 나서, 니냐호는 카나리아에서 440리그, 핀타호는 420리그 항해했다고 주장하는 반면 콜럼버스는 400리그 항해했다고 보았다.(Dunn, 37)

여기에서 주목해 볼 것이 유명한 로그(log, 항해기록) 조작설이다. 9월 9일자 기록에 처음 이런 사실이 나온다. 콜럼버스는 선원들에게 실제보다 항해 거리를 줄여서 이야기함으로써 "겁먹고 용기 잃는 일을 방지하려고 했다"는 것이다. 이런 말은 이후에도 여러 번 나온다. 라스카사스는 콜럼버스가 항해 거리를 이중으로 기록하고는 선원들에게 실제보다 적게 항해한 것으로 믿게 했다고 기록했다. 이 '신화'는 너무나도 널리 퍼져 있지만, 애당초 가능하지 않은 이야기다. 자기 배만이 아니라 다른 두 배의 선장과 도선사, 선원들을 모두 속인다는 것은 어불성설이다. 세 척은 가끔 모여서 기록들을 비교하는데, 어떻게 항해 거리를 속인단 말인가?

이는 분명 라스카사스가 항해의 실상을 잘 모르고 추측해서 덧붙인 말이다. 실제로는 콜럼버스가 우선 자신만의 방법으로 항해 거리를 계산한 다음 선원들이 이해할 수 있는 방식으로 다시 계산하여 제시했

시간도 부족했다. 음식은 대부분 염장식품이니 건조식품이고, 육류는 소금물 통 안에 보관했다. 통이 신통치 않으면 소금물이 새고 고기가 썩었다. 요리사라고 할 만한 사람이 따로 있는 것이 아니라 누구든 내려오는 방식대로 조리할 뿐이었다. 선원들은 끊임없이 움직여야 했으므로 무료하다거나 불평이 생기거나 고향 생각을 할 새가 없었다.(Dugard, 140-143)

을 것이다. 이 문제는 아마도 단위 전환과 관련이 있어 보인다. 마일을 자신과 선원들에게 익숙한 단위인 포르투갈 리그로 전환하느라고 수치를 6분의 5로 줄인 것을 두고 라스카사스가 오해한 것으로 연구자들은 추론한다.(Dunn, 29, 주2)

전반적으로 콜럼버스 선단의 대서양 항해는 순조롭게 진행되었지만, 9월 17일에 매우 이상한 기록을 남기고 있다. 분명 나침반은 멀쩡한데 북극성 고도가 변했다는 것이다.[62] 또 바다에 식물이 많이 떠 있고, 강에서 사는 게와 풀도 있고, 바닷물도 덜 짜다. 즉 섬이든 대륙이든 육지가 근처에 있다는 추측이다.(Dunn, 33-35) 더 확대해석하여 그는 이 지점에서 천문지리상으로 큰 변화가 일어나고 있다고 추측하고 있다. 그렇지만 실제로 북극성의 고도가 변한다는 것은 있을 수 없는 일이다. 그리고 그 근처에 육지 생물이 있을 수도 없고 바닷물 염도가 그처럼 달라질 수도 없다. 이는 아마도 오랜 항해 중에 빨리 육지에 도달하려는 기대가 너무 커서 일어난 심리적인 현상으로 생각할 수 있을 것이다.

그런데 그는 과연 어떤 근거로 주변에 섬이 있으리라 짐작했을까? 실마리는 9월 25일자 기록에 등장하는 '해도'에서 찾을 수 있다. 그는 배 사이에 줄을 이용해서 해도를 보내라고 한 다음 거기에 현재 위치를 표시했다.(Dunn, 43) 생각해 보면 참으로 놀라운 일이 아닐 수 없다. 유럽인들이 처음 대서양을 항해하는 마당에 그들은 버젓이 지도를 들

62 비슷한 경험은 이후에 다시 한 번 일어난다. 9월 30일 밤에 나침반의 자침이 북서쪽으로 $\frac{1}{4}$(11$\frac{1}{4}$도) 움직였다가 새벽에 다시 북극성 방향과 일치했다. 이는 자연적으로는 불가능한 일이며, 아마도 나침반의 자침이 못, 대포 등 철물과 가까이 가게 되었기 때문에 일어난 일일 것이다.(Dunn, 49)

고 거기에 선박의 위치를 표시하고 있으며, 그것을 근거로 그 주변에 위치한 섬들을 지나쳤다는 식의 말을 하고 있는 것이다. 이 지도는 물론 중세 지리 관념에 근거한 세계지도일 것이다. 지도 이야기는 그 후에도 다시 등장한다. 10월 3일, 섬을 지나쳤다고 생각하고 "해도에 표시된 섬들이 이미 그들 뒤편에 있다"고 추론하고 있다.(Dunn, 51)

사실 콜럼버스는 중세 세계관에 근거하여 현재 위치를 추적하고 있으므로 그 부근에 많은 섬들이 있을 것으로 생각하는 게 당연하다. 그가 생각하는 아시아 동쪽의 바다에는 수없이 많은 섬들이 점점이 박혀 있다. 그런데 왜 섬을 하나도 보지 못한단 말인가? 아마도 섬과 섬 사이의 바다를 지나갔기 때문이라는 것이 그의 판단이었다. 9월 19일자 기록에서는 "북쪽과 남쪽에 몇 개의 섬들이 있음에 틀림없으며 그는 그 중간을 지나고 있다고 생각했다"는 말이 나온다. 그래서 "돌아올 때 그것들을 보리라"고 적었다.(Dunn, 37)

그런데 대서양에서 항해하는 중에 북극성 고도가 변하고 기후와 바다 상태가 변한다는 생각은 단순한 착각 정도로 그치는 게 아니라 후일 아주 중요한 의미로 재해석된다. 3차 항해 중에 그는 드디어 '동쪽 끝'에 이르렀다는 자각을 하면서 지구 전체의 모습에 대해 재고하게 된다. 이때 아조레스 서쪽 100리그 정도에서 별의 고도와 바다 식생, 기후 등이 변하는 사실을 다시 거론하며, 대략 그 지점부터 서쪽에서 동쪽으로 서서히 '올라가는' 느낌을 받았다고 이야기한다.(Jane, vol. II, 26) 말하자면 이 지점이 지구 전체의 형상에서 중요한 분기점이며, 이 지점을 통과하면 다른 세계로 들어가는 듯한 느낌을 받는다고 주장한다. 이에 대해서는 아래에서 더 자세히 살펴볼 것이다.

그는 계속해서 육지가 가까이 있다고 강변했지만 선원들의 불안을 잠재우지는 못했다. 9월 23일, 바다가 너무 잔잔하니까 선원들이 불안해했다. 바람이 불지 않으니 돌아갈 수 없지 않느냐고 선원들이 강하게 항변하는데, 그때 마침 파도가 높아졌다. 그래서 그는 선원들을 진정시키며, 이를 모세의 출애굽과 유사한 징표라고 해석했다.

> 후에 바람이 없는데도 파도가 높아져서 그들을 놀라게 했다. 이때 제독은 파도가 높은 바다야말로 그에게 필요한 것이며, 이는 이집트를 떠나는 유대인들이 그들을 인도하는 모세에게 불만을 표할 때 외에는 일어나지 않았던 징조라고 말했다.(Dunn, 41)

이런 에피소드에서 콜럼버스가 늘 성경의 일화를 가져와 해석하고 있다는 사실을 주목할 필요가 있다. 더군다나 그는 자신의 항해를 다름 아닌 모세의 출애굽이라는 대사건에 비유하고 있다. 이는 하나의 예에 불과하지만, 그의 내면에서 이 항해를 새로운 예루살렘으로 향하는 신성한 여정의 의미로 해석하고 있다는 증거로 볼 수 있다.

10월 7일, 이제 육지에 닿을 때가 거의 다 되었다는 느낌이 와서일까, 콜럼버스는 새로운 조치를 취하기 시작했다. 먼저 육지를 발견한 배는 마스트 위에 깃발을 올리고 롬바드 포를 쏘기로 했다. 그리고 일출과 일몰 시간에 세 배가 모여서 함께 관찰하기로 결정했다. 이때가 다른 때보다 대기 여건상 더 멀리 볼 수 있기 때문이다. 이날 밤에 큰 새떼가 날아가는 것을 보았는데, 콜럼버스는 이 새들이 둥지로 귀소하거나 겨울철에 철새가 이동하는 것으로 생각했다(실제로는 후자가 맞다).(Dunn, 54-55) 다시 이틀 뒤에도 밤새도록 새들이 지나가는 소리를 들었다.

이즈음 참으로 극적인 일이 일어났다. 신대륙에 도착하기 이틀 전인 10월 10일에 선원들이 급기야 반기를 든 것이다. 이 지점에서 귀환했다면 이후의 역사는 어떻게 되었을까? 콜럼버스는 인도에 갔을 때의 이익을 환기시키고, 또 이제는 인도를 발견할 때까지 계속 항해해야지 항의해 봐야 소용없다고 말하면서 선원들을 무마했다. 드디어 아메리카 땅을 발견하는 역사적인 사건은 1장에서 인용한 바와 같이 10월 12일 새벽의 일이었다. 그들은 현지 주민들이 '구아나아니'라 부르는 섬을 '산살바도르(구세주)'라고 명명했다. 이렇게 함으로써 이 항해는 구세주의 이름으로 이루어진 위업으로 전환되고, 이들의 행위는 '그리스도의 모방(Imitatio Christi)'이 된 것이다.(Zamora, 97)

새로운 땅의 탐사

드디어 아시아에 도착했다고 믿은 콜럼버스 일행은 곧바로 주변 지역을 돌아다니며 탐사를 진행했다.

이들은 대체로 자신들이 예측했던 지점에 상륙했으니 도착한 곳이 아시아라고 믿는 것이 당연했다. 다만 항해 도중에 여러 섬들을 지나쳐서 원래 목표로 했던 시팡구는 지나쳤다고 생각했다. 그들이 제일 애타게 찾는 것은 금과 향신료였다. 10월 13일에 벌써 그들은 현지 주민들에게 금이 있는지를 물어보았다. 이후 금 이야기는 실로 강박적으로 자주 등장하는 주제가 되었다.[63] 일부 사람들이 금으로 된 장식품을 코에 걸고 있는 것을 보고 금 산지에 대해 물어보니 남쪽 지방에서 금이 많이 난다는 대답이 돌아왔다(물론 실제로 알아들은 게 아니라 그렇게 믿었다).(Dunn, 71)[64]

63 『항해일지』에는 이곳에 금이 풍부하다는 말이 144회 나오며, 특히 시간이 흐를수록 더 자주 나온다.(Crouzet, 53)

64 콜럼버스는 그들과 대화를 나누고 중요한 정보를 들은 것처럼 이야기하는데, 물론 그

콜럼버스 일행은 현지 주민들과 교환을 시도했고, 주민들은 기꺼이 교환에 응했다.

> 그들에게 무엇이든 주면 그들은 가진 것을 다 주려고 한다. 심지어 사발이나 깨진 유리컵과도 바꾼다. 포르투갈 세우티 동전[포르투갈이 세우타 점령을 기념하여 주조한 구리 동전] 세 개를 면화 열여섯 뭉치와 바꾸는 것도 보았다.(Dunn, 71)[65]

콜럼버스의 원래 목적은 교역의 중심지를 찾아 그곳에서 금과 향신료 같은 상품을 거래하는 것이었다. 그러려면 아시아의 부유한 지역에 도착했어야 하는데, 실제 그들이 도착한 곳은 헐벗고 가난한 지역이었다. 그는 이곳이 아시아의 변방이라 가난하니 교역 가능성이 높은 곳, 특히 금이 많이 나는 곳으로 이동하려 했다. 그래서 10월 13일에 "시간을 지체하지 말고 빨리 시팡구로 가고 싶다"고 기록했다. 정작 그런 곳을 찾는다면 요새를 짓는 것이 힘들 수도 있겠지만, 그가 판단하기에 그것은 전혀 어려워 보이지 않았다. 이들은 정말로 순진하고 무

언어를 알아들었을 리는 없고 손짓, 발짓으로 의사소통을 하면서 넘겨짚어서 이해했음에 틀림없다. 예컨대 10월 14일에 이런 일이 있었다. 한 노인이 보트에 올라오더니 다른 사람과 함께 "이리 와서 하늘에서 온 사람들을 보라!" 하고 외쳤다는 것이다. 그리하여 이곳 주민들이 자신들이 하늘에서 온 사람이라고 믿는다고 기술하고 있다. 과연 그러했는지는 누구도 알 수가 없다.(Dunn, 75)

65 이 부분이 나중에 문제가 되었다. 콜럼버스 일행이 일종의 사기 행위를 통해 주민들에게 비싼 물건을 헐값으로 얻었다는 비판을 받을 가능성이 있으므로, 국왕에게 보내는 편지에서 이 부분을 다르게 각색하여 출판한 것으로 보인다. 7장을 참조하라. 그린블래트(Stephen Greenblatt)에 의하면 인디언들이 가치를 모르고 교환하는 것이 그들의 지적 열악함의 특징이다. 그들이 인간이라는 데에 대해서는 의심의 여지가 없지만 그 대신 열등한 존재로 전락하는 것이다.(Zamora, 169-170)

력을 모르기 때문에 "50명만으로도 이 사람들을 전부 제압하고 어떤 일이든 시킬 수 있다"고 본 것이다.(Dunn, 75) 말하자면 단 이틀 만에 그의 생각은 교역에서 식민화로 바뀌었다. 10월 14일에 콜럼버스는 "나는 열심히 이 지역을 둘러보고 어디에 요새를 지을 수 있는지도 살펴보았다"고 기록했다.(Dunn, 75) 이제 교역보다는 지배하며 수취할 가능성을 염두에 두었을 것이다. 사실 이는 유럽인들이 해외팽창의 초기에 대서양의 섬에서 했던 방식이고, 다름 아닌 그의 처가가 마데이라 제도에서 수행했던 사업 방식이었다. 정리하면 그는 아시아와의 거래를 예상했다가 아프리카와 유사한 상황에 마주쳤고 결국 대서양 섬들에서 행해졌던 운영 방식으로 선회했다.

그렇다면 현지 주민들은 정말로 아무런 능력이 없는 미개인이었을까? 그렇지는 않다. 10월 16일 콜럼버스 일행이 다른 섬(Fernandina)으로 항해해 갈 때, 바다에서 한 인디언이 카누를 타고 가는 것을 목격했다. 그는 바로 전날 스페인 사람들과 물물교환으로 얻은 유리구슬들과 블랑카 동전들을 바구니에 넣어 가지고 가고 있었다. 이런 식으로 섬과 섬 사이에 물건이 이동되고 소식도 전해지고 있었던 것이다.

그는 일부 섬 지역들을 탐사하다가 "대륙 본토의 킨사이(중국)로 가서 전하의 편지를 대칸에게 전하고 답장을 받고자 한다"고 결정했다.(Dunn, 109). 그래서 다시 다른 지역으로 항해하다가 쿠바에 닿게 되었다. 그는 이때 쿠바가 바로 시팡구가 아닐까 생각했다. 이때에는 지도와 함께 지구의도 거론한다.

> 내가 본 지구의와 세계지도에 의하면 그곳[시팡구]은 이 지역에 존재한다.(Dunn, 113)

쿠바로 가는 도중에 그는 카누를 타고 가는 인디언을 만나 대화(!)를 나누는데, 쿠바 섬에 금광과 진주 산지가 있다는 점과, "대칸의 배들이 이곳에 오거나 이곳에서 본토로 가려면 열흘만 항해하면 된다"는 사실을 알게 된다.(Dunn, 119) 그는 칸을 만나기 위해 궁정으로 갈 수 있는 수로를 찾으려 했다. 이 섬을 탐험하다 보니 점차 이 지역이 섬이 아니라 대륙의 일부라고 믿게 되었다. 그는 자신이 얻은 약간의 정보를 지구의나 지도와 대조한 결과 그가 현재 있는 지역이 자이툰(Zayto)과 킨사이 근처라고 판단했다.

이곳이 중국 해안이라고 확신한 그는 곧 로드리고 데 헤레스(Rodrigo de Xerez)와 통역인 루이스 데 토레스(그는 무리시아 출신 유대인으로서 헤브루어, 칼데아어, 심지어 아랍어도 약간 할 줄 알았다)를 특사로 삼고 2명의 현지인을 함께 보내 6일 동안 내륙을 탐사하도록 했다. 구슬 한 묶음을 주어서 필요하면 식량을 구매하고, 향신료 샘플을 가져가서 비슷한 것이 있는지 확인할 것이며, 왕을 만나면 카스티야 국왕의 의사를 전달하는 동시에, 그 지방과 강들의 정보도 얻어올 것을 지시했다.(Dunn, 129-131)[66]

그는 특사들이 돌아오기를 기다리는 동안 현지 주민들로부터 정보를 수집했다. 계피, 알로에, 매스틱 등을 보여 주고 비슷한 것이 주변에 있는지를 묻는 식이었다. 그가 주민들에게 들은 바에 따르면, 남동쪽의 보이오(Bohío)라는 섬에 가면 그런 향신료뿐 아니라, 금과 진주 역시 많이 난다는 것이다. 더 놀라운 것은 그곳에서 멀리 떨어진 곳에 외눈박이 견두인 식인종(사람의 목을 따서 피를 마시고 성기를 잘라낸다는 식인종)을 만

66 그러는 동안 콜럼버스는 사분의(quadrant)를 이용해서 계산해 보고 그가 있는 곳이 주야평분선(equinoctial line)에서 42도 지점이며, 이에로(Hierro) 섬에서 1,142리그 떨어져 있다고 판단했다.(Dunn, 131)

날 수 있다는 정보였다. 견두인 식인종은 중세 지리 서적에 흔히 나오는 괴물이다. 오늘날 우리에게는 이런 허황된 말을 믿는 것이 의아해 보일지 모르지만, 당시로서는 그런 정보를 믿는다는 것이 놀라운 일은 아니었다.[67] 그의 사고에서 아시아는 이처럼 소박하고 착한 사람들 옆에 식인종이 존재하는 식으로 긍정적 요소와 부정적 요소가 혼재해 있는 곳이었다.(Abulafia, 114) 그러나 얼마 후 돌아온 특사들이 보고한 내용은 실망스러웠다. 그들이 내륙에서 본 건 50여 호의 마을뿐이며, 칸의 궁정은 없었다.

아메리카에 도착한 후 한 달이 지난 시점에서 콜럼버스는 그동안 보고 느낀 점을 종합하여 교역과 정복, 전도 등에 관해 자신의 생각을 정리했다. 11월 12일자의 일지 내용은 특히 길고 풍부한 내용을 담고 있다.(Dunn, 141-149) 콜럼버스는 이곳 주민들을 잡아다가 국왕께 데리고 가서 우리 언어를 가르치도록 하겠다고 생각했다. 이들은 종교가 없고 우상숭배도 하지 않으며, 살인과 도둑질을 하지 않고, 또한 무기도 없

67 견두인(犬頭人) 식인종에 대한 이야기는 그 후에도 등장한다. (11월 26일자) “오늘 본 사람들은 카니바(Caniba) 혹은 카니마(Canima)라는 사람들을 극도로 두려워한다. 이들은 식인종이며, 개 대가리에 이마에 한 눈을 가지고 있다.”(Dunn, 177) 식인종에 대한 기록은 그 뒤에도 나온다: “에스파뇰라 섬(그들은 카리타바(Caritaba)라 부른다) 뒤에 엄청난 규모의 대륙이 있다. 카니바(Caniba)는 대칸 사람임에 틀림없다. 식인종은 고대 및 중세 기록에 많이 등장한다. 예컨대 대칸은 아주 가까운 곳에 있을 것이다. 그들이 배를 타고 와서 섬사람들을 잡아가서 먹는다.”(Dunn, 217) 마르코 폴로는 안다만에 견두인 식인종이 살고 있다고 기록했는데, 콜럼버스는 여기에서 영향을 받았을 가능성이 크다. 동시에 아프리카에 이런 종류의 괴물이 살고 있다는 정보도 참고할 필요가 있다. 항해왕자 엔리케가 수집한 정보 중에 이런 이야기가 있다. 이랍 상인들은 이덴과 팀북투 사이에 위치한 산악 지역을 통과해야 하는데 이곳에는 ‘경이로운 사람들(gente mirabeli)’이 살고 있다. 이들은 개 대가리에 큰 꼬리를 가지고 있으며 온몸이 털로 덮여 있다고 한다. 이런 여러 정보들을 접한 콜럼버스로서는 낯선 지역에 견두인이 살고 있다는 사실을 받아들이지 않을 수 없었다.(Crouzet, 152)

다. 그래서 한 사람이 집적거리면 100명이 도망가 버린다. 그들은 하느님이 계시다는 것을 믿고 우리가 하늘에서 왔다고 생각하며, 우리가 가르친 대로 기도를 하고 십자가 표시를 한다. 그래서 우리 신앙을 믿게 해서 많은 사람들을 지배하고 큰 부를 얻을 수 있을 것이다. 이 논리에 대해 잘 생각해 보자. 결국 기독교화는 현지인들을 완전한 이방인으로 놔두는 것이 아니라 '우리'의 틀 안으로 끌어들이되 열등 시민, 곧 피지배민으로 삼겠다는 것이니, 기독교화와 노예화가 함께 이루어지는 것을 뜻한다. 이런 일을 수행하기 위해 제일 필요한 것이 통역이므로, 이곳 주민 몇 명을 잡아서 교육시키려 했다.

> 어제 6명이 탄 카누가 우리 배 옆을 지나다가 5명이 배에 올라왔다. 나는 그들을 나포하라고 명령했다. 그리고 강 서쪽에 있는 집에 한 사람을 보냈는데, 그는 (늙은 것이든 젊은 것이든) 7마리의 여자(seven head of women, siete cabeças de mugeres)와 아이 셋을 잡아 왔다. 여자가 있어야 남자도 더 잘 산다. 예전에 기니에서 잡아온 남자들을 포르투갈에 데리고 와서 언어를 배우도록 했는데, 그 다음에 자기 고향에 데리고 가서 유용하게 쓰려고 했더니 모두 도망가 버렸다.(Dunn, 147)

이즈음 현지 주민을 바라보는 콜럼버스의 시각은 완연히 바뀌어서, 노예 혹은 거의 동물과 같은 존재로 보는 듯하다. 그는 사람을 동물 세는 단위(마리, head)로 세며, 실제로 그들을 포획하여 자기가 원하는 대로 이용할 수 있다고 생각하고 있다. 그는 이 여성들이 무엇보다도 선원들의 첩으로 삼아 언어를 가르칠 수 있을 것으로 기대했다.

11월 21일, 마르틴 알론소 핀송이 콜럼버스의 허락도 받지 않은 채 핀타호를 몰고 홀로 동쪽으로 항해해 가는 사건이 벌어졌다. 나중에 재판 기록을 보면 그는 에스파뇰라 섬으로 항해해 갔다. 이 당시에는 핀송도 콜럼버스와 마찬가지로 이 지역이 아시아라고 생각했고 에스파뇰라 섬을 시팡구라고 생각하고 있었다. 그는 혼자 금을 찾아보기로 작정하고 무단이탈한 것 같다.

할 수 없이 콜럼버스는 남은 인원을 데리고 쿠바를 계속 탐사했다. 그는 여전히 금에 대한 집착에서 벗어나질 못했다. 이때 콜럼버스는 매우 흥미로운 이야기를 하는데, 이 지역에 열이 많으므로 금이 많이 날 수밖에 없다는 것이다.(Dunn, 165) 이는 금이 열과 햇볕에 의해 만들어진다는 중세 학설을 나타낸다. 3차 항해 때 남쪽으로 항로를 잡은 이유도 이와 관련이 있다. 그뿐 아니라 이곳이 마치 지상낙원과 유사하다고 생각한다.

> 태양 아래 이보다 더 좋은 땅은 없을 것이다. 땅의 비옥함, 따뜻하거나 시원한 정도, 신선한 물 등에서 이곳은 기니와는 다르다. 기니의 강은 병을 일으킨다. 주님이 보우하사 지금까지 선단 전체 사람 중에 두통을 앓거나 병에 걸려 침대에 드러누운 사람이 없다. 예전부터 결석으로 고생하던 한 사람만 예외인데 그 사람도 이틀 뒤에 완치되었다.(Dunn, 185)

그는 이 지역을 일종의 낙원처럼 파악하고 있으나 그 낙원은 정복하고 식민화할 수 있는 낙원이다. 11월 25일, 쿠바 동쪽에서 거대한 소나무 숲을 발견하자, 마스트와 판재 생산 가능성을 생각하고 물레방아 건설도 고려했다.(Dunn, 169) 이런 구상은 다음 탐험지인 에스파뇰라 섬에서 더 진척된다.

그는 "해안이 120리그나 펼쳐져 있는 것으로 보아" 쿠바가 대륙이 분명하다는 확신을 가진 채 이제 그곳을 떠나 12월 초에 또 다른 섬으로 항해해 갔다. 그는 찾아간 섬을 '에스파뇰라(Española)'라고 명명했다. 이 섬은 두 가지 면에서 중요하다. 첫째, 현지인들과 비교적 우호적인 관계를 맺어서 그곳에 최초로 식민지 건설에 착수할 수 있었고, 둘째, 다소간의 금이 나는 것을 확인한 것이다.

그는 이 섬과 이곳 주민들에 대해 매우 호의적으로 묘사하였다. 이곳 사람들은 잘생기고 피부가 맑아서 만일 그들이 옷을 입고 돌아다닌다면 스페인 사람처럼 하얗게 될 것이다. 이 섬의 아름다움은 카스티야에서 가장 아름다운 지역과도 비교할 수 없다. 이곳의 미풍은 카스티야의 4월 바람과 같다. 나이팅게일과 다른 새들은 카스티야의 4월과 같고, 생선도 스페인 것과 같다. 금은 아직 찾지 못했지만 매스틱과 알로에, 면화가 난다. 이곳의 나무는 너무 튼튼해서 잎이 떨어지지 않으며, 녹색이 아니라 검푸르다. 계곡과 강, 물이 아주 훌륭하다…(Dunn, 225ff)

그렇지만 그의 서술은 곧 모순에 빠진다. 이곳 주민들이 "포동포동하며 용감하고, 다른 지역 사람들과 달리 약하지 않으며, 잘못된 종교도 없다"고 말하면서 "그들은 세상에서 가장 선하고 가장 친절한 사람이므로 그들을 정중히 대접하라, 나는 우리 전하가 그들을 모두 기독교도로 만들고 우리 신민으로 삼기를 희망하노라"라고 명령한다.(Dunn, 231) 그런데 곧이어 "그들은 무기가 없고 벌거벗었으며, 무기에 관한 기술을 모른다. 그들은 아주 겁쟁이라 1천 명이 우리 3명을 당해내지 못한다. 그래서 그들은 우리의 명령을 받아 일하고 경작하고 그 외의 필요한 모든 일을 하기에 알맞다. 그리고 도시를 건설하고 우리 관습을 배우고 옷을 입고 다니게 할 수 있다"고 말하는 것이다.(Dunn, 235-237) 이는 곧 '선한 야만인(bon sauvage)' 개념의 초기 형태에 해당한다. 그들은 선하므로 지배하기에 좋고, 일하기에 적당한 정도로 몸이 튼튼하지만 우리의 공격을 감당할 정도로 강하지는 않다. 야만적인 종교는 없지만 우리의 종교를 받아들일 정도는 된다. 그러므로 우리의 지도를 받아 문명화하여 결국 우리의 노예가 되기에 알맞다는 것이다. 문명화가 곧 노예화로 이어지는 것이다.

이곳 주민들과 매우 우호적인 관계를 맺은 것은 12월 24일의 파선 사고 당시의 기록에서 읽을 수 있다. 이날 산타마리아호가 좌초하여 침몰하자 할 수 없이 배는 포기하고 선원들과 함께 화물을 니냐호로 옮겨 실었다. 인력이 필요했던 콜럼버스는 그 지역의 지배자인 구아카나가리(Guacanagarí)에게 도움을 요청했다. 그러자 그는 사람들을 보내서 카누를 이용해 물품을 옮기고 또 집 몇 채를 제공해서 그곳에 보관하도록 했다. 인디언들은 콜럼버스 일행을 위로하다 못해 심지어 그들의 불행에 대해 슬퍼하며 울기까지 했다. 그래서 콜럼버스는 이들이 사랑스럽고 순하며 욕심 없는 사람들이라고 평가했다.(Dunn, 279-281) 이런 온화한 사람들에 대한 그의 태도는 이중적이었다. 예컨대 그는 구아카나가리와 함께 식사를 하며 그가 아주 고귀한 사람이라고 칭찬하지만, 대포를 시범 발사하여 그들을 놀라게 하고 복종하도록 만들었다.

몇 달에 걸쳐 여러 지역을 탐사한 후 이제 콜럼버스는 귀환 준비에 들어갔다. 그러나 배가 부족하므로 어쩔 수 없이 선원 일부를 현지에 남겨놓기로 했다. 그래서 그들이 머무를 요새를 건설하기로 했다. 그의 설명에 의하면 요새를 짓는 이유는 인디언들이 두려워서가 아니다. 그들은 스페인 사람들을 위협할 능력이 전혀 없다. 이 나라는 면적이 포르투갈만 하고 인구는 그 두 배 수준이지만 주민들은 모두 겁쟁이들이다. 그러므로 이 요새를 짓는 이유는 방어용이 아니라 그들로 하여금 스페인 국왕의 기술에 익숙해지도록 하여 결국 복종하도록 만드는 과시용이라는 것이다.

콜럼버스는 늘 자신의 일에 대해 신의 뜻을 거론하며 정당화하곤 했는데, 파선 사고에 대해서도 이 지역을 더 탐험해 보라는 신의 뜻으로 해석했다. 만일 배가 파선하지 않았더라면 이 나라에 대해 더 자세히 알 수 없었을 것이 아닌가! 그리고 이제 와서 하는 말이지만 사실 그 배는 원래 너무나 느려서 탐험에 맞지 않았다! 그리고 이 기회를 빌려 그는 자기 내면의 놀라운 종교적 고백을 한다.

> 그가 카스티야에서 다시 돌아올 때면 남아 있는 사람이 교환 행위를 통해 금을 한 통 준비할 것이다. 금광도 발견하고 향신료가 나는 곳도 발견해 두었을 것이다. 그 양이 너무나 풍부하여 전하께서는 3년이 채 지나기 전에 성지(聖地) 재정복 사업을 준비할 수 있을 것이다. 그래서 나는 전하께 나의 이 사업의 모든 이윤을 예루살렘 정복에 쓰라고 권하였으며, 그러자 전하께서는 웃으시며 이 생각이 그들을 기쁘게 했지만, 이 수익이 아니더라도 그런 소망을 가지고 있었노라고 답했다.(Dunn, 289-291)

이 마지막 부분은 매우 흥미롭고 중요하면서도 해석하기 어려운 문제를 제기한다. 우선 문장의 시제가 현재형과 과거형이 뒤섞여 있고, 내용도 항해일지에 기록한 것과 국왕과 대화한 것이 혼동되어 있다. 분명한 것은 그가 그토록 애타게 금을 찾아 헤매고 교역과 식민 사업을 추진하는 중요한 이유가 예루살렘 정복이라는 원대한 계획과 무관치 않다는 것이다. 아마도 콜럼버스는 오래전부터 이와 같은 종교적 생각을 품고 있었음에 틀림없다(사실 앞에서 거론한 것처럼 그가 스페인 국왕에게 사업 후원을 요청할 때 이미 예루살렘 정복을 제안한 적이 있다).

그들이 지은 요새는 크리스마스에 일어난 사건과 연관지어 나비다드(Navidad, 스페인어로 '크리스마스'라는 뜻) 요새로 명명하고, 이곳에 39명을 남겨 두었다. 그리고 떠나기 전에 남는 사람들과 떠나는 사람들 사이에 롬바드 포를 쏘는 모의 전투를 하며 그들의 무력을 과시했다. 이는 소수 인원만 남아 있지만 이들이 무시 못할 무력을 갖추고 있으니 함부로 대하지 말라는 위협의 메시지였을 것이다.

1월 6일, 귀환 준비를 하는 도중에 그동안 이탈했던 핀타호가 돌아왔다. 선장은 온갖 변명을 늘어놓았다. 콜럼버스는 귀환 여행의 안전을 위해서는 선단 내 협력과 평화가 중요하다고 판단하여 분노를 참았다. 콜럼버스는 돌아온 선장에게서 후아나(Juana) 섬 아래 큰 섬이 있는데 그곳에 중요한 금 산지가 있다는 정보를 들었고, 여기에 더해 동쪽에 여인국 섬이 존재한다는 것도 들었다.(Dunn, 315)[68] 이들이 여전히 중세 지리학과 지지(地誌) 사항들을 문자 그대로 신뢰하고 있다는 것을 여기서 다시 확인할 수 있다. 하긴 며칠 후에는 콜럼버스가 인어(人魚)를 보기까지 한다. 물 밖으로 나와 있는 인어는 "흔히 이야기하는 것처럼 예쁘지는 않았다. 얼굴이 남자처럼 생겼기 때문이다. 그는 이전에도 기니의 마네과타(Maneguata) 해안에서 인어를 본 적이 있다."(Dunn, 321) 콜럼버스 일행은 그동안 얻은 정보를 이용해 귀환하기 전에 마지막으로 금이 나는 여인국인 마티니노(Matinino) 섬을 찾아가 보기로 했다. 그런데 그들은 이때 처음으로 전투다운 전투를 경험했다. 인디언들이 이들을 공격하고 끈으로 묶으려고 하자 반격을 가해서 한 명에게

68 여인국 이야기는 이후에도 여러 번 나온다. 마티니노 섬에는 여인들만 사는데, 1년 중 정해진 때에 가리브인들이 찾아오며, 후에 아이를 낳았을 때 아들이면 남자 섬으로 데려가고 딸이면 이 섬에 놓고 간다.(Dunn, 331, 339, 343) 이는 마르코 폴로나 맨드빌의 책에 나오는 아시아의 여인국 이야기와 전적으로 같은 내용이다. 콜럼버스는 이 이야기를 현지인들에게 '들었다'고 하지만, 물론 말이 통할 리 없는 상황에서 그가 이미 알고 있던 내용이 떠올랐을 것이다.

는 칼로 엉덩이를 가격하고, 한 명은 활로 가슴을 쏘자 그들이 모두 도망갔다. 콜럼버스 일행은 이 용맹한 인디언들을 두고 바로 사람들이 모두 두려워하던 식인종, 곧 카리브인이라고 판단했다. 그리고 이들이 기독교도에 대해 두려움을 가지게 되어서 다행이라고 생각했다.(Dunn, 333-335) 바로 그 카리브 섬을 찾아가려고 하는데, 마침 귀국하는 데 알맞은 순풍이 불어서 선단은 서둘러 귀로에 올랐다.

귀환 항해

귀환 항해는 결코 쉽지 않았다. 아메리카 대륙에서 실은 고구마가 매우 요긴하게 쓰였지만 그래도 식량 부족으로 고생했고, 그래서 돌고래와 상어를 잡아서 먹었다.(Dunn, 353) 가장 큰 문제는 항로를 제대로 잡지 못했다는 것이다. 두 척의 배는 처음에 스페인 방향으로 갔지만 역풍 때문에 엄청난 고생을 한 후 북쪽으로 올라가서 순풍을 만나 귀환했다. 그는 아직 대서양 전체의 풍향 체계를 파악하지 못했던 것이다. 스페인을 떠날 때에는 편동풍 체제를 알았지만 편서풍 체제는 시행착오를 거치며 찾는 중이었다. 두 척의 배는 어느 지점을 지나고 있는지 통 알 수 없는 상태로 운항했다. 아스트롤라베와 사분의는 선상에서 사용하기 어려웠고, 북극성 고도도 재지 못했다. 항로에 관하여 두 배의 도선사 간에는 의견이 엇갈렸다. 그들은 아조레스 제도에 가까이 있는지, 이미 카스티야에 가까이 왔는지 논란을 벌였다. 귀환 항로는 완전히 혼란에 빠져 있었다.(Dunn, 361)[69]

2월 12일부터 폭풍우 기미가 보이더니 14일에 엄청난 폭풍우가 밀

69 위도도 알기 힘들었지만 특히 경도를 파악하는 것이 매우 힘들었다. 경도를 측정하는 문제는 18세기에 가서야 완전히 해결된다.(소벨)

려왔다. 죽음의 공포에 휩싸인 상황에서 콜럼버스는 신의 가호를 빌고 선원들의 사기를 진작시키기 위해 종교적 봉헌을 약속하는 제비뽑기를 했다. 콩에 나이프로 십자 표시를 하고 다른 콩과 섞어서 모자에 넣은 다음 선원들이 돌아가며 하나씩 뽑는 식이었다. 첫 번째 제비뽑기는 산타마리아 데 과달루페에 가서 5파운드의 밀랍 초를 바치는 것이었는데, 콜럼버스 자신이 당첨되었다. 교황령인 산타마리아 데 로레토에 순례하는 두 번째 제비뽑기는 페드로 데 비야라는 선원이 당첨되더니, 산타클라라 데 모게르에 가서 철야기도를 하고 미사에 참여하는 세 번째 제비뽑기에 다시 콜럼버스가 당첨되었다.(Dunn, 365-367) 모두 죽음을 예상할 정도로 위험한 상황이었기 때문에 이처럼 특별한 서약을 한 것이다.

이 절체절명의 순간에 그는 국왕에게 소식을 전하려고 필사의 노력을 기울였다.

> 이전부터 자신의 운명에 대해 믿음을 가지고 있었고 그의 모든 사업을 하느님께 바쳤으며, 그래서 하느님께서는 그의 말을 들어주시고 그가 요청하는 것을 모두 들어주셨으므로, 하느님께서 그가 시작한 사업의 완성을 허락해 주시고 안전하게 해 주시리라고 믿었다. […] 그는 외국 땅인 세비야에 두 아들을 부모 없는 고아 상태로 두게 될까 두려워하였으며, 또한 국왕께서 이 여행에서 그들을 위해 자신이 수행한 봉사와 또 그가 지금 가지고 가는 놀라운 소식을 모르게 될까 봐 두려워했다. […] 그가 폭풍우 속에서 죽게 되더라도 국왕 전하들께서 그의 여행 소식을 알도록 하기 위해 양피지를 꺼내 그 위에 그가 발견한 모든 것들을 쓰고, 이것을 누군가가 발견하면 국왕 전하들께 가져다 달라고 부탁하는 글도 썼다. 그리고 이것을 밀랍 칠을 한 천으로 단단히 봉한 후 나무통을 가져오라고 하여 그 안에 양피지를 넣어

바다에 던지게 했다. 아무도 그것이 무엇인지 모르도록 했기 때문에 선원들은 이것이 신심을 표현하는 행위라고 생각했다.(Dunn, 369-371)

이 글에는 그의 심리적 상태가 잘 나타나 있다. 그는 이 결정적 순간에 내면의 종교적 심성을 표출하고, 국왕에 대한 자신의 봉사를 알아달라는 염원, 또 이 세상에 고아로 남게 될 두 아이에 대한 연민 등을 드러내고 있다. 심지어 죽음의 위험 앞에서 자신이 이룬 성취를 기록하여 통에 집어넣은 다음 모든 것을 운에 맡기고 그 통을 바다에 던져 넣기까지 했다. 그가 죽더라도 누군가가 그 통을 발견하여 국왕에게 편지를 전달해 준다면 자신의 위업이 세상에 알려지리라는 실낱 같은 희망을 걸었던 것이다. 실제 이 통은 영영 사라졌을 가능성이 크지만, 자신의 행위를 반드시 국왕에게 알려야 한다는 절실한 심정을 짐작할 수 있다.

드디어 폭풍우가 가라앉고 해가 떴을 때 멀리 섬이 보였다. 이때까지도 선원들은 그들이 어디쯤 와 있는지 파악하지 못했다. 콜럼버스는 아조레스 제도의 섬 중 하나로 생각했고, 도선사들은 카스티야 근처로 생각했다. 그곳은 콜럼버스의 예측대로 아조레스였다. 섬 주민들은 여태까지 한 번도 겪어 보지 못했던 엄청난 폭풍우가 지난 보름 동안 몰아쳤다고 말했다. 그런데 섬에 도착하자마자 이곳 주민들은 포르투갈의 독점권을 위반했다는 이유로 콜럼버스 일행을 체포하려고 했다. 이에 대해 콜럼버스 측은 카스티야 왕과 포르투갈 왕 사이에 이미 약정이 되어 있다고 주장하여 체포를 면했다.

극심한 폭풍우에 시달리고 다시 아조레스 주민들과 갈등을 겪고 난 후, 콜럼버스는 자신이 다녀온 곳을 회상하며 거듭 그곳이 지상낙원이었다는 생각을 하게 되었다.

> 그곳에서는 겨울 내내 닻을 내려야 했던 적이 없고 항상 날씨가 좋았으며, 한 시간도 항해가 불가능한 적이 없었다. 그런데 이 섬에는 심한 폭풍우가 분다. 출항하고 카나리아 제도로 갈 때에도 마찬가지 현상을 겪다가 그곳을 지나자 산들바람만 불고 바다가 아주 평온했다. 결론적으로 제독은 존경할 만한 신학자들과 현명한 철학자들은 지상낙원(parayso terrenal)이 동쪽 끝에 있는데 그 이유는 이곳이 가장 온화하기 때문이라고 말한 것이 맞다고 생각했다. 그러므로 그가 발견한 그 땅이 바로 동쪽 끝이다.(Dunn, 383)

이는 콜럼버스의 중세 지리관을 단적으로 보여 주는 아주 중요한 부분이다. 통상 3차 항해에서 가장 명백하게 지상낙원을 거론한 것으로 알려졌지만, 사실 1차 항해 때에도 이미 그와 같은 특이한 종교적 사고를 드러내고 있다. 그는 귀환 길에 자신이 다녀온 곳을 명백하게 지상낙원으로 언급하고 있다. 이는 단순히 그 지역의 훌륭한 여건을 상징적으로 표현한 것으로 해석할 수도 있겠으나, 후일의 기록을 보면 이때의 '지상낙원'은 문자 그대로 성경에 기록된 에덴동산을 가리키고 있음이 분명하다.

그 후 콜럼버스 일행은 또 돌풍을 만나 위험에 빠졌고, 다시 한 번 신심의 표현 행위로 제비뽑기를 했다. 이번에는 우엘바(Huelva)의 산타 마리아 데 라 신타에 순례를 가는 것이었는데, 이번에도 다시 콜럼버스가 뽑혔다. 그처럼 확률이 낮은 일이 네 번 중 세 번이나 콜럼버스에게 일어난 것은 정말로 이상한 일이 아닐 수 없다. 하여튼 선원들은 하느님께 자신들의 생명을 보호해 달라는 기원을 위해 모두 귀환한 후 첫 일요일에 빵과 물만으로 금식하기로 맹세했다. 이처럼 항해를 마치기 전에 두 번이나 폭풍우에 시달리게 된 데 대해 라스카사스는 특이한 해석을 했다. 이렇게 계속 고난을 당하는 것 자체가 하느님이 콜럼버스를 주목하고 그를 자신의 사업의 도구로 삼은 징표라는 것이다. 이에 따르면 아시아 항해를 할 수 있었던 것이 모두 하느님의 뜻임을 다시 생각하고, 자신을 낮추도록 하는 배려였다. 그러므로 신의 의지를 확인하도록 해 준 폭풍우는 신의 은총이었다.(Crouzet, 209-210)

아닌 게 아니라 항해의 말미에 이런 고난을 당하고 종교적 봉헌을 약속함으로써 이 여행은 일종의 순례가 되었다. 즉, 자신의 죄를 지우고 신에게 의탁하여 갱생을 도모하는 의미가 부여된 것이다. 콜럼버스는 크리스토페렌스(Christoferens, 그리스도를 옮기는 이)이므로 순례자가 되고, 혹은 순례자이므로 크리스토페렌스가 된다. 제비뽑기에서 죄를 지우는 행위의 주체로 콜럼버스가 뽑히는 것은 그가 신의 은총을 입은 인물이라는 의미가 된다.(Crouzet, 203) 그렇게 보면 그가 네 번 중 세 번이나 제비뽑기에서 당첨되었다는 것도 그 사실성을 재고해 보지 않을 수 없다. 물론 실제로 그런 일이 일어날 수도 있었겠으나, 확률이 매우 낮은 일이 그렇게 연거푸 일어난다는 것은 어딘지 자의적으로 고쳐 쓴 느낌을 준다. 콜럼버스 자신이 이 항해의 주인공으로서 구원과 속죄의 순례를 주관하는 인물이 되어야 하므로 참회 행위 역시 자신이 직접 하는 것이 맞는 일이다. 『항해일지』의 서문에 해당하는 편지에서 전체 대의를 살리기 위해 실제 일어난 사건의 작은 정확성에 연연해하지 않고 수정해서 썼듯이, 항해 말미에 등장하는 이 사건들에 대해서도 역시 그와 비슷한 가필이 이루어졌을 가능성이 있다.

이상에서 살펴본 『항해일지』는 콜럼버스의 1차 항해를 단순히 시간별로 정리한 기록 이상의 의미를 띤다. 여기에서 콜럼버스의 항해는 단지 그 한 개인의 행위가 아니라 신의 계시의 발현으로 파악된다. 그런 점에서 기본적으로 나중에 살펴볼 『예언서』와 내적으로 통하는 기록이라 할 만하다.(Crouzet, 55)

콜럼버스의 배는 폭풍우 때문에 스페인으로 직접 가지 못하고 리스본에 들르게 되었다. 이곳에서 콜럼버스는 포르투갈 국왕과 만났다. 리스본 주민들은 처음 보는 인디언들에 신기해했다. 포르투갈 국왕은 콜럼버스와의 만남에서 정중하긴 하되 따지는 기색으로 그들이 포르투갈-카스티야 간 계약을 위반한 사실이 없는지 물었지만, 콜럼버스는 기니 방향으로 간 것이 아니라는 점을 이야기하며 이를 부인했다. 즉, 그들은 서쪽으로 항해한 것이지 남쪽으로 간 것이 아니라는 주장이다. 과거에 콜럼버스의 제안을 두 번이나 거절했던 포르투갈 국왕이 이때 통탄의 말을 했다는 말도 전해온다.(Phillips, 181)

이 선단은 최종적으로 1493년 3월 13일 팔로스 항에 입항하여 역사적인 최초의 아메리카 항해를 마감했다.

아시아의 바다

콜럼버스는 어떤 바다, 어떤 세계를 여행하고 온 것인가? 그의 머릿속에 존재하는 세계는 과연 어떤 모습인가? 『항해일지』를 통해 1차 항해 당시 그가 어떤 세계를 염두에 두고 항해했는지 정리해 보자.(Flint, 4장: Marvels of the East)

콜럼버스의 기록을 보면 그가 아시아의 동쪽 지역을 순방했다고 믿고 있었던 것은 분명하다. 처음에 그는 시팡구 근처의 어느 섬에 상륙했고, 대칸이 살고 있는 중국 대륙이 멀지 않은 곳에 있다고 믿었던 것 같다.[70] 그 섬을 떠나 계속 항해를 하면서 중국과 인도 사이의 해협

70 콜럼버스는 카나리아 제도에서 곧바로 서쪽으로 가면 시팡구에 도착할 것으로 믿었을 가능성이 있다. 카나리아 제도와 시팡구가 같은 위도상에 있다고 생각했기 때문이다. 베하임의 지구의를 보면 그렇게 표시되어 있다.(Fernández-Armesto 1974, 38) 이는 당대

에 근접했다고 생각을 바꾸었다. 그는 금과 은, 허브와 약초 등 각종 아시아 산물 외에 '아시아인들' 몇 명까지 잡아서 유럽에 데리고 왔다. 그렇게 함으로써 자신이 아시아 항해를 했다는 사실을 확실하게 증명하고자 했던 것이다.

당시 그가 마음속에 품고 있던 세계의 모습은 자신의 항해로 인해 더욱 명확해졌다. 자신이 예측했던 곳에 상륙했으니 그렇게 생각하는 것도 당연한 일이었다. 그로서는 피에르 다이이나 마르코 폴로의 책에서 본 내용을 현지에 가서 직접 확인하고 온 셈이다. 현지에 가서 보니 책의 내용이 더할 나위 없이 딱 맞더라는 식이 된 것이다. 무엇보다 10월 12일에 처음 산살바도르에 상륙한 이래 계속 보게 되는 수많은 섬들이 움직일 수 없는 증거였다. 마르코 폴로의 책과 많은 중세 지도에는 아시아의 동쪽 바다에 8천 개 가까운 섬이 존재하는 것으로 되어 있기 때문이다.

그렇지만 혼동을 주는 요소가 없지 않았다. 무엇보다도 콜럼버스와 선원들이 목표로 했던 시팡구가 정확히 어디에 있는지 불명확했다. 항해 중에 시팡구가 나와야 할 터인데 나오지 않은 것으로 보아 혹시 지나쳤을지 모른다고 생각한 적도 있었다. 그렇지만 카리브 제도에 도착한 이후 여러 정황으로 보아 쿠바가 바로 시팡구라는 판단에 이르렀다. 10월 24일 일지에 그는 이렇게 기록했다.

> 이날 밤 나는 이사벨라 섬의 북쪽 카보델이슬레오(Cabo del Isleo)에서 닻을 올려 쿠바 섬으로 향했다. 이곳 주민들 말에 의하면 그 섬은 대단히 크고 상

상당히 널리 퍼져 있던 내용이다. 유명한 천문지리학자인 요하네스 뮐러(Johannes Peter Müller) 역시 그런 생각을 했던 것으로 보인다.(Crouzet, 34)

> 업이 발달했으며, 금과 향신료가 많이 나고, 큰 배들과 상인들이 많이 있다. 그 섬은 남서쪽으로 항해하면 나온다고 한다. 이곳 여러 섬들의 인디언들의 말을 알아듣지는 못하지만 그들이 표시하는 것으로 보건대 나는 그들의 말대로 바로 그 섬이 경이로운 일들이 수없이 거론된 시팡구 섬이라고 믿는다. 내가 보았던 지구의와 세계지도에서도 그 섬이 이곳에 있었다.(Dunn, 113)

콜럼버스는 자신이 보는 지역을 지구의와 지도에서 찾아 확인하고, 더 나아가서 10월 28일에 쿠바로 항해해 가면서는 시팡구와 대륙간 거리까지 계산하고 있다.

> 제독은 대칸의 큰 배들이 그곳에 왔으며, 그곳에서 본토(tierra firme)까지는 열흘 정도의 여행 거리라는 것을 알게 되었다.(Dunn, 119)

그런데 막상 쿠바에 가서 보고는 이곳이 시팡구 섬일 수는 없다고 생각을 바꾸게 된다. 그 이유는 베하임의 지구의를 보면 알 수 있다. 시팡구는 남북 방향으로 길고 동서 방향으로는 상대적으로 짧은 섬이다. 그는 이 섬의 해안을 따라 북서쪽으로 상당히 먼 거리를 항해해 갔는데, 그렇다면 이곳은 시팡구 섬일 수가 없다고 판단한 것이다. 이곳 사람들을 만나고 지형들을 관찰한 다음 11월 1일에 그는 이곳이 중국 해안이라고 확신하게 된다.

> 제독이 말하기를 이곳은 본토가 분명하며, 자이툰과 킨사이로부터 각각 100리그 정도 떨어져 있다. 이는 바다를 보면 알 수 있다. 지금까지와는 다른 방향으로 나 있지 않은가.(Dunn, 129)

그는 이곳에서 방향을 바꾸어 되돌아갔다. 만일 그가 조금 더 항해해 갔다면 이곳이 본토가 아니라 섬이라는 사실을 확인할 수 있었을 테고, 그 방향으로 계속 갔다면 플로리다에 도착하여 아메리카 대륙 본토에 상륙했을 텐데 그런 기회를 놓친 것이다. 그가 아시아 대륙의 동쪽 해안을 따라가고 있고, 그곳이 자이튼과 킨사이의 중간 지점이라고 한다면, 그 둘 중 한 곳을 찾아가거나 방향을 전환하여 시팡구를 찾아가야 한다.[71]

쿠바가 본토라고 하면, 이곳에서 남동쪽으로 항해해 가서 만나게 된 섬, 곧 그가 '에스파뇰라'라고 명명한 섬이 시팡구라 할 수도 있다. 콜럼버스는 처음에 그렇게 판단했지만, 곧 이 역시 문제가 있다는 것이 밝혀졌다. 마르코 폴로나 토스카넬리 혹은 세계 지리를 다룬 모든 문헌들에는 시팡구가 본토에서 멀리 떨어져 있다고 되어 있다. 그리고 그 섬에는 수많은 도시들이 있어야 한다. 에스파뇰라 섬은 그런 조건에 하나도 부합되지 않았다. 콜럼버스는 후일 2차 항해 중에 이 섬을 면밀하게 관찰한 결과 이곳이 시팡구가 아니라 성경에 나오는 섬 중 하나라고 생각했다. 그런 생각의 단초는 그가 읽은 고전 저작들에 나오는 내용이었다. 피에르 다이이는 『이마고 문디』의 24장에서 다시스(Tarshish)를 카타이와 연결하여 서술했다. 콜럼버스는 이 장에 대단히 많은 주를 달았는데, 그 내용은 성경 구절과 교부들의 기록이었

71 마르코 폴로는 대단히 많은 분량을 할애하여 두 도시의 엄청난 부를 소개하였다.(폴로, 152-157장) 마르코 폴로의 책 내용을 따른다면 북쪽보다는 남쪽으로 가는 것이 더 성공 확률이 높다고 콜럼버스는 판단했을 것이다. 북쪽으로 항해할 경우 킨사이에 도착하면 다행이지만, 자칫하면 눈 많고 얼음으로 뒤덮인 황야로 가게 되거나(그가 참고한 피피노 판본에 따르면 그렇다), 폴로와 신드바드가 말하는 괴조(怪鳥) 루크(Rukh)를 만날 수도 있고, 곡과 마곡이라는 위험한 지역으로 가게 될지도 모른다.

다.[72] 그중에는 이런 내용도 있다.

> 다시스 왕국은 동양의 끝 부분인 중국의 동쪽 끝에 위치한다. 솔로몬과 여호사밧이 금, 은, 상아를 배에 실어 보낸 곳이 이 나라의 오빌이라는 지역이다. […] 다시스의 왕이 예루살렘에 주님을 찾아왔는데, 성 제롬이 이야기하듯 1년하고도 13일이 걸렸다.(Flint, 124)

2차 항해 당시 동행했던 쿠네오에 따르면 콜럼버스는 에스파뇰라를 다시스 왕국의 한 섬인 사바(Saba)라고 확신하고 있었다.

> 큰 섬에 도달하기 전에 그는 우리들에게 이렇게 말했다. "여러분, 동방박사 중 한 명이 아기 예수를 경배하기 위해 떠날 때 출발지였던 섬으로 여러분을 데리고 가겠소. 그곳은 사바(Saba)라고 불리는 곳이오." 우리가 그곳에 도착하여 사람들에게 지명을 물으니 그들은 '소보(Sobo)'라고 말했다. 그때 콜럼버스는 그것은 똑같은 말이지만 그들이 발음을 잘못하는 것이라고 설명했다.(Symcox 2005, 97)[73]

72 아시아의 섬들, 특히 금은보화가 나는 섬들을 언급한 성경 구절로는 다음과 같은 것들이 있다: "오빌에서부터 금을 실어온 히람의 배들이 오빌에서 많은 백단목과 보석을 운반하여 오매"(열왕기상 10:11); "왕의 배들이 후람의 종들과 함께 다시스로 다니며 그 배들이 삼 년에 일차씩 다시스의 금과 은과 상아와 원숭이와 공작을 실어옴이더라"(역대하 9:21); "다시스와 섬의 왕들이 조공을 바치며 스바와 시바 왕들이 예물을 드리리로다"(시편 72:10).

73 폴로의 책에도 사바가 나오지만 그곳이 페르시아에 있는 것으로 되어 있다. "페르시아에는 사바(Sava)라고 불리는 도시가 있는데, 예수 그리스도를 경배하러 온 3명의 동방박사가 출발한 곳이다."(폴로, 121) "세 동방박사 가운데 한 사람은 사바에서, 두 번째는 아바에서, 그리고 세 번째는 내가 불을 숭배한다고 한 그 마을에서 나왔다."(폴로, 125)

이상의 논의를 요약하면, 쿠바는 처음에 시팡구였다가 대륙 본토가 되었고, 에스파뇰라는 시팡구였다가 다시스 왕국의 한 섬, 특히 사바로 되었다. 그 옆의 섬인 자메이카는 다시스 왕국의 또 다른 부유한 섬 중 하나가 되었다. 이런 판단은 모두 중세 지도와 고전 지리학에서 근거를 찾았을 것이다. 그는 중세 세계관에서 벗어날 이유가 없었다. 이런 불가변성(inflexibility)은 역으로 그의 사고의 유연성(flexibility)으로 이어진다. 그는 워낙 중세 세계관에 강고하게 집착하므로, 그가 보는 것이 생각과 잘 맞지 않으면 곧 다른 자료에서 새로운 답을 찾아내곤 하는 것이다.(Flint, 130)

이처럼 그가 마음속에 품고 있던 심성 지도는 실제 그가 보는 것에 지배적인 영향을 미쳤다. 그는 이미 책에서 읽어 알고 있는 내용을 현장에서 확인하려 했다. 그래서 어떤 곳을 시팡구라고 생각하면 그 섬에 대해 읽은 내용에 따라 그곳에서 금과 진주, 보석을 찾으려 했다.

지역만이 아니라 사람들에 대한 평가 역시 사전에 그가 가지고 있는 생각이 그의 시각을 좌우했다. 예컨대 쿠바에 들렀을 때에는 이곳 사람들이 무력을 모르며 매우 평화적이라고 기술한다.

> (11월 4일) 이곳 사람들은 전에 이야기했듯이 아주 온순하고 유약하며 나체이고, 또 무기도 법도 없다.(Dunn, 133)

> (11월 6일) 이 사람들은 악을 모르고 호전적이지 않다. 남자건 여자건 모두 처음 태어났을 때처럼 벌거벗고 지낸다.(Dunn, 139)

이런 기술은 그냥 나온 것이라기보다 아시아에 대한 기존의 여러 책에 나온 내용을 반복하는 것이다. 사람들이 벌거벗고 지내며 평화적이라는 것은 마르코 폴로가 중국이나 인도, 혹은 일본에 대해 했던 이야기와 같다. 킨사이의 주민들은 "무기를 다루지도 않고 집에다 갖다 두지도 않는다. 싸움이나 분쟁이 일어났다는 소리는 듣지도 보지도 못했다."(폴로, 381) 세일란 섬 사람들은 "국부만을 가렸을 뿐 모두 벌거벗고 다닌다. […] 주민들은 전사가 아니며 겁이 많고 보잘것없다."(폴로, 440-441) 즉, 나체로 지내는 아시아 사람은 무기를 잘 다루지 못하고 평화적이라는 내용을 이미 알고 있었던 콜럼버스는 이 지역 주민들을 보고 바로 그렇게 단정한 것이다.

콜럼버스가 언급한 여러 사실 중에는 무심히 넘어가기 쉽지만 사실은 그가 읽었던 서적의 내용을 반영하는 경우가 있다. 예컨대 그는 자신이 방문한 여러 지방에서 철제 무기가 없다는 사실을 자주 언급하는데, 이것 역시 실제로 그가 본 사실을 말한다고 할 수도 있겠으나, 어쩌면 그가 읽었던 책에 나오는 아시아 일부 지역의 특이한 성격을 염두에 두고 썼을 가능성도 있다. 맨드빌의 기록에 의하면 아시아 동쪽 지방에는 특별한 효능이 있는 보석이 많아서 이 보석을 지닌 사람에게는 철제 무기가 해를 끼치거나 피를 흘리게 하지 못한다. 그래서 적들은 활 끝에 철로 만든 촉을 다는 대신 다른 물질로 만들어서 공격한다는 내용이 나온다.(Mandeville, 132) 그가 읽은 책들에서 지대한 영향을 받고 있다는 점을 생각해 보면 그런 해석의 가능성도 없지 않다.

이 비슷한 사례들은 그 외에도 많이 찾을 수 있다. 예컨대 쿠바의 아반 지역에서 꼬리 달린 사람을 보았다는 기록은 마르코 폴로의 람브리 왕국(Lambri, 수마트라로 추정)에 대한 기술을 연상시키며,(폴로, 435-436) 보이오라는 섬 사람들은 외눈박이 견두인으로 이들이 칸의 지배하에 있다고 기술하는 11월 23일과 26일의 기록은 폴로의 책에 나오는 안

가만(Angaman) 섬에 대한 기록을 연상시킨다.[74]

그의 항해를 안내한 것은 중세 지리학과 중세 지도임에 틀림없다.

74 "이 섬에 사는 사람들은 모두 머리와 이와 눈이 개의 모양이다. 그들의 머리는 정말로 커다란 마스티프개와 비슷하게 생겼다. 향료가 풍부하며, 사람들은 잔인해서 사람을 잡아먹는다."(폴로, 439)

7. 꿈과 현실

귀환 이후 2차 항해까지

콜럼버스는 꿈에 그리던 서쪽 아시아 항로를 발견했다고 믿었다. 그가 실제로 가지고 온 것은 거의 아무것도 없었지만 그래도 무한한 가능성을 확인했다고 스스로 확신했다. 중세 천 년의 꿈이 이제 실현되려 하는 것이다. 그는 사람들이 자신의 위업을 인정해 주기를 열망했다. 스페인 왕실 역시 국제 경쟁에서 일거에 앞서 가게 되었다고 생각했을 것이다. 스페인은 자국이 얻은 그런 유리한 지위를 가급적 빨리 인정받고자 했다. 이로 인해 조만간 유럽의 국제 무대에서 프로파간다 전쟁이 벌어지게 된다. 아시아에서 거대한 부를 얻을 수 있다는 꿈과 냉혹한 현실세계가 어떤 식으로 정리될 것인가? 콜럼버스는 이제 시간이 흐를수록 지상낙원과 같은 환상적인 이야기에 경도되지만, 국제 무대는 그것과는 무관한 냉정한 법칙이 지배하고 있었다.

콜럼버스의 편지들

콜럼버스는 자신의 발견을 통해 최대한 이익과 영예를 얻으려 했다. 그런데 귀환 항해 중에 자칫 모든 것이 물거품으로 사라질 뻔했다. 앞 장에서 보았듯이 유럽에 거의 도달했을 때 예기치 못한 엄청난 폭풍우를 만나 죽음의 위기에 봉착했던 것이다. 1493년 2월 14일, 이 상황에서 그가 자신의 업적을 적은 편지와 또 누구든지 이 편지를 보면 스페인 국왕에게 전달해 달라는 쪽지를 통에 넣어 바다에 던진 일화는 그가 자신의 명예에 얼마나 집착했는지를 보여 준다(아마도 이 편지는 바닷속으로 영영 사라졌을 것이다).

콜럼버스 선단은 폭풍우를 피하기 위해 리스본에 들른 후 스페인으로 귀환했는데, 그 중간에 콜럼버스는 편지를 다시 정리하여 스페인 왕에게 보냈다. 3월 4일자로 포르투갈 왕과 스페인 왕에게, 그리고 2월 15일자로 루이스 데 산탄헬(Luis de Santángel)과 라파엘 산체스(Rafaél Sánchez)에게 편지를 보낸 것으로 알려져 있다.

그동안 3월 4일자 편지(이를 A라 하자)는 사라진 것으로 알려졌고, 2월 15일자의 편지(통상 산탄헬 서한이라 하는데, 이를 B라 하자)만 알려져 있었다. B 역시 원본은 사라졌지만 여러 종류의 복사본이 보존되어 있다. 이 편지는 곧 유럽 전역에 퍼져서, 콜럼버스의 위업이 세상에 널리 알려지는 데 결정적 역할을 했다. 많은 사람들은 이 편지에서 완전히 새로운 땅, 이상한 사람들, 엄청난 부(富) 같은 이야기에 흥미를 느꼈다. 지금까지 콜럼버스를 이해하는 데에 이 편지가 가장 중요한 자료 중 하나로 이용되어 왔다. 그런데 영원히 사라진 것으로 알려졌던 편지 A가 1989년에 기적적으로 발견되었다. 양자 간에는 비슷한 내용도 있지만 상당히 다른 내용도 들어 있다. 두 편지 사이의 관계는 무엇인지, 그 이면에 어떤 사정이 개재해 있는지 살펴보도록 하자. 우선 그동안 널리 알려져 있던 편지 B, 즉 산탄헬 서한의 내용을 먼저 살펴보는 게 좋을 것 같다.

산탄헬 서한[75]

그가 산탄헬 서한에서 밝힌 내용은 33일 동안 항해하여 아시아에 도착해서 여러 섬들을 발견하고 새로운 이름을 붙였다는 것이다. 예수(San Salvador), 성모(Santa María de la Concepción), 왕실 가족(Fernandina, Isabela, Juana)을 따라 명명하거나 직접 스페인을 이름(Isla Española)으로 지었다.

그가 만난 사람들에 대해서는 무엇보다 벌거벗고 다닌다는 점이 강조되어 있다. 이보다 더 충격적인 내용은 없을 것이다. 이것은 곧 그 지역이 문명보다는 원시 상태 혹은 자연 상태에 가깝다는 느낌을 주었으며, 아담과 이브가 살던 때를 연상시켰다. 실제 그들은 유순하고 평화적이어서 무기를 소지하지 않거나 아주 원시적인 무기만 사용한다. 이들은 유럽 물품에 혹하여 기꺼이 거래를 하지만, 물건의 가치를 잘 몰라 아주 싼 물품에 대해서도 비싼 값을 치르려 한다. 그들은 별다른 종교가 없고 단지 하늘의 뜻만 따르는 소박한 종교 관념만 가지고 있어서 기독교를 쉽게 받아들일 것이다. 그리고 쉽게 일을 시킬 수 있을 것으로 보인다. 그러므로 결국 그들이 우리 종교를 받아들이면서 자연스럽게 우리를 주인으로 맞이하는 것이 다른 종족에 의한 노예화를 막는 데에 도움이 된다는 주장으로 귀결된다. 다만 이곳의 모든 사람이 다 유순하지는 않으며, 사나운 종족도 존재한다. 그들은 식인종으로서, 여자처럼 긴 머리를 하고 활을 쏜다. 콜럼버스는 이들을 붙잡아서 노예로 팔면 이익이 될 수 있다고 보고한다.[76]

75 이 편지는 다음 책에 실려 있다. Cecil Jane, ed., *The Four Voyages of Columbus*, Vol. I (New York: Dover Publications, 1988).

76 카리브인들의 속성인 식인과 긴 머리는 그들이 '천성적인 노예(natural slavery)'라는 사실로 연결된다. 아리스토텔레스에 의하면 태어나면서 어떤 이는 지배자가 되고, 어떤 이

당대 유럽인들은 여러 여행기에서 괴물 이야기를 읽었으므로 사람들이 이 지역에서도 유사한 내용을 기대하리라는 점을 먼저 언급한다. 그렇지만 콜럼버스는 자신이 다녀온 곳에서 그런 종류의 괴물을 직접 보지는 못했다고 보고한다. 다만 쿠바의 아반(Avan)이라는 지역에 꼬리 달린 사람들이 살고 있으며, 또 여자들만 사는 아마존과 유사한 마티니노라는 섬이 있다고 보고한다.[77]

이 편지에서 개진하는 중요한 주장은 이 지역의 개발 및 이익 가능성이다. 그곳의 땅은 "무한에 가깝게 기름지며", 쿠바는 잉글랜드와 스코틀랜드를 합친 것보다 더 크고, 인구도 엄청나게 많으며, 숲에는 과실수가 풍부하고, 기독교권에서는 보기 힘든 각종 희귀한 산물들이 많이 날 뿐 아니라 무엇보다도 금광들이 존재한다는 것이다. 향신료와 면화는 "전하가 요구하는 만큼 얼마든지" 있고, 현재는 지중해 동부의 키오스 섬에서만 나는 매스틱 역시 "전하가 배에 선적하라고 명령하는 만큼 얼마든지" 찾을 수 있으며, 노예 역시 "전하가 명령하는 만큼 얼마든지" 실을 수 있다고 주장한다. 이처럼 그는 늘 좋은 점만 언급한다. 예컨대 배 한 척이 침몰한 사고에 대해서는 아예 언급조차 하지 않는다. 그곳에 나비다드 요새를 건설한 것도 사실 모든 선원이 다 함께 돌아올 배가 부족한 때문이었지만, 전혀 다른 방식으로 설명한다. 그곳은 금 산지와 가까운 곳이며 상업 거래에 유리한 위치이고, 대칸의 제국과 가까운 거리에 있다는 점만 강조하는 것이다. 마치 부동산 개

는 복속하는 자가 된다. 지배자는 온전한 덕성을 갖춘 자로서, 이는 완전한 남성성을 갖춘 엘리트 시민이다. 이런 성질이 결핍된 존재가 여성, 짐승 혹은 지적·도덕적으로 부족한 자이며, 이런 자들이 노예가 된다.(Zamora, 171)

77 콜럼버스는 마티니노 섬이나 식인종 섬 등이 자신이 아시아에 왔다는 결정적인 증거라고 간주했을 것이다.(Crouzet, 197)

발업자의 과장 광고를 연상시킬 정도다.

이 편지 내용은 전혀 사실무근이라고 할 수는 없지만, 허위와 과장이 넘쳐난다. 물론 의도적인 사기라기보다는 어쩌면 콜럼버스 자신이 그런 희망으로 들떠 있었다고 볼 수도 있다. 사실 몇 달 동안 현지에서 탐사한 결과 대칸이 사는 곳으로 바로 찾아가 유리한 거래를 할 가능성은 거의 없다고 생각했을 법하지만, 나비다드 요새를 건설하고 상당한 인력을 배치하였으니 좋은 결과를 기대해 볼 만하다고 판단했을 것이다.

> (에스파뇰라 섬에) 금광을 개발하고 또 본토, 특히 고수익의 교역이 가능한 대칸의 통치 지역과 교류하는 데에 가장 편하고 유리한 곳에 큰 도시를 장악하여 그곳을 나비다드 시(Villa de Navidad)라고 명명했으며, 여기에 성채와 요새를 건설하도록 하였는데, 지금쯤이면 다 완수되었을 것입니다.(Jane, vol. I, 12)

물론 이 보고 내용은 사실과 다르다. 실제 이 지역에서 수익을 낼 수 있는 사업이라고는 기껏해야 면화교역이나 노예무역밖에 없었다. 그러나 그는 냉정하게 모든 것을 계산하는 사업가나 통치자는 아니었으며, 지나칠 정도로 낙관적 전망을 내놓았다.

이 편지를 콜럼버스가 혼자 썼는지 혹은 누군가가 수정한 것인지 명확히 판단할 수는 없다. 여러 정황으로 보건대 아마도 스페인 왕실에서 의도적으로 내용을 수정하고 문체를 고쳐서 유포했을 가능성이 크다. 즉 콜럼버스의 낙관주의만이 아니라 스페인 왕실의 정치적 고려까지 더해진 작품이라고 볼 수 있다.

콜럼버스가 왕궁에 도착하기도 전에 그의 편지는 전 유럽에 퍼져 갔다. 스페인 왕실로서는 이 땅에 대해 소유권을 확실히 굳혀 놓을 필요가 있었을 것이다. 1493년 4월에 바르셀로나에서 이 편지의 첫 번째 판본이 출판되었고, 곧 아라곤의 신부 레안데르 델 코스코(Leander del Cosco)가 이를 라틴어로 번역하여 출판했다. 이해가 가기 전에 바르셀로나, 파리, 앤트워프, 바젤 등지에서 새로운 판본들이 등장했고, 로마와 피렌체에서는 시어(詩語)로 고쳐 쓴 이탈리아어 판도 나왔다.(Phillips, 186-187)

이 편지에서 당장 눈에 띄는 몇 가지 사항들이 있다. 우선 항해 일자를 33일이 아니라 20일로 기록했다는 점이다. 이에 대해 이 자료를 편집한 제인(Cecil Jane)은 단순한 오타일 가능성을 제기하지만, 중요한 정보를 숨기기 위한 의도적 왜곡일 가능성도 크다. 그가 찾아갔던 섬들이 카나리아 제도와 같이 북위 26도에 위치해 있다고 이야기하는 것은 카나리아 제도 이남에서 새로 발견되는 영토는 포르투갈에 속한다고 규정한 알카소바스 조약을 염두에 두었음이 틀림없다. 실제로 포르투갈 국왕이 콜럼버스를 만났을 때 그에게 이 점에 대해 따져 물었다는 것은 앞 장에서 밝힌 바와 같다. 심지어 이 편지 말미에 한 서명도 '2월 25일 카나리아 근처에서(sobre las Yslas de Canarya)'라고 표현하고 있다. 실제로는 아조레스 근처에서 썼음에도 불구하고 이렇게 쓴 것 역시 철저하게 양국 간의 관계를 고려한 결과다. 이 서한으로 보건대 이 시기에 주변국들 간에 기민한 외교술이 작동 중이었음을 어렵지 않게 짐작할 수 있다.

한편으로는 여전히 중세적 꿈의 세계가 펼쳐지지만, 다른 한편으로 세상은 이미 마키아벨리적인 차가운 현실 정치의 시대로 들어가고 있었던 것이다.

새로 발견된 편지

그동안 산탄헬 서한(B)만 알려져 있었기 때문에 연구자들은 이에 근거하여 당대의 사정을 추론해 왔다. 그런데 1989년에 새로운 서한(A)이 발견되어 당시의 사정을 좀 더 세밀하게 이해할 수 있게 되었다. 안토니오 루메우(Antonio Rumeu)가 출판한 서한은 1493년 3월 4일자로 되어 있는 편지의 복사본이다. 일자도 서명도 없는 이 문건은 아마도 필사본 원본을 그대로 베낀 것으로 보인다. 이 편지의 내용이 진짜인지에 대해서는 논쟁이 완전히 정리되지는 않았으나, 많은 학자들은 콜럼버스가 쓴 것이 맞다고 보고 있다.(Zamora, 11)[78]

이제 신대륙 항해 사실을 알리는 콜럼버스의 편지는 두 종류가 되었다. 그런데 두 편지의 내용은 상당히 다르다. 이 둘 사이의 관계는 어떠할까?

우선 그 두 편지를 모두 콜럼버스가 직접 썼는지 혹은 그중 하나를 다른 누군가가 수정한 것인지에 대해 논란이 있다. 루메우는 콜럼버스가 두 편지를 모두 썼다고 보는 반면, 일부 학자들은 콜럼버스가 A를 썼고 B는 다른 사람이 고쳐 쓴 것으로 본다. 문체를 볼 때 대체로는 B가 손을 본 느낌이 든다고 평가된다. 오랫동안 널리 알려진 것은 B뿐이었는데, 이를 보면 신대륙 발견을 기정사실화하기 위해서 스페인 당국에서 일부러 B를 널리 유포했을 가능성이 크다. 그리고 그런 목적을 위해 정략적으로 편지 내용을 변경시켜서 일종의 '살균처리된 판본(sanitized version)'을 만들어서 유포한 듯하다. 정리하면, A가 콜럼버스의 원래 생각에 가깝고, 그것을 수정하여 공식 판본을 만들어 널리

78 이 서한의 영어본은 다음 책에 소개되어 있다. Margarita Zamora, *Reading Columbus* (Berkeley: University of California Press, 1993), appendix.

유포한 것이 B일 것이다.[79]

두 편지를 비교해 보면 우선 한쪽에만 있고 다른 쪽에는 나오지 않는 내용이 있다. 무엇보다 B에는 산타마리아호 사고 내용이 빠져 있다. 『항해일지』 12월 25일자에 나온 것처럼 산타마리아호는 일부 선원들의 부주의와 태만 때문에 암초에 걸려 좌초했으며, 그 때문에 할 수 없이 현지에 나비다드 요새를 짓고 그곳에 사람들을 남겨두고 온 것인데, A에는 이 사실이 있는 그대로 기록되어 있는 반면 B에는 완전히 빠져 있다. 아마도 스페인에 불리한 내용이라 뺐을 가능성이 크다. 또 이와 관련해서 작은 선박이 탐험에 유리하다는 내용도 B에는 빠져 있는데, 이 역시 다른 국가들에게 알려지면 좋을 것이 없는 중요한 정보이기 때문일 것이다. 또 핀송 선장이 자기 이익을 취하느라고 홀로 항해했고 콜럼버스의 명령에 따르지 않았다는 사실 역시 B에 빠져 있다.

두 편지를 좀 더 면밀히 비교하면 같은 내용이라 하더라도 다른 방식으로 서술하여 읽는 사람에게 전혀 다른 의미를 주는 것을 알 수 있다. 몇 가지 사례를 보도록 하자.(Zamora, 14-19)

> A: 그들에게 무엇이든 주면 그들은 자신들이 가지고 있는 것과 교환하려 한다. 심지어 유리 조각 하나 혹은 깨진 그릇 같은 것을 받고 금이나 혹은 그만한 가치의 것을 주기도 한다. 한 선원은 가죽 끈 조각을 주고 금 2½ 카스텔라노를 얻었다. 이 비슷한 일들이 수도 없이 일어났다.(Zamora, 192)

79 알랭 밀루(Alain Milhou)는 새로 발견한 땅에 대해 스페인의 소유를 인정하는 교황칙서를 가급적 빨리 받기 위해 페르난도 국왕과 산탄헬이 이 서한의 출판을 서둘렀을 것으로 추정했다. Alain Milhou, "Le messianisme de Christophe Colomb: tradition hispanique, tradition juive ou tradition joachimite?"(Crouzet, 454, 주 6에서 재인용)

B: 나는 깨진 그릇이나 레이스 바늘 같은 무가치한 것들을 그들에게 주지 말라고 금지시켰지만, 그들은 그런 것들을 얻으면 그것이 마치 세계 최고의 보물인 것처럼 여겼다. 그래서 한 선원은 레이스 바늘 하나를 주고 2½카스텔라노의 금을 얻었고, 다른 사람들은 그보다도 못한 것들을 주고 더 값나가는 것을 얻었다.(Zamora, 14-15)

이 구절은 분명 같은 내용을 가리키지만, A에서는 무지한 인디언들이 속아서 빼앗기는 뉘앙스가 강한 반면, B에서는 콜럼버스의 금지에도 불구하고 인디언들이 콜럼버스 일행이 가진 물품들을 먼저 원해서 교환한 것처럼 기록되어 있다. 콜럼버스 측이 착취한 게 아니라 인디언들에게 책임이 있다는 식이다.

A: 일반적으로 내가 어느 곳을 가더라도 그들은 나와 동료들, 그리고 선박이 하늘에서 왔다고 믿고 존경의 마음으로 맞았다. 바로 오늘까지도 그들은 같은 생각을 하고 있으며, 나비다드 요새의 스페인 사람들과 접촉한 후에도 그 생각에 전혀 변함이 없다. 그래서 어느 거주지에 도착해도 남녀노소가 집집마다 돌아다니며 "나오세요, 와서 하늘에서 온 사람들을 보세요" 하고 외친다.(Zamora, 192)

B: 그들은 나와 자주 만났는데도 여전히 내가 하늘에서 왔다고 생각하며, 그래서 내가 이웃 마을에 가도 이 사람들이 먼저 그 사실을 알고는 집집마다 뛰어다니며 "나오세요, 와서 하늘에서 온 사람들을 보세요" 하고 외친다. 그들이 우리에 대한 믿음을 가지자마자 남녀노소 없이 따라오고, 누구랄 것 없이 놀라울 정도의 사랑으로 우리에게 먹을 것과 마실 것을 가져다주었다.(Zamora, 16)

이 부분은 문맥을 바꿈으로써 읽는 사람이 전혀 상반된 감정을 가지도록 만드는 사례다. A에서는 스페인 사람들이 아주 헐값으로 물건을 얻는 나쁜 행위를 강조하는 부분 바로 앞에 이 내용이 위치해 있다. 그렇게 되면 콜럼버스 일행이 인디언들의 순박함을 악용해서 이익을 본 것이 된다. 그런데 B에서는 그런 교환 행위를 한 데 대해 콜럼버스가 부하들을 꾸짖는 부분 바로 뒤에 이 내용이 등장한다. 그러면 결국 콜럼버스가 윤리적으로 행동했으며 그 결과 인디언들이 스페인 사람들을 하늘에서 온 사람들로 맞아들였다는 식으로 정리된다. 즉, 콜럼버스는 주민들에게 하느님의 말씀을 전하는 사람이며, 다른 사람들의 욕심으로부터 순진한 그들을 보호한 셈이다.

A에는 나오지만 B에서 삭제된 부분도 의미를 잘 따져볼 필요가 있다. 무엇보다도 콜럼버스가 국왕에게 자신의 업적에 대한 정당한 보상을 요구하는 부분이 B에서는 사라졌다.

> 지엄하신 전하, 제가 처자들을 뒤에 남겨 두고 조국을 떠나 당신을 위해 봉사했으며 그러느라고 제가 가진 것을 모두 소진했습니다. 그렇게 7년을 보내면서 천 가지가 넘는 수모와 불명예를 겪었고 많은 고통을 당했습니다. 저는 저를 원하는 다른 어느 군주와도 거래를 하려 하지 않았습니다. 전하가 이 항해를 위해 제공하신 보호는 다른 어느 것보다 저의 간청에 의한 것이었습니다. 저에게 그 어떤 호의도 보여 주시지 않았을 뿐 아니라 약속했던 것도 충족되지 않았습니다. 저는 재물을 축적하기 위해 전하께 호의를 청하지는 않습니다. 저의 목적은 오직 신과 전하께 봉사하는 것이고, 이 인도 사업을 완성시키는 것입니다. 이는 시간이 지나면 명확해질 것입니다. 그래서 저는 당신께 제 봉사의 질에 따라 명예를 허락해 주시기를 앙청합니다.

하느님의 교회 역시 협력해야 합니다. 고위 성직자들과 진실하고 현명한 종교인들을 보내야 합니다. 그리고 이 일이 너무나 위대하고 훌륭한 일이므로, 교황 성하(聖下)께서는 세속적인 탐욕을 벗어나 있고 신과 전하께 진실한 봉사를 할 고위 성직자를 보내셔야 할 것입니다. 그래서 원하건대 전하께서 이 위업을 알리는 서한을 교황청에 보내셔서 제 아들에게 추기경 직을 내려주시도록 해주시기 바랍니다. 제 아들이 아직 나이가 충분치 않지만, 피렌체의 메디치 가문의 아들과 비교해도 나이 차가 그리 크지는 않습니다. 그는 성직을 수행하지도 않았고 기독교에 영예를 돌리는 목적도 없는데도 추기경의 모자를 허락받았습니다. 그래서 이 문제와 관련된 편지를 저에게 주시면 제가 직접 간청하도록 하겠습니다.(Zamora, 195-196)

놀라울 정도로 솔직한 이 청탁 내용이 아마도 콜럼버스가 국왕에게 편지를 쓴 실제적인 목적이었을 수 있다. 그가 평생 염원했던 것은 위대한 업적을 이루어 귀족 작위를 얻고 신분상승을 하는 것이었다. 다름 아닌 그 일에 성공을 거두고 돌아오는 길에 국왕에게 편지를 보내 자신과 아들에게 그가 이룬 성과에 걸맞은 대접을 해달라고 요구한 것이다. 그런데 B에서는 이 내용이 완전히 사라졌다. 그 결과 콜럼버스의 항해는 개인적인 차원의 업적과 보상, 이익 추구와는 무관한 영웅적이고 헌신적 행위로 치장되었다. 사실 국왕이 교황청에 부탁하여 아들에게 추기경 직을 내려달라는 투의 내용을 전 유럽에 알리는 것은 결코 바람직하지 않았을 것이다. 그러므로 스페인 측이 편지 내용을 잘 가공한 후 유럽 전역에 유포했을 때 이 내용이 빠지게 되었을 개연성이 크다.

또 한 가지 결정적인 차이가 있다. A에서는 이 항해의 성과를 통해 성지 회복을 위한 군사비를 확보한다는 내용이 명시되어 있다.

내 결론은 이렇습니다. 모든 선함과 덕성의 근원이신 주님, 그분의 길을 따르는 모든 사람들에게 호의를 베푸시고 승리를 가져다주시는 주님의 은총에 힘입어, 오늘부터 7년 안에 예루살렘 정복 전쟁을 위해 5천 명의 기병과 5만 명의 보병을 동원할 자금을 전하께 드릴 수 있을 것입니다. 그것이 이 사업의 목적이었습니다.(Zamora, 194-195)

이 또한 놀라운 내용이다. 그는 7년 안에 예루살렘을 정복하는 전쟁을 하자는 주장을 펼치고 있으며, 그의 '인도 사업'이 바로 그런 목적으로 이루어졌다고 보고하는 것이다. 그가 아시아에 가려 한 이유는 막대한 보물을 확보해 예루살렘 성지를 회복하는 십자군전쟁을 하고, 그리하여 스페인이 세계 기독교권 중심 국가의 지위를 차지하도록 한다는 것이다. 이와 같은 종교적 내용은 B에서는 완전히 빠져 있다. 결론 부분의 차이로 인해 A는 중세적 십자군운동의 성격이 강한 반면 B는 훨씬 세속적인 성격이 되었다. 이는 정말로 흥미로운 의미 변화다. 왜 이런 변화가 일어났는지는 정확히 알 수 없고 단지 추측만 할 수 있을 뿐이다. 사실 콜럼버스가 지상낙원을 언급하고 예루살렘 정복 같은 종교적 사안에 대해 언급을 많이 한 것은 주로 3차 항해 이후의 일이라고 알려져 왔다. 그렇지만 이 편지를 보면 콜럼버스는 첫 항해 당시 이미 그런 구상을 하고 있었음을 알 수 있다. 앞에서 보았듯이 그의 『항해일지』의 마지막 부분에는 지상낙원과 관련된 이야기가 이미 등장한다. 이와 함께 생각해 보면 콜럼버스의 심성에서 종교적 목적은 통상 생각했던 것보다 이전 시기부터 강하게 자리 잡고 있었다고 할 수 있다.

그렇다면 B에서는 이 부분이 왜 빠지게 되었을까? 그 이유를 명확히 알 수는 없지만, B가 스페인 당국이 유럽 각지에 그들의 성과를 알리려는 표준화된 성격의 문건이었다면 일단 십자군운동과 같은 무모해 보이고 불명확한 요소를 배제하고 현실적인 정치·외교적 사업의 성격을 강화시켰을 것으로 생각할 수 있다.

콜럼버스의 원래 생각이 편지 A와 가깝다면, 그의 사고는 매우 흥미로운 특징을 보여 준다. 그는 우리가 지금껏 생각했던 것보다 훨씬 더 세속적인 동시에 훨씬 더 종교적이다! 자기 아들이 추기경 직을 얻을 수 있도록 교황에게 부탁해 달라는 지극히 속된 요구를 하는 내용과 대규모 십자군을 동원해 예루살렘을 회복하여 하느님의 거룩한 뜻을 이루고자 하는 내용이 하나의 글 안에 동시에 나온다. 이는 우리에게 모순으로 보일지 모르지만 오히려 그 당시 사람들의 사고방식에 더 가깝다고 볼 수 있다. 지극히 강한 세속적 욕망과 성스러운 헌신이 모순되지 않고 잘 합치될 수 있다는 사실 자체가 지금 우리와 현격히 다른 사고방식이다.

콜럼버스 소식의 전파

우리는 흔히 콜럼버스가 귀환하자마자 곧 유럽 전역에 이 소식이 전해지고 사람들이 모두 큰 충격에 빠졌다고 생각하는 경향이 있다. 그러나 과연 그것이 사실인지는 불명확하다. 일면 콜럼버스의 소식이 매우 빨리 전해졌다고 볼 수 있는 측면도 있지만,[80] 다른 한편 일반인들이나 지식인들 세계에 제대로 전달되지 않았다고 판단할 근거도 많다. 예컨대 당대 최고의 지식인이었던 마키아벨리(Niccoló Machiavelli)나

80 오스만 제국의 제독인 피리 레이스(Piri Reis)가 1513년에 작성한 지도의 일부가 남아 있는데, 이 지도에는 브라질을 비롯한 아메리카 지역이 매우 정확하게 그려져 있다. 아마도 콜럼버스의 정보가 이미 오스만 제국으로 전해졌을 가능성이 높다.(Varela, 82-83)

귀치아르디니(Francesco Guicciardini)의 저술에는 콜럼버스나 신대륙에 관한 언급이 단 한 번도 등장하지 않는다.

콜럼버스가 서쪽 항로를 통해 낯선 섬들을 보고 왔다는 소식은 당시 유럽에 어느 정도 알려졌을까? 이 문제에 대해서는 관련 사료에 따라 답이 달라질 수밖에 없다. 현재 자료가 많이 개발된 지역으로는 이탈리아를 들 수 있다. 이 나라의 귀족이나 상인들의 서한이나 일기에 콜럼버스의 사업 이야기가 등장하는 것을 추적하여 당시 이 소식이 어느 정도로, 그리고 어떤 방식으로 전해지는지 추론할 수 있다.

가장 이른 시기의 자료 중 하나는 알레그레토 알레그레티(Allegretto Allegretti)라는 시에나 출신 은행가·환전상의 일기다.

> 1493년 4월 25일. 갤리선들을 지휘한 선장인 콜럼버스는 다양한 관습을 가진 다양한 사람들을 만났다. 그는 금과 향신료가 많이 나는 섬을 발견했고 또 어떤 섬들은 사람들이 일하지 않고 땅에서 나는 것만으로 살아간다. 한 섬에 사는 사람들은 이웃 사람들을 잡아먹으며, 그래서 서로 원수이지만, 이들에게는 무기가 없다. 이곳 바다는 아주 고요한데, 이 지역 사람들은 큰 나무줄기를 날카로운 돌로 파낸 배를 이용해서 오간다. 우리는 이 사실을 스페인에 있는 우리 상인들의 편지들에서 알게 되었으며, 또 몇몇 사람들이 말하는 것을 통해 알게 되었다. […] 그들은 스페인 사람들에게 젊은 처녀들을 바쳤다. 그들은 우리의 관습, 의복, 그리고 우리 거래 관행들을 관찰한 다음 신으로 여겼다.(Symcox 2005, 155-156)

이 일기에 나오는 내용은 분명 산탄헬 서한에 근거한 것이다. 당시 유럽 각지에 지점을 설치하고 사업을 운영하는 회사는 사원들 간에 상업통신을 통해 중요한 정보를 주고받았는데, 그러는 가운데 콜럼버스 관련 소식이 전해진 것으로 보인다. 특히 상인들에게 중요한 사항인 금과 향신료에 대해 관심을 피력하는 외에, 식인종 이야기도 흥미롭게 나누고, 카누("큰 나무줄기를 날카로운 돌로 파낸 배") 이야기도 전하고 있다.

1493년 3월 31일에 콜럼버스가 세비야에 도착했고, 4월 초에 산탄헬 서한이 인쇄되어 퍼지기 시작했는데, 4월 25일에 이탈리아 지방 도시의 상인이 일기에 그 편지 내용을 기록한 것을 보면 당시의 교통 및 통신 사정을 감안할 때 이 소식이 상대적으로 빨리 전파되었음을 알 수 있다. 다만 그 내용 중에는 변형·왜곡된 정보도 들어 있다. 범선이 아니라 갤리선을 타고 갔다는 부분도 그러려니와, 스페인 사람들에게 젊은 처녀들을 바친다는 내용은 원문에 없는 것들이다.

이 무렵 이 소식이 어떤 방식으로 전파되고 있는지를 보여 주는 흥미로운 사례로 자코모 트로티(Giacomo Trotti)의 1493년 4월 21일자 편지를 들 수 있다.[81] 트로티는 페라라 공작인 에르콜레(Ercole) 1세를 위해 일하는 밀라노 주재 대사인데, 자신의 상관에게 정보를 제공할 목적으로 이 편지를 보냈다. 그 내용은 또 다른 편지 사본을 전달하는 내용이다. 그 사본은 제노바 상인 아니발레 데 젠나로(Annibale de Zennaro)가 밀라노에 있는 자신의 형에게 보낸 것인데, 그 사본 역시 또 다른 편지의 사본이다. 이 모든 복사본의 원본 편지는 밀라노에 거주하는 스페인 대사가 자기 형에게서 받은 것으로, 스페인 대사는 바르셀로나에서 스페인 국왕과 함께 있었다고 한다. 아마 제일 처음의 정보는 산탄헬 서한으로 보인다. 그러니까 다시 정리하면 원래 산탄헬 서한이 있고, 이를 본 사람이 바르셀로나에서 그 내용을 소개하는 원본 편지를 써서

81 혼동을 피하기 위해 이 자료집은 'Reports'라고 약칭하기로 한다.

밀라노의 동생에게 보냈다. 이 원본 편지의 사본을 젠나로가 얻어 밀라노에 있는 동생에게 보냈고, 이 사본의 사본을 트로티가 얻어 페라라의 자기 상관에게 보낸 것이다. 당시 정보의 소통 과정은 이렇게 편지 사본이 만들어져 퍼지는 방식이었다. 적어도 스페인과 이탈리아 사이에는 상인 및 귀족들 사이에 정보가 상당히 원활하게 전달되고 있었다. 산탄헬 서한이 세상에 나온 지 얼마 안 된 시점에서 여기에 관심을 둘만한 사람들이 빠르게 서로 전달하고 있으니 말이다. 이렇게 여러 번 전달되는 과정에서 당연히 정보의 왜곡 가능성도 생각해 볼 수 있다. 실제로 이 편지의 주요 내용은 산탄헬 서한을 근거로 한 것이되, 많은 정보가 변형되었음을 알 수 있다. 주요 내용은 다음과 같다.

> 국왕께서는 콜럼버스라고 하는 자의 간청에 네 척의 카라벨선에 의장을 갖추어 주었다. […] 그는 서쪽으로 곧장 가서 아시아로 가고자 했다. 왜냐하면 지구는 둥글기 때문이다. […] 그 자신이 쓴 편지 내용에 따르면 –그 편지는 내가 직접 본 바 있지만–34일 만에 큰 섬에 도착했다고 한다. 그곳에는 올리브색 피부를 가진 벌거벗은 사람들이 사는데, 이들은 싸우는 기술이 전혀 없고 아주 소심하다. […]
>
> 그들과 손짓 그리고 다른 방법을 통해 이 섬들이 인도의 섬들이라는 사실을 알았다. […] 그들은 수없이 많은 섬들을 보았는데, 그중 큰 섬 두 개가 있는데 하나는 잉글랜드-스코틀랜드보다 크고 다른 하나는 스페인보다 크다. […] 이곳에서는 후추와 알로에가 날 뿐 아니라 강에서 금을 얻는다. […] 그곳에는 법도 없고 종교도 없는데, 다만 그들은 모든 것들이 하늘에서 왔다고 믿는다. 즉 만물의 창조자가 그곳에 있다고 믿는다. 이런 이유 때문에 그는 그들이 쉽게 가톨릭 신앙을 받아들일 것이라고 기대한다. 그리고 그는 또 꼬리 달린 사람들이 태어나는 지방에 가까이 갔다고 말했다.(Reports, doc.1, 27)

많은 부분은 산탄헬 서한의 내용이고 또 표현도 거의 그대로다. 그런데 미묘하지만 산탄헬 서한의 원래 내용과 다른 부분들도 보인다. 현지 주민들이 벌거벗고 다닌다는 내용은 자주 나오지만 이 자료에는 그들의 피부색이 올리브 빛깔이라고 기술되어 있다. 위도에 따라 사람들의 피부색이 달라지며, 남쪽으로 멀리 갈수록 피부색이 짙어진다고 믿고 있었으므로, 주민들의 피부색이 '올리브 빛깔'이라는 것은 그 지역의 대체적인 위치와 속성을 가늠하는 데에 매우 중요한 정보다. 현지 주민의 피부색은 원본 편지에는 나오지 않으니, 이것은 다른 정보에 근거한 것이다. 아마도 선원들이 말한 내용이 더해진 것일 수 있다. 또 산탄헬 서한에는 주민이 소심하고 호전적이지 않으며, 또 그들이 상당히 지적이고 기독교에 수용적이라는 내용이 나오는데, 이 자료에는 여기에 더해서 그곳 사람들이 유일신 창조주를 믿는다는 내용이 추가되어 있다. 이 역시 다른 출처에서 얻은 내용을 더한 것 같다.

이 편지를 주고받은 사람들 역시 콜럼버스가 보고 온 지역이 중국과 인도의 일부라고 믿는 것은 당연한 일이라 할 것이다. 그리고 아시아에 대해 사람들이 가지고 있는 고정관념 그대로 금이나 향신료 등이 대단히 많이 난다는 식의 과장을 따라하고 있다. 꼬리 달린 사람 이야기를 그대로 믿는 것도 특기할 만하다. 분명 이 편지의 말투로 보면 그것을 의심하고 있지는 않다. 인어, 여인국, 식인종, 견두인 등을 사실로 믿는 콜럼버스의 생각이 결코 그 혼자만의 기이한 사고가 아니라 당대 유럽인들이 공유하는 심성임을 확인할 수 있다.[82]

82 이 편지를 받은 에르콜레 경은 트로티에게 4월 25일자로 답신을 보냈다.(Reports, doc. 3, 29) 그는 이 소식을 아주 흥미롭게 보았으며, 언급한 바 있는 사본(곧 산탄헬 서한 사본)을 빨리 구하여 보내라는 내용이다. 트로티는 그로부터 보름 뒤인 1493년 5월

당시 유포되던 소식 중에는 핵심적인 정보가 틀리게 적혀 있는 경우가 많았다. 1494년 3월 19일자 카디스에서 보낸 잠바티스타 스트로치(Giambattista Strozzi)의 편지에는 이런 내용이 쓰여 있다: "이 섬들은 43도 너머로 펼쳐 있고, 북위 26도부터 적도 이남 31도까지 걸쳐 있다."(Reports, doc. 13) 이는 도무지 말이 안 되는 정보로서, 스페인 측이 일부러 왜곡된 정보를 흘려서 그들의 소중한 해외 식민지 자산을 보호하려는 의도로 보인다.

이처럼 1493년 4월까지는 간접적으로 전해들은 내용을 전하는 서한들이 돌고 있었고, 4월 말부터 산탄헬 서한이 회람되고 있었다. 이제 출판된 판본이 소통되면서 왜곡된 정보는 줄고 원래 스페인 당국이 원하는 표준 판본이 제법 빠르게 소통되고 있었던 것 같다.

교황청의 인가

콜럼버스가 '발견'의 소식을 가지고 귀국하던 시기에 스페인으로서 가장 시급한 문제는 이 사업 성과를 자국의 것으로 공인받는 일이었다. 산탄헬 서한을 자국에 유리하게 조정하여 각지에 유포하는 것도 그런 목적을 위한 방안 중 하나였을 것이다. 중요한 것은 그것을 공식적으로 인정받아야 한다는 점이다. 무엇보다 스페인은 포르투갈과 해외 사업에서 경쟁하던 중이었으므로 포르투갈이 이를 인정하도록 만드는 것이 핵심 과제였다. 당시에는 교황청의 승인이 무엇보다 중요했다. 종교개혁 이전 시기인 이 당시의 교황청은 세속 국가들보다 상위의 권위를 주장하고 있고, 특히 가톨릭 신앙에 철두철미한 스페인과

10일자 편지를 통해 밀라노에서 산탄헬 서한을 확보하여 이를 페라라에 보냈다고 전한다.(Reports, doc. 8, 37)

포르투갈은 오늘날의 관점에서 보면 의아할 정도로 교황청의 결정 사항을 준수하기 위해 노력했다.

콜럼버스가 바르셀로나에 도착하기도 전에 스페인 측에서는 이 문제를 논의하기 위해 교황청과 포르투갈 왕실에 사절을 보냈다.(Phillips, 188) 스페인으로서는 다행히도 당시의 교황 알렉산더 6세는 보르지아 가문 출신으로(Rodrigo Borja, 이탈리아식으로는 Borgia), 스페인 측 지지를 통해 교황이 된 인물이어서 그런지 1493년에만 스페인에 유리한 교황칙령(bull)을 네 개나 발했다.[83] 칙령들의 명칭과 일자는 다음과 같다(편의상 A, B, C, D로 칭하기로 한다).(Reports, doc. 5, 6, 7, 11)

A. Eximie devotionis (1493년 5월 3일자)
B. Inter cetera 1 (1493년 5월 3일자)
C. Inter cetera 2 (1493년 5월 4일자)
D. Dudum siquidem (1493년 9월 25일자)

그 내용을 간략히 살펴보면, A와 B는 콜럼버스가 발견한 그리고 앞으로 발견할 지역이 카스티야, 즉 스페인의 소유라는 내용이다. 칙령 A와 B는 거의 같은 내용이며, 다만 A가 다소 소략한 정도다. C는

83 교황 알렉산더 6세는 평판이 지극히 안 좋았다. 그는 비밀리에 결혼해서 아이를 7명이나 낳았고, 자기보다 40년이나 젊은 여인을 첩으로 데리고 있었다. 1492년에 교황이 된 것은 돈으로 산 것이나 다름없었다. 교황청 안에서는 미식과 섹스에 탐닉한 것으로 알려져 있다. 한번은 파티를 열어 참가한 사람들에게 정력 콘테스트를 해서 우승한 사람에게 실크 튜닉을 상품으로 주었다. 그는 스페인의 발렌시아 출신이어서 스페인에 유리한 결정을 내린 것으로 평가된다. 그라나다 재정복 당시에는 교황청에서 이를 기념하는 투우대회를 개최하기도 했다. 그러나 이런 일화들은 자칫 흥미 위주의 과장이 개재되어 있을 가능성이 있으므로 면밀한 재검토가 요구된다.(Dugard, 13-14)

아조레스와 카보베르데의 서쪽 100리그(375-400마일) 지점을 남북으로 가로지르는 선을 스페인과 포르투갈의 해외 식민지의 경계선으로 하여 그 서쪽을 스페인령, 동쪽을 포르투갈령으로 정한다는 내용이다. D는 C의 내용을 다시 확인하되 구분선을 더 서쪽으로 옮겼고, 서쪽 혹은 남쪽 루트를 통해 발견할 땅이 모두 스페인 소유라는 점을 밝혔다. 이 칙령들이 아메리카 영토에 대한 권리를 규정하는 교황청의 기본 틀이 되었다. 그러나 마지막 칙령에 대해 불만을 품은 포르투갈 측의 항의가 받아들여지지 않자 포르투갈은 스페인과 직접 담판하여 양국 간에 개별적인 합의 조약을 맺었다. 이것이 토르데시야스(Tordesillas) 조약이다.

이 칙령들은 교황청이 포르투갈에게 1454-81년 동안 발행했던 것과 유사한 형식과 내용이다. 그것들은 포르투갈이 아프리카를 탐험하여 발견한 땅에 대한 권리를 인정하는 것이다. 교황청은 비기독교권 땅에 대한 권리를 늘 이런 식으로 인정해 왔다. 그리고 그때마다 이방인에 대한 가톨릭 전도를 중요한 의무사항으로 부과했다. 콜럼버스의 경우에도 마찬가지로 사업의 성격을 전도의 관점에서 해석하고 스페인 국왕에게 전도의 의무를 부과했다.

이제 각각의 칙령에 대해 자세히 살펴보도록 하자.

칙령 A는 콜럼버스가 발견한 땅에 대한 권리를 스페인에 인정한다는 것을 선언한 첫 문서다. "당신 혹은 이 목적을 위해 당신이 지정한 특사들이 발견한 혹은 앞으로 발견할, 대양의 서쪽 멀리 위치한 알려지지 않은 모든 대륙과 섬들"을 카스티야 왕실의 소유로 승인한다는 것이 중요한 내용이다. 특히 이전에 포르투갈의 여러 왕들이 아프리카, 기니, 엘미나에서 섬들을 발견했는데, 교황청이 그 특권을 인정해 주었다는 것을 언급하며, 이 문서를 통해 카스티야 왕실 역시 유사

한 특권을 누린다는 점을 언급하고 있다.(Reports, Introduction, 30)

칙령 A가 이 사실만 간략히 언급한 데 비해 칙령 B는 훨씬 더 풍부한 내용을 담고 있다. 이 문서는 무엇보다 스페인의 해외 관할 영토를 승인하는 동시에 그것을 전도 사업과 연관짓고 있다.(Reports, Introduction, 31-34) 우선 스페인 측이 그동안 국토 재정복 운동에 기울인 각별한 노고를 언급하고 "그라나다 왕국을 사라센 지배자에게서 탈취할 때"와 비교한 후 이방인에 대한 선교를 언급한다: "당신들은 먼 지역의 땅을 발견하여 그곳 주민들이 우리 구세주를 영접하고 가톨릭 신앙을 받아들이도록 노력했다." 바로 그런 목적을 위해 콜럼버스를 서쪽으로 파견했으며, 그 결과 "신성한 힘의 도움을 받고 또 지대한 노력을 기울이며 인도로 가기 위해 대양을 서쪽으로 항해하여 아주 먼 곳에서 지금까지 다른 사람들에게 발견되지 않았던 섬들과 본토를 발견하였다."

이 문서는 그 지역 주민의 특성을 이렇게 서술한다: "그들은 벌거벗고 돌아다닌다. […] 그런데 그들은 하늘에 한 분의 창조주가 존재하는 사실을 믿으며 또 가톨릭 신앙을 받아들일 준비가 되어 있다." 이처럼 유일신을 믿는 성향은 전도 가능성의 근거가 된다. 아울러 "그곳에는 금과 향신료, 그 밖에 값비싼 물품들이 많이 난다"는 점도 지적한다. 그렇다면 주민들이 유일신을 받아들일 가능성이 보인다는 점과 그곳에 탐나는 물건들이 많이 난다는 점이 내적으로 연결되어 있다고 볼 수 있다. 이방인 세계를 기독교화하고 동시에 그로부터 물질적으로 큰 이익을 얻자는 것은 콜럼버스 시대에 유럽인들이 대개 공유하던 사고방식이었다. 그에 뒤이어 칙령 A에 기술된 것과 같은 사항, 곧 포르투갈에 허락했던 것과 유사한 방식으로 권리를 인정한다는 점을 밝히고 있다. 주목해야 할 점은 바로 이 사항이 다음 문서인 칙령 C에서 삭제되었다는 사실이다. 이는 포르투갈이 교황청에 직·간접적으로 압력을 가한 결과로 보인다.

A와 B 두 문서는 모두 같은 날(5월 3일) 반포된 것으로 되어 있으며, 바로 다음 날 또 다른 칙령 C가 반포되었다. 문건 C에서 가장 중요한 점은 양국 간 해외 관할 식민지 영토의 경계를 제시했다는 점이다. '아조레스 제도와 카보베르데 제도로부터 서쪽으로 100리그 서쪽 및 남쪽 지점에서 북극에서 남극을 연결하는 선'을 양국 간 관할 영토의 기준선으로 삼아 그 서쪽이 스페인 관할이라고 정했다. 주목할 점은 이 기준선 서쪽의 모든 영토가 아니라 "다른 기독교 군주의 지배하에 있지 않은 땅"을 발견하면 스페인에게 권리를 인정한다는 것이다. 아시아에 '기독교 군주'가 지배하는 국가가 혹시 있다면 그것은 스페인이든 포르투갈이든 빼앗을 수 없다는 단서조항인 셈이다. 왜 굳이 이런 내용을 넣었을까? 이는 사제 요한 왕국을 염두에 둔 것이 분명하다. 사제 요한 왕국은 현재 우리가 보기에는 허황된 신화에 불과하지만 당대 유럽인들에게는 여전히 유효한 외교적 고려 사항이었던 것이다.

그리고 그 구분선이 왜 카보베르데 서쪽 100리그일까? 그것이 아무런 의미 없이 대충 타협한 거리일까? 정확한 이유를 알 수 없지만, 한 가지 고려할 점은 『항해일지』 9월 17일자에 기록되었고 3차 항해 중에 다시 거론되는 특이한 사항, 즉 아조레스 서쪽 100리그 정도에서 북극성의 고도와 바다 식생, 기후 등이 변한다는 관찰과 무관치 않아 보인다. 그는 이 지점을 기점으로 하여 지구 전체의 지형이 서쪽에서 동쪽으로 서서히 '올라간다'고 말했다. 그러므로 이 기준 역시 배후에 신비주의적인 지리학 요소가 작용했을 가능성이 크다.

이 결정적인 사항 외의 내용은 앞의 문건들과 대부분 같다. 그런데 여기에서도 미묘하게 표현이 바뀐 부분들을 찾을 수 있다.(Reports, Introduction, 34-37) 예컨대 칙령 B에는 "인도를 향해 서쪽 방향으로 대양을 항해하여"로 되어 있는데, 칙령 C에는 그 가운데 "인도를 향해 서쪽 방향으로"라는 부분이 생략되어 있다. 이는 매우 미묘하고도 민감한 문제다. 이미 아시아에 진입한 포르투갈 측이 볼 때, 스페인 선원들이 반대 방향에서 아시아에 들어오는 데 대해 거부감을 가질 수밖에 없다. 또 앞 문서들에는 "et ipsum nomen Salvatoris nostri in partibus illis inducatis(당신들은 바로 우리 구세주의 이름을 저 지역에 세워야 할 것이다)"라고 표현한 문장에서 마지막 단어 "inducatis"(2인칭 복수 접속법 현재)를 "inducatur"로 바꾸었다. "you should bring"(스페인 측이 주도하여 그렇게 한다는 의미)에서, 수동태인 "be brought(그렇게 되어야 한다)"로 바뀐 것이다.[84] 이는 전도의 주체가 꼭 스페인만이 아니라는 의미다. 정황으로 보건대 포르투갈 측이 자국에 불리한 부분을 지적하여 변경한 것으로 보인다.

여기에서 칙령 A와 B, C 사이의 관계에 대해 생각해 볼 필요가 있다. 우선 일자 문제가 있다. A와 B는 모두 5월 3일자이고 C는 5월 4일자다. 그러나 이를 문자 그대로 믿을 수는 없다. 교황청 문서는 문서 발행 일자를 실제보다 앞으로 하거나 뒤로 하는 일이 흔했기 때문이다. 사실 5월이면 콜럼버스가 귀환하고 고작 두 달이 지난 시점이다. 그러므로 포르투갈이 교황청에 항의하여 개입할 여유가 없었을 것이다. 아마도 5월에 포르투갈 대사가 교황청에 도착했을 터이니, 하루 만

84 "et ipsum nomen Salvatoris nostri in partibus illis inducatur"는 "바로 우리 구세주의 이름이 저 지역에 부여되어야 한다"로 번역될 수 있다. 이렇게 고칠 경우 의미 차이는 한국어로 포착되지 않지만 기묘한 변형이 일어나게 된다. 3인칭 단수 수동태 접속법은 일반적으로 '일반화(generalisation)'의 기능을 담고 있으므로 결과적으로 포르투갈에도 그 지역에 대한 권리가 허용된다는 뜻을 가지게 된다. 라틴어 해석 문제는 서울대학교 인문대 HK 사업단 안재원 교수의 도움을 받았다.

에 내용을 고친 칙령이 나올 수는 없는 일이다. 추측컨대 여름 내내 문건의 수정 방향을 놓고 토론했을 것이다.(Reports, Introduction, 12) 그러므로 칙령 A와 B는 아직 포르투갈의 항의가 제기되기 전에 스페인의 주장이 주로 반영된 문건일 터이고, 포르투갈 측이 항의한 내용이 반영되어 6월쯤 나온 것이 칙령 C이며, 모든 문서의 일자는 후에 조정되었을 것이다.

곧이어 9월 25일자로 칙령 D가 나왔는데, 이때쯤이면 콜럼버스가 다음 항해를 준비하고 있어서 교황청은 가부간에 최종 의견을 제시해야 했다. 이 문건은 앞의 것과 기본적으로 유사한 내용을 담고 있지만, 앞으로 발견할 모든 섬과 땅에 대해 교황청이 스페인에 대해 권리를 인정한다는 내용을 다시 명확히 하는 동시에 중요한 추가 사항을 넣었다. "서쪽과 남쪽으로 항해해 가면 이미 발견된(즉, 포르투갈이 권리를 가진) 땅의 동쪽에 닿게 될 것"을 거론한 후, "인도의 서쪽 혹은 남쪽 혹은 동쪽 지역들"을 스페인의 관할로 인정하고 있는 것이다. 이는 명백하게 포르투갈 측에 불리한 내용이었다.(Crouzet, 239) 포르투갈이 이에 강하게 항의하였지만 받아들여지지 않았다.[85]

교황청의 이러한 결정에 대해 포르투갈 측이 반발한 결과 토르데시야스 조약의 체결(1494년 6월 7일)로 이어졌다. 교황 칙서의 내용이 포르투갈에 지나치게 불리하다는 항의가 받아들여지지 않자 포르투갈 국왕 주앙은 직접 스페인의 두 국왕에게 접근하여 개별적으로 상호 합

85 여기에서 주목해 볼 한 가지 문제는 칙령 D가 "모든 발견된 땅"이 콜럼버스의 소유가 아니라 스페인의 소유임을 말하고 있다는 사실이다. 이는 산타페 각서와는 다른 사항이다. 후일 콜럼버스의 후손들이 국가를 상대로 소송을 벌일 때 이것이 스페인 왕실에 매우 유리한 근거가 된다.(Dugard, 34-35)

의 조약을 맺은 것이다. 그 내용은 잘 알려진 바와 같이 양국의 경계선을 아조레스와 카보베르데의 서쪽 100리그가 아니라 370리그(1,380-1,480마일)로 이동시킨 것이다. 이 조약은 스페인의 두 국왕이 1494년 7월 2일에 비준하고, 뒤이어 포르투갈 국왕이 9월 5일에 비준함으로써 정식으로 효력을 지니게 되었다. 물론 교황청과 두 나라가 마음대로 세계를 잘라서 관할권을 정하는 것을 다른 유럽 국가들이 흔쾌히 받아들이지는 않았다. 그리고 유럽인들이 전 세계를 지배하고 더 나아가서 주민들을 착취하고 노예화할 가능성을 열어 주는 데 대해 누구도 동의할 수는 없다. 그러나 이 시점에서 가장 선두에 서 있던 양국이 그와 같은 결정을 내리고 서로 준수한 것은 매우 중요한 결과를 가져왔다. 예컨대 포르투갈은 이러한 결정에 의해 아프리카, 아프리카 해안의 항로, 그리고 브라질을 식민지로 확보했다.[86]

86 이 때문에 당시에 포르투갈이 브라질에 대한 정보를 이미 비밀리에 가지고 있었으리라고 추측하는 학사들도 있다.(Dugard, 16) 그 후에도 교황청은 칙령을 통해 양국의 아시아 사업 관련 내용들을 정리해 주었다. 섬에서 십일조를 거두는 것을 승인한 알렉산더 6세의 교황칙령(1501년 11월 16일자)(Reports, doc. 28), 에스파뇰라에 대주교좌와 두 개의 주교관구를 설립하기로 한 율리우스 2세의 교황칙령(1504년 11월 15일자)(Reports, doc. 31) 등이 그런 사례들이다.

8. 2차 항해

'발견'에서 '식민화'로

신비의 땅을 보고 돌아온 콜럼버스는 국왕에게 보고한 후 곧 다시 그곳에 찾아가려는 자신의 구상을 제시했다. 그는 여전히 (그리고 앞으로도 계속) 그곳이 아시아의 동쪽 끝이라고 믿었고, 금과 향신료 같은 아시아 산물을 얻을 것으로 기대했다. 그는 중세적 꿈의 세계에 살고 있었다. 그러나 현실은 전혀 달랐다. 아메리카는 식민지로 전락하고 주민들은 학살당하거나 노예로 잡혀가기 시작했다. 스페인 당국도 점차 실상을 파악해 갔다. 콜럼버스의 꿈과 현실 사이의 괴리는 점점 커져 갔다.

2차 항해의 준비

1차 항해를 마치고 콜럼버스 일행이 바르셀로나의 궁정에 도착했을 때에는 환호가 끊이지 않았다.(Phillips, 189-191) 그가 데리고 온 7명의 타이노인들과 녹색 앵무새는 가는 곳마다 군중들의 관심을 끌었다. 이것은 그가 새로운 땅을 발견하고 돌아왔다는 직접적인 증거이자 다음 사업의 가능성을 보여 주는 상징적인 요소였다. 당시 10대였던 라스카

벽화 〈예수의 부활〉에 묘사된 인디언의 모습

사스는 이들을 세비야에서 보았다고 한다.

콜럼버스의 지위 역시 확고하게 보장되었다. 왕궁에 도착하기도 전에 왕실은 그를 환대하는 편지를 보냈는데, 여기에서 그는 "크리스토퍼 콜럼버스 경, 우리의 대양제독, 인도에서 발견된 섬들의 부왕(副王)이자 총독(don Cristóbal Colón, nuestro Almirante del mar Océano, e Visorrey y Gobernador de las islas que se han descubierto en las Indias)"이라고 불렸다. 그는 여러 곳에 초빙받아 파티를 즐겼는데, 널리 알려진 '달걀 고사'가 실제로 일어났다면 이때의 일일 것이다(물론 실제 그런 일이 있었다는 구체적인 자료는 전혀 없으므로 지어낸 이야기일 가능성이 높다).

유럽에 도착한 인디언들은 세례를 받았고, 왕실 사람들이 대부와 대모가 되었다.[87] 특히 콜럼버스가 가장 신뢰하는 통역은 자기 아들의

87 2013년 5월 2일자 『텔레그라프(*The Telegraph*)』지는 바티칸 궁 안에서 오래된 프레스코화를 복원하다가 최초로 아메리카 원주민을 묘사한 그림을 발견했다고 보도했다. 르

이름을 따라서 디에고 콜론(Diego Colón)으로 명명했다. 이 무렵은 왕의 총애가 넘치던 시절이었다. 국왕은 심지어 콜럼버스에게 왕의 문장에 있는 레온의 사자와 카스티야 성채의 모습을 문장에 써도 좋다고 허락할 정도였다. 동생들도 모두 귀족 작위를 받고 '돈(don)'(영어의 Sir에 해당)이라는 호칭을 사용했다. 아마도 이때가 그의 일생에서 가장 행복한 시절이었을 것이다.

콜럼버스는 가능한 한 빨리 2차 항해에 나서고 싶어 했다. 귀국한 지 두 달 안에 두 국왕은 새로운 선단의 구성을 지시하고, 특별 팀을 조직하여 이 사업을 적극 후원했다. 출항 준비는 콜럼버스와 함께 후안 로드리게스 데 폰세카(Juan Rodríguez de Fonseca, 세비야 대성당의 부주교)에게 맡겼다. 사실 이것은 악연의 시작이었다. 아들이 쓴 전기에서 폰세카는 콜럼버스의 일을 사사건건 반대한 원수처럼 기록되어 있다. 국왕은 콜럼버스가 선박과 선원, 그 밖에 필요한 물품을 구하는 데에 차질이 없도록 하기 위해 특권적인 보증서(1493년 5월 24일자)를 발행해 주었다.(Symcox 2005, 84-86) 이 문서에는 "우리의 이름으로 소유하게 된 본토와 섬들에 대해 사법권을 확보하는 동시에 또 다른 지역들을 발견할" 함대를 구성하기 위해 콜럼버스에게 필요한 선박과 물자를 확보하는 데에 차질이 없도록 하라고 명시되어 있다. 국왕의 보증서를 가지고 세비야와 카디스를 비롯해서 어느 도시와 항구에 가서든 필요한 선박과 장비, 물품을 빌리거나 구매할 수 있었다. "만일 이런 방식으로 얻을 수

네상스 시대의 화가인 핀투리키오(Bernardino di Betto, 일명 Pinturicchio)가 그린 〈예수의 부활〉 벽화의 더께를 제거하다가 예수의 관 바로 뒤에 깃털로 머리를 장식한 벌거벗은 작은 남성들의 모습을 찾아낸 것이다. 이 그림이 있는 건물은 교황 알렉산더 6세의 사저로 사용되었는데, 그는 1493년에 콜럼버스가 데리고 온 아메리카 원주민들을 만나고 이들을 그리게 했을 것으로 추정된다.

없다면, 설사 해당 물품이 이미 다른 사람에게 임차되었다 하더라도 최소의 손해를 끼치는 조건으로 그것을 취할 수 있다"라는 내용도 포함되어 있었다. 말하자면 원하는 선박을 전부 취하고 적절한 보상만 해주면 된다는 강력한 특권을 허락한 것이다. 이를 위해 왕자(후안)의 비서인 후안 데 소리아(Juan de Soria)가 관련 기록을 잘 적어두고, 폰세카가 대금을 지불했다. 따라서 선원과 선박의 준비에는 아무 문제가 없었다.

원래 콜럼버스가 구상한 계획은 상업 거점들(factoría)을 건설하려는 것이었으나, 이것은 경제가 발달한 곳에서나 가능한 일이었다. 콜럼버스가 보고 온 지역에는 그런 체제를 지탱할 정도의 생산과 교역이 없으므로 이 안은 포기하고 대신 이를 변형한 모델을 만들었다. 이 모델에 따르면 모든 사적인 거래는 금지하고 오직 국왕의 계정으로만 거래하되 그 모든 것을 제독이 통제하는 방식이었다. 이때 발생하는 이익의 10분의 1을 콜럼버스가 받게 되어 있다. 여기에 더해서 콜럼버스는 전체 사업의 8분의 1에 해당하는 지분만큼 투자하고 그에 따라 이익의 8분의 1을 추가로 받을 수 있었다. 말하자면 왕실 독점 거래 체제를 만들고 콜럼버스가 특권적인 대리인으로 이 전체를 관장하는 방식이었다. 제독 외에 신대륙에 가는 모든 사람들은 단지 임금을 받는 피고용인에 불과하며 개인적인 거래를 할 수 없다. 그들은 떠나기 전에 이러한 국왕의 지시를 따르겠다는 서약을 해야 했다. 그러나 물론 바다 건너 머나먼 이역 땅에서 국왕의 지시가 그대로 지켜진다는 보장은 없었으며, 실제로 그 원칙은 전혀 지켜지지 않았다.

국왕들이 나름대로 인도적인 의도를 가지고 있었던 것은 분명하다. 바다 건너 새로운 신민들을 잘 응대하고 그들의 안전에 신경 쓰고자 했던 것이다. 국왕의 최종 목표는 이들의 '문명화'였다. 새 영토의 주민들에게 농사를 가르치고 기독교를 수용하게 하며 예절을 가르치고

자 한 것이다. 우선 전도를 담당할 인물로 교황의 협조를 얻어 베네딕투스 수도사 베르나르도 부일(Bernardo Buil)을 지명했다.[88] 교황 알렉산더 6세는 부일에게 교황칙서(Piis fidelium, 1493년 6월 25일자)를 주어 스페인 국왕들의 해외 식민 사업에 동행하여 그곳 주민들에게 가톨릭 신앙을 전하라고 명령했다.(Reports, doc. 11)[89]

'문명화'의 다른 이름은 곧 '식민화'였다. 현지에 정착할 사람들 중에 농부와 장인이 포함되었고 가축과 종자를 가지고 갔다. 말, 가금류, 양, 염소 등을 실은 콜럼버스의 2차 항해 선단은 마치 노아의 방주를 연상시킨다. '원주민들에게 옷을 입히려는' 스페인 측의 이런 문명화/식민화 사업 계획은 다른 나라에까지 소식이 퍼져 갔다.(Reports, doc. 9, 38) 2차 항해를 위해 열일곱 척의 배가 준비되었고 여기에 1천 명 이상이 참여했다. 1차 항해와는 비교가 안 되는 대규모 선단이었다. 이 선단은 1493년 9월 25일 카디스를 떠나 카나리아로 향했다.

88 부일(스펠링은 다양해서 Buil, Boil, Boyl, Buyl, Bruil 등이 혼용된다)은 카탈루냐 출신이며 베네딕투스 수도회 소속 인사로서 두 국왕의 총애를 받는 인물이었다. 그는 콜럼버스의 사업과 관련된 중요한 정보들을 모아 국왕에게 보고하는 임무를 수행했기 때문에 일부 연구자들은 그가 일종의 스파이로 파견되었다고 보고 있다. 그는 공식적으로 인디언 전도 업무를 맡았지만 자신은 이 일에 적합하지 않으니 교체해 달라고 부탁했으나 국왕은 그에게 계속 그 임무를 수행하라는 지시를 내렸다. 아래에서 보듯 그는 현지의 지배자인 구아카나가리에 대해 엄격한 조치를 취해야 한다고 주장하다가 콜럼버스와 충돌하는 등 그와 적대적인 관계가 되었다. 콜럼버스는 그에게 음식 배급량을 줄이는 비열한 방식으로 보복했다. 따라서 1494년에 스페인으로 돌아온 그가 국왕에게 콜럼버스의 사업에 대해 좋게 보고할 리 없었다. 그는 콜럼버스의 사업이 '농담'에 불과하다고 주장했다.(Jane, vol. I, 74-75, 주5)

89 당시 동행한 수도사들로는 부르고뉴령 네덜란드와 피카르디 출신인 장 드 라 될(Jean de la Deûle)과 장 드 티젱(Jean de Tisin)이었다. 북부 프랑스와 네덜란드 출신 수도사가 선발된 것은 우연이라고 할 수 없다. 이 지역은 요아킴의 주장을 이어받아 세계의 전도를 급히 서둘러야 한다는 천년왕국주의가 강하게 잔존해 있는 지역이기 때문이다.(Crouzet, 239-240) 이에 대해서는 11장을 참조하라.

이 선단은 10월 2일 그란 카나리아에 도착하여 배를 수리하고 열흘 동안 휴식을 취한 후 10월 13일 다시 출항했다. 1차 때보다 대서양 횡단은 더 빨리 이루어졌지만, 여전히 지극히 위험천만한 항해였다. 10월 26일에 이 선단은 폭풍우를 만나 죽음의 위험을 겪었다. 이 항해에 참여한 쿠네오는 이렇게 기록하였다: "오후 네 시경, 바다에서 폭풍우가 일어 우리를 덮쳤는데 그 기세를 믿지 못할 정도였다. 우리는 마침내 최후의 때가 왔다고 생각했다. 폭풍우는 새벽이 될 때까지 밤새 계속되었는데, 한 배에서 다른 배들을 볼 수 없을 정도였다."(Symcox 2005, 87) 이들은 드디어 11월 3일에 두 섬을 보았는데, 선단 기함들의 이름을 따서 각각 '도미니카(Dominica)'와 '마리아갈란테(Mariagalante)'로 명명했다. 이제 두 번째 모험이 시작된 것이다.

자료: 콜럼버스와는 다른 새로운 인식

1차 항해와 달리 2차 항해의 항해일지는 남아 있지 않다. 그래서 이 사업의 전모를 재구성하기는 1차 항해보다 더욱 힘들다. 다만 이 사업에 참여했던 여러 인물들이 남긴 기록과 콜럼버스가 국왕에게 보낸 보고서 등이 있어서 2차 항해의 면모를 상당한 정도로 파악할 수 있다.

2차 항해 관련 기록을 남긴 인물들로는 우선 쿠네오와 창카가 있다. 쿠네오는 콜럼버스의 친구로 보이며, 아마도 호기심에 이끌려 콜럼버스의 항해에 동참한 것으로 보인다.[90] 그는 이탈리아로 귀국한 후

90 쿠네오는 1450년에 이탈리아의 사보나에서 출생했으며, 그의 아버지가 콜럼버스의 아버지에게 부동산을 판매한 적이 있다(1474년). 그는 라틴어 외에 제노바어, 카스티야어, 토스카나어를 할 수 있었다. 아마도 과학적 호기심 때문에 2차 여행에 참여했고, 귀환하여 다음 책을 썼다. Michele da Cuneo, *News of the Islands of the Hesperian Ocean Discovered by sir Christopher Columbus of Genoa*.(Symcox 2005, 87-98)

인 1495년에 여행기를 썼다. 디에고 알바레스 창카(Diego Alvarez Chanca)는 원래 페르난도와 이사벨을 위해 일하는 궁정 의사였다. 1493년 두 국왕은 그에게 콜럼버스의 항해에 동행해 줄 것을 부탁했다. 선의(船醫)로 아메리카에 다녀온 그는 후일(아마도 1494년일 것으로 추정된다) 자신의 고향 도시인 세비야에 서한을 보내는 형식으로 여행기를 썼다.[91]

이들은 콜럼버스와는 성격이 전혀 다른 기록을 남기고 있다. 예컨대 창카 역시 아메리카의 아름다운 풍광에 감탄하지만 내용과 표현은 콜럼버스의 서술과는 다르다. 그로서는 이 사업의 성과를 과장하거나 변명할 이유가 전혀 없으므로 자신이 본 것을 있는 그대로 보고하는 글을 썼다. 그는 콜럼버스와 같은 몽상가의 기질이 없으며, 오히려 의학도답게 정확성을 기하여 서술했다.[92]

> 이곳에는 서양배나무만큼 큰 상록수들이 많다. 또 왁스를 만들어 내는 나무가 있는데 그 왁스는 색과 향이 밀랍과 비슷하며 또 같은 정도로 잘 타서 둘 사이에 차이가 없다. 육두구 나무와 비슷한 나무도 있는데 다만 열매를 맺지 않는다. 내가 이 나무를 육두구 나무라 생각하는 이유는 나무껍질의 맛과 향이 육두구와 거의 같기 때문이다. 이곳의 알로에는 우리나라에 있는 알로에와 같지는 않지만 분명 의사들이 사용하는 알로에의 한 유형이다. […] 이곳 주민들은 철을 보지도 못했고 소유한 적도 결코 없다. 그들은

91 *La Carta del Doctor Chanca, que escribió a la Ciudad de Sevilla (Letter of Dr. Chanca, written to the City of Seville)*.(Jane, vol. I, 20-73)

92 그로브(Richard Grove)는 창카가 대단히 정확한 관찰기록을 남긴 인물이라는 점을 강조하지만, 동시에 콜럼버스 역시 생태 환경에 대해 예리한 추론을 했다고 지적한다. 대서양의 여러 제도들과 아메리카 각지를 항해한 끝에 그는 경험적으로 숲이 강우와 깊은 관련을 가지며 삼림 벌채가 강우량 감소를 가져올 수 있다고 생각했다.(Grove, 30-31) 이는 자연을 바라보는 콜럼버스의 시각에 대해 다르게 평가하는 사례로 고려해 볼 만하다.

도끼와 자귀 같은 여러 도구들을 사용하는데 이것들은 모두 돌로 만들었다. 그것들은 아주 잘 만들어져서 철 없이도 그렇게 만들 수 있다는 것이 놀라운 일이다. 그들은 나무와 풀의 중간 정도 성격의 식물 뿌리[카사바] 그리고 고구마를 재료로 음식을 만드는데, 그것은 아주 훌륭하다. 여기에 아히[axí, 고추]라는 양념을 더한다.(Jane, vol. I, 68)

이 문장을 콜럼버스의 『항해일지』에서 현지 풍경을 서술하는 부분과 비교해 보자.

이곳에는 큰 호수들이 있는데 그 주변과 그 너머의 지역에는 놀라운(marvelous) 숲이 있다. 이곳과 다른 섬들에서도 숲은 모두 녹색이며 신록은 안달루시아의 4월과 같다. 작은 새들의 노래도 놀라울 정도여서 이곳을 다시는 떠나지 않고 싶은 마음이 든다. 앵무새 무리는 태양을 가린다. 수많은 종류와 크기의 새들은 우리가 알고 있는 것들과 달라 놀라운 일이다. 또 천 종류의 나무들이 있고 모두 다른 열매를 맺으며 서로 다른 냄새가 나니 이것도 놀라운 일이다.(Dunn, 105)

콜럼버스가 그 세계를 파악하는 기본 방식은 '놀랍다(marvelous)'는 것이다. 그는 기본적으로 이 세계를 '경이'의 세계로 파악하는데, 이는 일상과는 너무나 다른 일, 곧 '기적'과 통한다. 그러나 다른 인물들은 콜럼버스와는 다른 방식으로 이 세계를 바라보았다. 창카의 기록은 대체로 부정적 왜곡이 없는 편이다. 설사 잘못 파악하는 경우가 있다 하더라도 분명 콜럼버스와 같은 방식의 왜곡과는 거리가 멀다. 따라서 이런 주변 인물들의 자료는 현지의 실상을 객관적으로 파악하는 데에 큰 도움이 된다.

창카와 쿠네오의 기록을 근거로 2차 항해의 여러 상황을 살펴보자.

2차 항해 선단은 1494년 9월 25일에 카디스를 출발했다. 곧 카나리아 제도에 들러 휴식을 취한 후 본격적으로 대서양 항해를 시작했다.[93] 그리고 11월 3일에 첫 번째 섬에 도착했다. 당연한 일이지만 창카나 쿠네오의 글에는 대서양을 항해하는 도중 나침반 자침의 방향이 바뀌었다든지 식생이 바뀌었다는 식의 서술은 보이지 않는다.

콜럼버스 일행은 에스파뇰라 섬에 도착하기 전에 여러 섬들을 차례로 탐사하였다. 이때 그들이 발견한 가장 놀라운 일 중 하나는 집안에서 사람 뼈가 발견된다는 점이다. 주민들이 놀라 도주한 빈집에서 "사람의 팔다리 뼈 4-5점"을 발견했다든지, "수많은 뼈와 해골이 걸려 있다"는 내용이 나온다. 당연히 이들은 이 섬들 주민이 식인종이 아닐까 의심했다.(Jane, vol. I, 26, 30) 실제로 이들은 카리브인들의 식인 풍습을 확인하고 '짐승 같다(bestial)'면서 그들의 사악한 관습을 비난했다.

> 그들은 다른 섬을 공격하여 젊고 예쁜 여성들을 잡아가서 일을 시키거나 첩으로 삼는다. […] 그리고 이 여성들에게서 낳은 남자아이들은 잡아먹고 자신들의 여자에게서 낳은 아이들만 키운다. 남자들의 경우 살아 있는 사람은 그들의 집으로 데려가 그곳에서 몸을 잘라 요리해 먹고, 죽은 사람들은 그 자리에서 먹어치운다. 그들은 남자의 살이 다른 어느 것과 비교할 수 없

93 이 선단은 대서양 항해를 하기 전에 카나리아 제도의 한 섬인 고메라에서 예상보다 더 오랜 시간 지체했는데, 그 이유는 다름 아니라 콜럼버스가 이곳의 귀부인인 베아트리스 데 보바디야(Beatriz de Bobadilla)라는 여인과 벌인 연애 사건 때문이었다. 이 부인은 이 섬의 지배 영주였던 페르난 페라사(Fernan Perraza)의 과부로서 현재 영주인 아들 기옘 페라사(Guillem Perraza)의 후견인 역할을 하는 사람이었다. 그녀에 대해 기록을 남긴 쿠네오에 의하면 그녀의 별명은 '남자 사냥꾼'이었다고 한다. 이런 식의 불리한 이야기는 물론 콜럼버스 자신의 기록에는 결코 나오지 않는다.(Jane, vol. I, 21, 주3)

을 정도로 맛이 좋다고 이야기한다. 실제 그들의 집에서 우리가 본 바에 의하면 갉아먹을 수 있는 것은 모조리 갉아먹고, 너무 질겨서 먹을 수 없는 것만 남아 있다. 한 집에서는 냄비에 담아 요리하고 있던 사람 목 부위를 발견했다. 그들은 소년을 잡으면 거세시켜 일을 시키다가 완전히 자라면 잔치 때에 잡아먹는다. 그들은 여성과 아이들의 살은 먹는 데 적합지 않다고 말한다. 우리에게 도망쳐 온 세 소년은 모두 거세되어 있었다.(Jane, vol. I, 32)

쿠네오 역시 유사한 기록을 남겼다.

우리는 이 섬에서 15-16세쯤 되어 보이는 12명의 매우 아름답고 통통한 여성들과 역시 비슷한 나이의 소년 2명을 붙잡았다. 소년들의 성기는 복부에 이르기까지 완전히 잘려 있었다. 우리는 아마도 소년들이 그 여인들과 교접하지 못하도록 하기 위해서거나 혹은 이들을 통통하게 살찌게 만든 후 잡아먹기 위해 그랬을 것으로 추측했다. 이 소년소녀들은 모두 식인종(Cannibals)에게 잡혀 있었다. 우리는 이들을 국왕들에게 보이기 위해 스페인으로 보냈다.(Symcox 2005, 88)

여기에서 참고할 사실은 1차 항해의 『항해일지』에도 이와 비슷한 일들이 이미 기록되어 있었다는 점이다. 콜럼버스가 쿠바에서 경험한 신비한 사건 중 하나는 여러 집들에서 바구니 안에 남자 머리가 들어 있는 것을 발견한 일이다. 콜럼버스는 자기 나름대로 추론하여, 집이 매우 큰 것을 보니 많은 사람들이 거주하고 있으며 따라서 그 집은 중요한 인물의 집이고, 그들은 조상의 머리를 잘라 보관하는 것이라 생각했다.(Dunn, 189) 이에 대해서는 학자들 간에 여러 추론이 오갔으나 현재 유력한 가설 중 하나는 전투 중 포로로 잡은 사람을 죽여 제사지내

는 인신희생이라는 것이다.(Duverger, 38-47)

이것이 과연 사실일까? 과연 아메리카에는 식인 풍습이 있었을까? 과거 상식적인 견해는 이 모든 것이 오해 혹은 조작·왜곡이며, 실제 식인 풍습은 없다는 것이었다. 흔히 처음 접하는 이방인을 비난하고 더 나아가 '악마화'할 때 제일 많이 거론하는 방식이 식인종이라는 주장이다. 아메리카의 카리브인들을 식인종으로 몰아가는 것 역시 그런 신화에 불과하다는 것이었다. 그러나 최근 연구는 놀랍게도 이들의 식인 풍습이 사실일 가능성이 높을 뿐 아니라, 더 나아가서 아메리카의 여러 문명들의 핵심 요소가 인신희생 그리고 거기에 덧붙여진 식인 행위라고 주장한다.(주경철 2012a)

콜럼버스 일행은 '산타크루스(Santa Cruz)'라고 명명한 섬에서 카리브인과 조우하여 전투를 벌였다. 카리브인 남성 4명과 여성 2명이 카누에 타고 있었는데, 2명의 포로를 잡아가는 중이었다. 콜럼버스는 보트를 내려 25명의 선원들로 하여금 그들을 추적하게 하였다. 이들 사이에 전투가 벌어져, 카리브인들이 쏜 화살에 선원 여러 명이 부상당했는데, 부상자 중 1명은 나중에 사망했다. 반대로 카리브인들은 모두 사로잡히거나 공격당해 사망했다. 그들 중 1명이 창상을 입고도 헤엄쳐 도망가려 하자 그를 붙잡아 배 위로 끌고 와서 참수했다. 유럽인과 아메리카인 사이에 바이킹 이후 처음 전투다운 전투가 벌어진 것이다.(Jane, vol. I, 36, 44)[94]

이 무렵 쿠네오는 전투 당시 사로잡은 젊은 여성을 강간하는 장면을 서술하는 매우 특별한 기록을 남겼다.

94 이 부분은 나중에 유럽에서 널리 알려지게 되었는데, 이때 카리브인들의 용맹성이 과장되어 알려졌다. 아래에서 더 자세히 서술할 것이다.

> 나는 배 안에서 탐스럽게 생긴 식인종 여성에 손을 댔다. 제독이 그녀를 나에게 허락해 준 것이다. 내 방에 그녀와 함께 있을 때 그녀는 그들 관습대로 벌거벗고 있었다. 나는 그녀를 희롱하고 싶은 생각이 간절했다. 내가 욕심을 채우려고 시도했지만 그녀는 그것을 원치 않았기 때문에 손톱으로 어찌나 할퀴어 댔던지 나는 시작도 할 수 없었다. 사실을 말하자면 나는 로프를 가져다가 무지막지하게 때렸는데 그러자 그녀는 믿을 수 없을 정도로 큰 소리를 질러댔다. 결국 우리는 맘이 맞아서 성행위에 들어갔는데, 그러자 그녀는 매춘부 학교에서 배운 것처럼 너무나도 잘했다.(Symcox 2005, 89-90)

이런 종류의 기록은 콜럼버스의 글에서는 한 번도 찾을 수 없는 내용이다. 그는 늘 자신의 원대한 사업 구상에 걸맞은 것만 적었으며, 이처럼 잡스러운 일들에 대해서는 무시하는 경향이 있다. 그러나 실상은 분명 달랐을 것이다. 그곳 지역 여성들과의 관계에서 선원들이 이 비슷한 태도를 취했으리라는 것이 자연스러워 보인다.

콜럼버스의 선단은 드디어 에스파뇰라 섬에 도착했다. 그런데 1차 항해 때와는 다른 방향에서 이 섬에 도착하여 산지가 아닌 평지가 나타났다. 이곳이 과연 지난날 들렀고 나비다드 요새를 건설했던 바로 그 섬인지 거의 믿지 못할 정도였다. 그런데 이 섬에서 세 구의 시체를 발견했는데, 모두 목 주위와 발이 묶여 있고 그 가운데 한 구는 수염이 있었다. '인디언'들이 그런 수염을 기른 것을 본 적이 없으므로 그 세 사람은 나비다드 요새에 남겨졌던 선원으로 추정되었다. 그동안 33명의 선원들에게 어떤 일이 벌어졌던 것일까?

현지 부족들은 카오나보(Caonabó)와 마이레니(Mayreni) 같은 이웃 부족들이 공격해 와서 마을이 불타고 그들의 추장인 구아카나가리도 부상당했는데, 이때 스페인 선원들도 공격당해 모두 죽었다고 답했다.

창카의 기록에 의하면 콜럼버스의 일행들 간에도 의견이 엇갈려서, 이 말을 믿는 사람도 있고 의심하는 사람도 있었다고 한다. 실제로 마을이 불탄 것으로 보아 이웃 부족들의 공격이 있었던 것 같지만, 다른 한편 의사가 구아카나가리의 다리를 보니 상처가 없는데도 너무나 아픈 척 하는 게 어딘지 수상했던 것이다. 콜럼버스는 일단 추장의 말을 믿는 것으로 결론을 내렸다.[95] 그런데 현지인들과 대화하는 도중에 죽은 선원들이 그들의 여성들을 강제로 취하려고 했다는 불만을 들었다. 이런 식으로 나비다드 요새에 남아 있던 선원들이 여자 문제나 재물 분배 문제 혹은 식량 문제로 그들 간 혹은 그들과 주민들 간에 갈등이 일어나지 않았을까?(Jane, vol.I, 52-58) 물론 누구도 어떤 일이 벌어졌는지 명확히 알 수는 없고 추측만 가능할 뿐이다. 나비다드 요새에 남겨진 사람들이 전멸한 사실을 확인한 이상 이제 콜럼버스로서도 그 땅을 순진하게 이상향으로만 볼 수는 없게 되었다. 이후 콜럼버스가 이 땅을 의미화하는 틀도 바뀌어 갔고, 현지 주민들을 대하는 태도 역시 가혹해졌다.(Crouzet, 283)

콜럼버스는 다시 요새를 건설하고 '이사벨라'라는 이름을 붙였다.[96] 콜럼버스는 늘 그렇듯이 엄청난 요새가 지어진 것처럼 과장하지만, 쿠네오의 기록에는 200여 채의 집이 있는데 모두 사냥 오두막처럼 작은

95 이때 부일은 현지 주민들과 추장이 거짓말을 한다고 확신하고 추장을 체포할 것을 건의했지만 콜럼버스는 이를 거부했다.(Jane, vol.I, 59, 주3)

96 1차 항해 때 건설한 나비다드 요새는 황폐해져 그 옆에 새로 요새를 건설하고 이름을 '라 누에바 이사벨라(La Nueava Isabela)'라고 지었다. 그런데 이곳은 엄청난 폭우가 계속되는 등 기후도 나쁘고 질병이 돌아서 정착이 매우 힘들었다. 1496년 콜럼버스가 스페인으로 귀환할 때 선단에는 정주를 포기하고 되돌아가는 승객들로 발 디딜 틈이 없을 정도였으며, 원래 도착한 1,500명 중 남은 사람은 3분의 1 수준이었다. 후일 산토도밍고로 개칭된 이 요새는 유럽인들이 아메리카에 세운 가장 오래된 도시가 되었다.(Dugard, 62-63)

집들이며 지붕은 풀로 덮었다는 식으로 표현하고 있다.(Phillips, 200) 이곳에서 선원들이 곧 병에 걸리기 시작했지만, 이에 대해서도 콜럼버스는 크게 개의치 않는 듯한 태도를 취했다.(Crouzet, 269)[97]

어느 정도 안정을 찾은 후 콜럼버스는 금을 찾는 일을 시작했다. 쿠네오의 표현대로 "제독이 그토록 위험한 여행을 한 이유는 바로 금을 찾기 위한 것"이기 때문이다.(Symcox 2005, 90) 1494년 1월, 콜럼버스는 알론소 데 오헤다(Alonso de Ojeda)를 내륙으로 보내 탐사케 했는데, 그들은 곧 작은 금덩어리들을 가지고 돌아왔다. 드디어 금을 얻을 가능성을 보았다고 생각했을 법하다. 창카 역시 이제 놀라울 정도의 금을 스페인에 실어 보낼 수 있으며, 스페인 국왕은 세계에서 가장 번영하고 부유한 군주가 될 것으로 기대했다.(Jane, vol.I, 70-72) 창카의 기록은 이런 긍정적 기대를 담은 말과 함께 여기에서 끝난다.

토레스 보고서

이즈음 선단에 보급이 떨어져 더 이상 탐험을 계속하기 힘들어졌으므로 스페인에 배들을 보내 보급을 요청했다. 이 기회를 이용해 콜럼버스는 1494년 1월 30일자로 국왕에게 올리는 보고서를 작성하였다. 이 일을 안토니오 데 토레스(Antonio de Torres)에게 맡겼기 때문에 흔히 이를 '토레스 보고서'라 부른다.[98]

97 선원들만 아니라 콜럼버스 역시 이후 여러 병세를 보였다. 뉴욕 의대의 류머티스학 과장인 제럴드 와이즈먼(Gerald Weissmann)은 콜럼버스의 증세를 연구한 후 그가 앓은 병이 라이터 증후군(Reiter's syndrome)이라고 보았다. 이 병은 장내 박테리아에 의해 생기는 격심한 류마티스성 관절염으로, 관절염 · 포도막염 · 요도염 증상이 나타난다. 그는 콜럼버스가 1506년에 사망했을 때에도 이 병이 사인이었을 것으로 추정했다.(West, 79)

98 안토니오 데 토레스는 후안 왕자의 유모였던 후아나 데 토레스(Juana de Torres)의 오

이 보고서는 현재 세비야의 서인도문서보관소에 필사본으로 보존되어 있는데, 여기에는 모든 보고 사항에 대해 페르난도와 이사벨 국왕의 답이 기록되어 있어서, 당시 콜럼버스의 사업이 어떻게 진척되고 있고, 본국에서는 그에 대해 어떤 판단을 내렸는지 알 수 있다.

이 보고서의 내용 중에는 분명 모순점이 많았다. 콜럼버스는 그 지역에 향신료가 많이 난다는 보고를 했으나 후추나 육두구, 계피 같은 전통적인 아시아 향신료들이 이곳에서 날 수는 없었고 비슷한 것이 있다면 고추(아히, axí) 정도였다. 이에 더해서 보고서는 내륙에서 믿기 힘든 정도의 금을 보았다고 증언했다. 해안가에서도 금이 나는 것을 보았지만 내륙에 들어가면 더 많은 금이 나며 이에 대해 다른 사람들이 "믿을 수 없을 정도의 금이 강에서 난다"는 말을 했다는 것이다. 콜럼버스는 거짓으로 과장된 보고를 한 것이거나 그 자신이 그렇게 잘못 믿고 있었을 것이다. 이 점에 대해 국왕은 일단 노고를 치하하는 긍정적인 답을 주었다.(Jane, vol. 1, 76) 그런데 이 보고서의 말미에 가면 금과 관련하여 다른 이야기를 하고 있다. 강에서 나는 사금보다는 광산에서 양질의 금이 훨씬 많이 산출되므로 광부를 보내 달라는 요구를 하는 것이다.(Jane, vol. I, 110) 두 내용은 분명 서로 모순된다. 강에서 '믿을 수 없을 정도로 많은 양'의 금이 난다면 그것을 채취하면 되는데, 금광을 개발하자는 제안을 하고 있기 때문이다. 이는 곧 중장기적 투자가 필

빠로서, 콜럼버스의 2차 항해에 따라갔다가 중간에 콜럼버스보다 먼저 1494년 2월 2일에 이사벨라를 떠나 스페인의 카디스로 귀국했다. 그리고는 네 척의 배에 보급품을 싣고 다시 에스파뇰라 섬으로 왔다가 1495년 2월 24일에 다시 스페인으로 귀환했다. 1497년에는 폰세카 대신 아메리카의 식민지 관리를 맡으라는 제안을 받았지만 그가 제시한 조건이 받아들여지지 않아 포기했다. 그는 콜럼버스의 4차 항해 시에 허리케인이 닥치는 상황에서 출항하는 배에 올랐다가 사망했다.(Jane, vol. I, 74, 주 1)

요하며 단기간의 수익은 불가능하다는 의미다.

이런 식으로 모순된 내용을 에둘러 보고하는 사안들은 그 외에도 적지 않다. 사실 1차 항해 당시 세운 나비다드 요새에 주둔했던 스페인 선원들이 전멸한 상황이므로 이 지역 사람들의 성품에 대해서도 재고해 봐야 할 터이지만, 콜럼버스는 여전히 그들이 대단히 수수하며 성품이 온순하다고 표현했다. 그러면서도 이제 보초를 두어야 한다고 말한다. 그렇지만 그 이유는 다른 게 아니라, 현지인들이 낮이나 밤이나 부주의하게 횃불을 들고 오는데, 그로 인해 화재가 날 우려가 있기 때문이라고 둘러댄다.(Jane, vol. I, 78) 현지에서 스페인 사람들이 계속 병에 걸리지만, 지금까지 하느님이 인도해 주셨으므로 빠른 시간 내에 치유되리라는 근거 없는 주장도 폈다. 병자들을 돌보기 위한 식품으로 건포도, 아몬드, 설탕, 꿀, 쌀을 요구했고, 또 식민 정주를 위해 양, 송아지, 나귀, 말 등도 필요하다고 요구했다. 동시에 세비야의 통 제조공들이 통을 잘못 만들어 포도주가 많이 새는 피해를 입었으므로 이에 대한 시정도 요구했다.(Jane, vol. I, 84-86)

콜럼버스의 보고 중에 국왕의 뜻과 가장 배치되는 것은 노예화와 관련된 사항이었다. 콜럼버스는 이 지역의 식인종을 노예로 삼아 여러 방식으로 이용하자는 아이디어를 가지고 있었다. 그는 우선 국왕이 실상을 알도록 남녀노소 식인종 여러 명을 '샘플'로 보내겠다고 보고하였다. 가장 급한 일 중 하나가 통역을 기르는 일인데, 바로 이 식인종들을 스페인에 보내 식인 풍습을 버리고 세례를 받아 기독교도로 만드는 동시에 언어를 가르쳐서 다시 현지에서 통역으로 사용하면 좋겠다는 것이다. 더 나아가서 콜럼버스는 두 지역 간의 교역을 늘리고, 식민화 사업을 확대하자면서 이에 필요한 비용은 식인종들을 노예로 팔아 생기는 수익금을 사용하자는 아이디어를 내놓았다. 그가 보기에 식인종들을 노예로 만드는 것은 당연하다는 것이다: "이 야만적인 식인종들은 몸도 좋고 머리도 좋습니다. 우리는 그들이 비인간적 성질을 버리면 다른 어느 노예보다도 더 나을 것이며, 또 그들이 자신들의 땅에서 벗어나면 즉각 그런 성질을 포기할 것으로 믿습니다." 게다가 노예무역을 확대하면 국왕은 관세 수익도 늘릴 수 있다는 조언까지 했다. 그러나 왕실에서는 이런 아이디어에 반대했다. 국왕은 그들을 스페인으로 보내지 말고 그곳에서 개종시키라고 지시했다. 그럼에도 콜럼버스는 주민들을 나포해 스페인으로 보내는 일을 지속했다.(Jane, vol.1, 88-90, 92-93, 주1)

보고 내용을 보면 콜럼버스의 행정 능력에 문제가 있다는 것은 분명했다. 그는 현지의 업무와 인력을 완전히 장악하지 못하고 있었다. 가장 명백한 사례는 말과 관련된 사안이다. 그의 보고에 따르면 기마병들은 콜럼버스의 지시를 따르지 않고 자기 말을 다른 어느 누구도 사용하지 못하게 한다는 것이다. 그러니 이 말을 구매하게 해 달라는 요청을 하고 있다. 자신의 휘하 인력을 통제하지 못하고 오히려 휘둘리고 있는 것이 분명했다. 당연한 이야기지만, 국왕의 지시는 말을 살 것이 아니라 부당하게 명령에 따르지 않는 자를 처벌하고 그 말을 사용하라는 것이었다.(Jane, vol.I, 102-104)

콜럼버스는 하루바삐 금을 찾고자 했다. 빨리 금을 찾으면 모든 일이 순조롭게 풀릴 것으로 생각한 그는 500명의 인원을 이끌고 주변 지역을 탐사했다.

> 우리는 가고 오고 중간에 머물고 하는 데에 모두 29일이 걸렸다. 음식과 마실 물이 좋지 않고 기후도 나빴다. 그렇지만 모두 금에 대한 열망이 넘쳐났다. 가고 올 때 모두 두 개의 큰 강을 헤엄쳐서 건넜다. 수영을 못하는 사

람들은 각각 2명의 인디언들이 강을 건너는 것을 도와주었다. 인디언들은 사랑 때문에 혹은 우리가 주는 하찮은 물건 때문에 무기와 그 외의 모든 물품을 머리에 이고 옮겨 주었다. 마침내 우리는 시바오(Cibao)에 도착했다. 그곳에 나무로 요새를 지었는데, 산토토마스(Santo Tomás)라 명명한 이 요새는 인디언들에게는 난공불락이었다. 이곳은 우리 거처에서 27리그 떨어져 있었다. 우리는 강에서 여러 번 낚시를 했지만, 누구도 금은 한 조각도 발견하지 못했다. 이 때문에 우리는 이곳 인디언들과 불화를 겪었다. 그들은 우리 요새에서 2리그 떨어진 곳에 살고 있는 카오나보(Caonabó)라는 왕이 금을 관장한다고 말했다.(Symcox 2005, 91)

이들은 주변의 인디언들과 거래하여 약간의 금을 얻는 데에 만족해야 했다. 따라서 그가 당장 수익을 낼 수 있는 것은 노예무역밖에 없었다.

이런 모든 일에서 콜럼버스는 결코 탁월한 능력을 발휘하지 못했다. 그는 해상 지도력은 있을지 몰라도 육상 지도력은 전혀 갖추지 못했다. 가장 우려할 점은 앞서 언급했듯이 콜럼버스의 사업이 현지 주민의 노예화를 근거로 삼으려 한다는 것이다. 사람을 팔아 그 돈으로 가축을 산다는 것은 가톨릭 세계의 최후 보루를 자처하는 스페인 국왕으로서는 용인할 수 없는 일이었다. 그래서 국왕은 식인종과 싸우고 그들을 기독교로 인도하되, 단 그런 일은 현지에서 하고 유럽으로 노예를 보내지는 말라는 메시지를 전했다.

사실 이 시기부터 콜럼버스와 현지 주민 간의 관계는 폭압적인 방식으로 변해 가고 있었다. 하나의 사례로 현지 주민들의 의복 절도 사건을 들 수 있다. 이해(1494년) 4월에 3명의 스페인 사람들이 큰 강을 건널 때 5명의 주민들이 그들을 도와주었다. 그런데 그들은 짐 보따리와 의복을 가지고 마을로 돌아갔고 마을의 추장은 그 짐을 돌려주려 하지 않았다. 콜럼버스는 절도범들을 처벌하라는 명령을 내렸다. 2명의 일꾼들과 추장, 추장의 동생과 조카를 붙들어 마을에서 다른 사람들이 보는 가운데 이들의 귀를 자르도록 한 것이다. 다른 세 사람은 쇠사슬로 묶어 이사벨라로 보냈다. 곧 콜럼버스는 광장 한가운데에 처형대를 세우고 세 사람의 목을 치려 했다. 이때 이웃 마을의 추장이 와서 눈물을 흘리며 손짓, 발짓으로 용서를 구했고 콜럼버스는 세 사람의 목숨을 구하는 관용을 베풀었다. 이것이 바로 그가 원하는 방식, 곧 공포에 찬 교훈을 주어 사람들을 다스리는 방식이었다. 이것은 카스티야에서 종교재판소를 통해 주민들을 통제하던 방식 그대로였다. 한 번 시작된 이런 연극적인 공포정치 방식은 갈수록 더 강화되어 갔다. 주민들은 이제 그들을 무서워하며 도망쳤다. 조만간 사냥개들을 풀어 벌거벗은 사람들을 물어뜯게 하는 만행이 시작되었다.(Crouzet, 287-288, 303-304, 320-321)

쿠바와 자메이카 탐사

창카의 기록은 이사벨라 요새 건설 시점에서 끝난다. 그 이후 1494년 4월 24일부터 9월 29일까지 콜럼버스는 쿠바와 자메이카 해안 지역을 탐사하고 에스파뇰라로 돌아오는데, 이에 대해서는 다른 기록을 보아야 한다. 현재 이 부분에 대해 이야기해 줄 수 있는 기록은 베르날데스(Andréas Bernáldez)의 『가톨릭 왕들의 역사』가 있다. 이는 매우 특이한 기록이다. 베르날데스에 관한 정보는 많지 않아 자세히 알 수는 없지만 콜럼버스, 폰세카와 친하게 지냈고, 두 사람 모두 한때 그의 집을 방문한 적이 있었던 것은 분명하다. 그래서 콜럼버스로부터 자세한 이야기를 들었을 뿐 아니라, 아마도 관련 기록들도 넘겨받았던 것으로 보인다. 그의 기록에 1496년 콜럼버스와 폰세카가 함께 그의 집을 방문하여 '그 책'을 주었다는 내용이 나온다(여기에서 콜럼버스가 주었다는 책이 무엇인지는 밝혀지지 않았다). 베르날데스의 책은 스페인 국왕의 행적을 위주로 한 역사책인데, 1513년까지 서술된 내용 중에 콜럼버스의 항해, 특히 2차 항해에 대한 내용이 주목할 만하다.

쿠바, 자메이카 등지를 탐험할 때에도 콜럼버스는 여전히 식량만 충분하다면 육로로 이동하여 스페인으로 귀국할 수 있다고 믿었다.

> 그는 황금반도(Golden Chersonese, 말레이 반도의 옛 이름) 가까이까지 갔다. […] 그의 의견은 만일 그가 운이 좋다면 동쪽에서 서쪽으로 가는 길을 통해 스페인으로 귀환할 수 있다는 것이다. 즉 갠지스 강으로 가서 그곳에서 아라비아 해로, 그 다음에 에티오피아를 지나 예루살렘, 또 그곳에서 자파(Jaffa)까지 가서 배를 타고 지중해를 넘어 카디스로 올 수 있다는 것이다. 그 여행은 분명 가능하기는 하지만, 에티오피아부터 예루살렘까지는 무어인들만 살고 있으므로 육로 여행이 매우 위험하다. 그 대신 그곳에서 캘리컷까지 해상 여행을 할 수 있다. 그 도시는 포르투갈인들이 발견한 도시이다. 육로가 아니라 계속 바다를 통해 가려면 대양으로 돌아와 흑인들의 나라인 리비아를 돌아가야 한다. 이 길은 포르투갈인들이 캘리컷의 향신료를 얻기 위해 가는 길이다.(Jane, vol. I, 118)[99]

베르날데스의 증언으로 판단하건대 이 당시 콜럼버스의 지리관은 맨드빌이 설명하는 환상적인 체제와 크게 다르지 않았다. 그리고 자신

99 쿠네오 역시 같은 내용을 증언한다: "우리는 제독의 의견을 따라 카타이를 발견하기 위해 북서쪽으로 항해해 갔다."(Symcox 2005, 94)

의 생각을 주변 사람들에게 강요했다. 심지어 그는 부하들에게 쿠바는 섬이 아니라 대륙의 일부이며, 또 쿠바 연안을 따라 335리그 항해했다는 점을 선서케 했다. 이렇게 큰 땅이 섬일 수 없다는 것이다. 그것을 부하들이 믿도록 강요한다는 것은 매우 이상한 방식이라 하지 않을 수 없다.(Phillips, 205-206)

그가 탐험을 하는 동안 기다리던 보급품을 가지고 동생 바르톨로메가 1494년 6월 24일 에스파뇰라에 도착해 있었다. 그렇지만 현지 상황은 악화 일로에 있었다. 특히 또 다른 동생 디에고는 콜럼버스보다 더 능력 없는 행정관임이 분명했다. 그래서 불만을 품은 일부 거주민들이 배를 빼앗아 스페인으로 귀국해 버리는 일도 일어났다(이 무렵 대서양 횡단은 이 정도로 일반화되어 가고 있었다).(Phillips, 206-207)

1494년 말에는 토레스가 보급품과 국왕의 메시지를 가지고 도착했다. 국왕의 메시지는 미묘했다. 그에게 큰일을 했다고 칭찬하면서 포르투갈과 협상할 일이 있으니 귀국하라고 권유한 것이다. 토레스의 보고서를 받아본 후 콜럼버스의 사업 방향이 잘못되어 가고 있다고 판단하고 차라리 그를 불러들여 명예롭게 퇴진할 기회를 주는 대신 다른 능력 있는 사람에게 일을 넘기자는 것이 국왕의 의도였을 것이다. 만일 국왕의 권유를 따랐더라면 콜럼버스로서는 훨씬 좋았을 테지만, 그는 이 제안을 거절했다.

1495년 2월에 토레스는 다시 스페인으로 귀국했는데, 이때에도 콜럼버스는 식민지 사업이 아주 잘되고 있다는 사실을 과시하고 싶어서 많은 노예를 보냈다. 그의 설명은 카나리아인들에 대한 전쟁과 마찬가지로 식인종들과의 전쟁은 '정당한 전쟁'이며 이들을 노예화하는 것이 타당하다는 논지였다. 본국의 두 국왕은 이런 식의 노예화에 반대하는 입장인데, 그는 이 사실을 잘 모르고 있는 게 분명했다. 그래서 말과 군견을 몰고 인디언과 싸우며 그들을 잡아왔다.[100] 현지 주민들을 너무 많이 잡아온 나머지 1,600명을 스페인으로 보내려다가 배에 다 태우지 못해 650명을 거주민들에게 할당하고 나머지 포로들은 풀어준 일도 있었다. 쿠네오는 그 사건을 이렇게 기록한다.

> 스페인으로 가는 카라벨선이 준비되었을 때 나는 그 배를 타고 귀국하고자 했다. 이때 우리 거주지에는 남녀 인디언 1,600명이 잡혀 있었다. 1495년 2월 17일, 우리는 그들 가운데 가장 나아 보이는 남녀 550명을 배에 태웠다. 나머지 포로들에 대해서는 누구든 원하는 사람이 데리고 가도록 했다. 그런 후에도 약 400명이 남아서 그들에게는 가고 싶은 곳으로 떠나도 좋다고 허락했다. 이들 가운데에는 젖먹이 아이를 데리고 있는 여인들도 있었는데, 그들은 우리가 도로 잡아갈까 두려워하여 아이들마저 길바닥에 팽개친 채 절망적으로 도망쳤다. 그들은 어찌나 멀리 도망갔는지, 산과 큰 강들을 넘어 우리 거주지인 이사벨라로부터 7-8리그 떨어진 곳까지 도망가서 나중에 이들을 다시 붙잡기란 거의 불가능할 것으로 보였다.(Symcox 2005, 95-96)

이런 식으로 콜럼버스는 이 지역에 엄청난 피해를 입힌 것이 분명하다. 베르날데스가 전하는 어느 추장의 말을 들어보자.

> 그는 콜럼버스에게 찾아가서 아주 즐거운 어조로 이렇게 말했다. 친구시

100 사나운 개를 이용하여 인디언을 잡아 오는 것은 베르날데스의 책에 제일 먼저 나온다: "배에서 개 한 마리를 풀어 그들을 쫓아가 물게 했다. 이것은 아주 큰 피해를 입혔는데, 개 한 마리가 인디언들에게는 병사 10명과 같은 효과를 냈다."(Jane, vol. I, 126) 그 후 라스카사스가 자신의 책에서 자세히 서술했듯이 개를 가지고 인디언을 물어 죽이는 잔인한 일들이 빈번히 일어났다.(Las Cas 1992)

여, 나는 내 땅을 포기하고 당신과 함께 가서 왕과 여왕, 그리고 그 아들을 보려 합니다. 그들은 세계 최강의 지배자로서, 그들에게 복종하는 당신을 통해 그토록 광대한 땅을 지배하게 되었습니다. 당신은 이 세계를 돌아다니며 모두 굴복시켰습니다. 이것은 당신이 데리고 가는 인디언들로부터 들은 이야기입니다. 여러 민족들이 모두 당신을 두려워하니 이는 놀라운 일입니다. 수를 알 수 없이 많은 데다가 난폭하기 이를 데 없는 카리브 족에 대해 당신은 그들의 카누와 집을 파괴하고 그들의 여자와 아이들을 나포했으며 도망가지 못하는 자들은 죽였습니다. 나는 이 주변의 세계를 잘 아는데 수많은 사람들이 사는 이곳이 전부 당신 앞에서 떨고 커다란 공포심을 가지고 있습니다. 당신은 그들이 카스티야 왕에게 복종하지 않으면 그들에게 엄청난 피해를 입힐 수 있습니다. 왜냐하면 당신은 이미 이곳 사람들과 섬에 대해, 그리고 그들의 약점에 대해 잘 알기 때문입니다. 그래서 당신이 내 땅과 지배권을 빼앗기 전에 내 가족과 함께 당신 배를 타고 가서 당신의 상관인 왕과 국왕을 만나고 또 그들이 살고 있는 세계에서 가장 부유하고 풍요로운 땅을 볼 것이며, 당신의 인디언들이 말한 카스티야의 많은 경이를 보고자 합니다.(Jane, vol. I, 164)

자기 영토를 넘겨주고 스페인에 가고 싶다는 추장의 말은 역설적으로 유럽인의 침탈 앞에 아메리카 사회가 얼마나 극심하게 파괴되고 있는지 말해 준다. 콜럼버스는 추장을 스페인 국왕의 봉신으로 삼으면서, 현재는 이곳에서 해야 할 일들이 많으므로 남아 있으라고 지시하고, 다만 다음에 다시 오면 그의 희망을 실현시켜 주겠다고 약속했다. 이 기록은 현지인들이 스페인 사람들의 행위를 어떤 심정으로 받아들였는지를 말해 주는 희귀한 자료다. 이들의 사회와 문화는 외부 충격으로 붕괴되고 있으며, 자포자기의 심정이었음이 분명하다.

국왕들로서는 이런 식으로 사태를 방치하며 식민사업을 콜럼버스에게 맡겨 둘 수는 없다고 판단했을 것이다.(Phillips, 212ff) 1495년 4월 9일, 국왕은 폰세카에게 명령해서 전문 직종의 사람들을 현지에 보냈다. 광부, 농부, 어부, 채소 재배인, 철공, 통 제조인, 활 제조인, 그리고 물레방아를 제작할 수 있는 사람도 여기에 포함되었다. 그리고 말과 소, 노새, 돼지, 닭, 토끼, 양 같은 가축들에 더해서 호신용으로 사나운 개까지 챙겨 보냈다. 국왕의 의도는 명백했다. 이제 아메리카에 자체 유지가 가능한 식민지를 건설하겠다는 것이다. 여러 정황으로 보건대 새로 발견한 땅은 결코 일확천금의 땅이 아니다. 이즈음이면 교황청으로부터 지배의 정당성도 인정받았기 때문에 이제는 실제적인 방식으로 일을 해나가야 한다고 판단했을 것이다. 그럴진대 콜럼버스 일당에게 계속 일을 맡겨 두면 위험하다는 생각이 들었을 터이다. 그러기 위해 우선 현지를 실사할 필요가 있었다. 그리하여 콜럼버스 보고서 내용의 진위를 가리기 위해 후안 아구아도(Juan Aguado)를 조사관으로 파견했다. 그리고 현지인이 과연 노예로 삼아도 좋은 비인간적 존재인지 하는 문제에 대해서는 신학자, 법률가 등에게 자세한 검토를 맡겼다.

아구아도는 1495년 10월에 에스파뇰라에 도착해서 콜럼버스 형제를 조사했다. 결과는 놀라울 정도였다. 현지민들이 많이 살해당하고, 이주민들도 병사하거나 배를 타고 귀국하여 수가 많이 줄었다. 콜럼버스는 동생에게 아델란타도(adelantado, 이베리아의 재정복 운동 때 점령한 땅을 관리하는 일을 담당하던 직책)라는 직위를 주며 뒷일을 부탁하고 귀국했다.

귀국 항해는 1차 항해 때보다 더 힘들었다. 지름길이라 생각하고 더 남쪽 항로를 잡았는데 실제로는 예상과 많이 달랐다. 유럽과 아메리카 사이의 항로는 아직 미완성인 상태였다.

아메리카인들에 대한 인식

이 시기에는 이미 유럽으로 상당한 수의 아메리카 주민들이 끌려왔다. 창카와 쿠네오처럼 이제 아메리카 대륙의 실상을 알리는 사람들이 생겨났고, 또 상당히 많은 사람들이 귀국하여 현지 사정이 구전으로도 많이 전해졌다. 이 당시 유럽인들은 신대륙 사람들을 어떻게 인식하게 되었을까?

유럽에서 소위 '인디언'들을 접한 사람들은 아직 극소수였지만 그래도 그 수가 점차 늘어갔다. 스페인에 들어온 인디언들은 점차 유럽 지역으로 보내졌다. 때로는 왕실 간 '선물'로 증정되기도 했다.(Reports, doc. 21) 어쨌거나 신대륙 주민들을 접하는 기회가 많아지면서 그들이 어떤 존재이며 또 그들을 어떻게 처우하는 게 좋은지에 대한 논쟁이 제기되기 시작했다. 과연 인디언들을 노예화하고 비인간적으로 대우하는 것이 타당한가를 묻기 시작한 것이다. 인디언들을 바라보는 시각도 다양해졌다. 유럽인 중에도 오해의 벽을 뚫고 그들의 내밀한 실상을 제대로 파악하는 사람이 생겨났다.

인디언들 사회 내부로 들어가 그들의 심성세계를 파악한 사례로는 라몬 파네(Ramón Pané)를 들 수 있다. 그는 타이노 족의 내면세계에 대해 상당히 공감하는 기록을 남겼다.[101] 파네는 콜럼버스의 2차 항해에 동행한 수사인데, 콜럼버스의 부탁으로 1495년 이후 몇 년 동안 에스파뇰라 섬에 남아 주민들과 함께 살았다. 그는 그들의 언어를 배우고 그들의 관습을 관찰하고 기록했다. 이는 아마도 아메리카 주민에 대한 최초의 인류학적 보고서라 할 수 있다. 1498년에 그가 콜럼버스에게

101 Ramón Pané, *On Taino Religious Practices*, ca.1498.(Symcox 2005, 159-166)

전한 원본 기록은 남아 있지 않으나 복사본이 이탈리아의 페라라에 전해져서 그곳에 남아 있다. 그는 우선 지금까지 유럽인들이 인디언들에 대해 너무 피상적으로 파악했다는 사실을 인지한다.

> 콜럼버스가 처음 그 섬을 발견했을 때에는 이곳 사람들이 하늘, 별, 같은 것만 숭배한다고 믿었다. 그러나 그들과 함께 살며 그들과 친해지고 그들 언어를 배우고 보니 그들이 다양한 의식과 관습을 가지고 있다는 것을 알게 되었다.(Symcox 2005, 160)

그는 이들의 제미(zemi) 신앙에 대해 관찰하고, 그들의 신화와 설화도 기록했다. 특히 인간의 기원과 변신 관련 신화를 소개하면서 이것이 유럽인들이 가지고 있는 신화와 다를 바 없다는 점을 언급했다. 이들의 신화에 따르면, 초기 인류는 동굴 속에서 살았으며, 남자들만 있고 여자가 없었다. 이들은 밤에 동굴 밖으로 나와서 빗물이 고인 도랑에서 목욕을 하고는 자두나무로 달려갔다. 그 위에는 수많은 개미들이 모여 있었다. 그들은 이 개미들이 여자라 생각하고 움켜쥐었지만 손에서 빠져나가고 네 마리만 남았다. 이 네 마리의 개미가 인간 여성의 조상이다. 그런데 이 개미들에게는 성기가 없었다. 그래서 노인들에게 자문을 구하여, 딱따구리를 보내 딱딱한 부리로 가랑이 사이를 쪼아 성기를 만들었다. 그는 이 이야기를 그리스 신화의 뮈르미돈(Myrmidon) 이야기와 비교하며 근본적인 차이가 없다는 점을 강조한다.[102] 그는

102 뮈르미돈은 아킬레스를 따라 트로이 전쟁에 참가한 부하로서 개미가 조상이라고 한다. 혹은 제우스가 큰 개미 모습으로 변하여 에우리메두사(Eurymedusa)에 접근하여 아이를 낳은 것이라고도 한다.

일종의 문화상대주의적 견해를 제시하고 있다.

> 그들 사회에는 이오바나보이나(Iovanaboina)라는 동굴이 있는데, 이것은 우리의 산티아고 데 콤포스텔라만큼이나 그들에게 신성한 곳이다. [⋯] 축일에는 그들도 우리처럼 노래하고 음악을 연주한다.(Symcox 2005, 163)

그는 이런 식으로 차분히 접근하면 그들을 이해할 수 있는데, 콜럼버스는 자신이 보고자 하는 바대로만 이해했다고 비판한다. 타이노 족은 아무런 문화가 없는 원시인이라는 판단이 그릇된 것임을 인식한 것이다.

이처럼 인디언들에 대해 공정하게 이해하고자 한 사례도 있지만, 실제로는 편견에 가득 찬 견해들이 더 널리 퍼져 갔다. 특히 식인종이라는 요소가 중요한 관건이었다. 최근 연구 결과에 의하면 아메리카에서 식인 풍습이 실제 존재했으며 이것이 아메리카의 여러 문명의 핵심 요소였다는 사실은 앞에서 언급한 바 있다. 그렇지만 식인 풍습은 사실 여부를 떠나 크게 과장되어 퍼져 갔다.

앙기에라(Peter Martyr d'Anghiera)가 대표적인 사례다. 그는 스페인 왕실에서 일한 이탈리아 출신 인문주의자였다. 콜럼버스와 친구라고 주장하는 그는 직접 아메리카에 간 적은 없지만 콜럼버스의 여행을 주목해서 보았고 또 그의 기록도 읽었다. 그는 이를 이용해 아메리카에 관한 기록을 남겼는데 그중 식인종에 관한 부분은 다음과 같다.

> 에스파뇰라 섬 가까이에 인육을 먹는 야만인들이 사는 섬이 있다. 그들이 처음 스페인 사람을 보았을 때 그처럼 놀라서 도망간 것이 그 때문이다. 그들의 이름은 카니발(Cannibal) 혹은 카리브(Carib)이다. 그들이 공격해 오기

때문에 이 섬 사람들은 늘 긴장하곤 한다. 그들은 아이를 잡으면 마치 우리가 수탉이나 수퇘지에게 그러하듯 거세시키는데, 이는 살지게 만들고 피를 부드럽게 하기 위해서다. 그들은 성인을 잡으면 죽여서 여러 토막으로 자른다. 그리고 내장과 사지가 싱싱할 때 잔치를 벌인다. 남은 부분, 특히 팔다리는 소금에 절인다. 여자를 먹는 것은 죄이고 구역질나는 일이다. 그들은 여자를 잡으면 거기에서 아이가 생기도록 할 뿐이다. 노인들은 노예로 부린다. [...] 식인종이 공격해 오면 무조건 도망치는 수밖에 없다.(Symcox 2005, 167-171)

출판된 보고서나 편지들의 정보가 유통되면서 그 내용이 조금씩 더 과장되고 왜곡되는 것이 문제였다. 무엇보다 창카의 보고서가 중요한 정보원이었던 것 같다. 특히 그가 말하는 식인 풍습, 그중에서도 포로를 잡으면 거세해서 살찌게 만든 다음 잡아먹는다는 것이 사람들의 이목을 끌었다. 여기에 창카가 말하지 않은 내용까지 더해졌다.

조반니 데 바르디(Giovanni de' Bardi)라는 사람이 보낸 편지가 그런 사례다. 1494년 4월 19일자 편지 사본에는 이런 내용이 나온다.

한 식인종은 몸에 상처가 나서 거기에서 내장이 흘러나오고 어깨에 두 군데 더 상처가 났는데, 손으로 내장을 막으며 계속 헤엄쳤다. 결국 그들[콜럼버스 일행]은 그를 창으로 찔러 살해했다. 한편, 한 여인은 수영하면서 화살을 쐈는데 한 비스케 지역 사람의 앞에서 등까지 꿰뚫었다. 그리고 다른 화살 하나는 방패를 뚫었다고 한다.(Reports, doc.14)

이는 창카의 보고서에 나오는 내용에 근거한 것으로 보이지만 원본에는 없는 내용이 더해져 있다. 내장이 흘러나오는데도 그것을 밀어

넣은 채 헤엄치는 엄청난 괴력의 식인종, 그리고 아마존 여전사를 연상시키는 강력한 여성의 이야기는 이곳이 얼마나 야생적인가를 말해주는 이미지로 제시되었다. 1차 항해 이후 아메리카가 낙원의 이미지를 띠었다면, 2차 항해 이후부터는 식인종이라는 반대 이미지가 유럽인들에게 점차 더 큰 영향을 미쳤다.

그렇지만 좀 더 객관적으로 판단하면, 아메리카에 관한 정보가 아무리 극적으로 보인다 해도 사실 그 당시 유럽인들의 관심사 중 큰 부분을 차지하지는 못했다. 지식인들도 유럽 내부 문제에 더 큰 관심을 두고 있었다. 1494년에 이탈리아 전쟁이 일어나서 합스부르크가와 발루아가 간의 헤게모니 다툼이 격화되고, 지중해에서 오스만 제국의 위협이 증대되었으며, 조만간 루터의 종교개혁이 시작될 것이다. 말하자면 신대륙보다는 구대륙의 사건들이 훨씬 더 크게 이목을 끌었다. 결과적으로 보면 세계사의 큰 흐름을 바꾸어 놓을 엄청난 사건이 벌어지고 있었지만 아직 사람들의 마음속에서 그것은 변방의 일이며 부차적 관심에 불과했다. 아메리카가 유럽인들의 인식 안으로 들어오는 과정은 매우 느리게 진행되고 있었다.

9. 3차 항해

지상낙원과 지옥

3차 항해는 네 번에 걸친 콜럼버스의 항해 가운데 가장 극적이었다. 우선 다른 항해와는 달리 남쪽 항로를 취했다가 무풍지대에 빠져 바다에서 모든 선원이 죽을 뻔한 것부터 특이했다. 이곳에서 겨우 탈출한 후 오리노코 강 주변 지역에 도착해서는 드디어 인류가 염원하는 지상낙원을 발견했다고 생각했다. 그 후 에스파뇰라 섬에 찾아갔으나 그의 현지 관리 방식이 너무나 미숙하여 최악의 혼란을 초래했고, 결국 왕실에서 보낸 조사관에게 체포되어 쇠사슬에 묶여 귀국해야 했다. 이런 극단적인 변전을 경험하는 동안 그는 자신이 겪는 고난이 하느님의 사업을 수행하는 과정에서 생기는 일이라고 생각하게 되었다. 한편으로는 참혹한 식민화·노예화가 진행되는데, 콜럼버스는 갈수록 종말론적인 꿈의 세계로 도주해 갔다. 그는 지상낙원과 지옥을 오가고 있었다.

3차 항해의 준비

큰 희망 속에 시작했던 2차 항해는 결과적으로 기대에 부응하지 못했다. 그가 그토록 바라던 금을 찾은 것도 아니고, 현지 주민들과 수익성 좋은 거래를 트지도 못했으며, 그렇다고 목표로 한 일본이나 중국 같은 곳으로 확실하게 찾아간 것도 아니었다. 분명 큰 가능성은 보였지만 현실적으로는 고작 현지 주민들을 잡아서 노예로 팔아먹는 초라한 성과밖에 거두지 못했다. 현지에서는 혼란이 가중되고 있어서 콜럼버스는 결국 국왕에 의해 소환된 것이나 다름없는 꼴로 귀국하고 말았다.

그렇다고 여기에서 단념할 수는 없는 일이었다. 콜럼버스는 이제 세 번째 시도에서 엄청난 성과를 거두리라고 믿었다. 그렇지만 그것은 냉철한 계산의 결과가 아니라, 신비적인 종교적 사고의 결과였다. 그는 3이라는 숫자에 수비학적(數秘學的) 기대를 걸었던 게 틀림없다. 이번 항해 내내 그의 머릿속에는 성(聖) 삼위일체의 개념이 떠나지 않았다. 이런 신념을 가지고 그는 항해를 지원해 달라고 왕실에 거듭 요청했다.

사실 스페인도 콜럼버스의 사업을 완전히 포기할 처지는 아니었다. 당시 포르투갈은 바스코 다 가마에게 본격적인 인도 항해를 발진시키려 했고, 유럽의 다른 나라들도 호시탐탐 기회를 노리고 있었다. 스페인 당국이 알고 있었는지는 모르지만, 영국의 헨리 7세는 존 캐벗(John Cabot, 베네치아 식으로는 Zuan Chabotto)에게 북아메리카로 가서 아시아 루트를 탐색하라고 지시했다.

콜럼버스는 1496년 10월 혹은 11월에 부르고스의 왕실로 찾아가서 다음해까지 그곳에 머물렀다. 그런데 이때 콜럼버스는 진정 놀라운 모습을 연출했다. 베르날데스에 의하면 그는 이국적인 옷을 입은 아메리카 주민들을 데리고, 자신은 프란체스코회 수사의 복장에 수염을 기른 채 두 국왕 앞에 나타났다. 그는 종교적 열정에 휩싸여 의도적으로 자기 절제와 빈곤을 과시하고 있었음에 틀림없다.[103]

당시 스페인 왕실은 재원이 부족한 상태였다. 프랑스가 카탈루냐를 공격해 와서 이를 방어하는 군사 비용 부담이 매우 큰 데다가, 왕자 후안이 오스트리아의 마르가리타(Margarita)와 결혼을 앞두고 있어서 결혼 비용도 마련해야 했다. 두 국왕은 2차 항해를 마치고 니냐호에 싣고 온 금으로 사업비를 충당하라고 지시했다. 그런데 콜럼버스가 가지고 온 금이 기대보다 훨씬 적고 금보다는 노예 판매액이 더 큰 부분을 차지한다는 것을 알고 크게 분개했다. 국왕들은 사업 전망에 대해 의구심을 가졌을 테지만, 그렇다고 다른 대책이 있는 것도 아니어서, 일단 사업 시행을 미룬 채 자금을 마련할 방도에 대해 고민하게 되었다.

국왕이나 콜럼버스 모두 현지에서 금을 얻기를 학수고대했지만 아직 이렇다 할 성과를 거두지는 못했다. 다만 2차 항해 당시 귀국 직전에 이사벨라 섬에서 금 생산지로 추정되는 곳을 발견하고는 자세한 사정을 알지 못한 채 이름을 '산크리스토발(San Cristóbal)'이라고 짓고 귀국했었다. 이곳 사정은 어땠을까? 그의 동생 바르톨로메 콜론이 이곳의 일을 관장했지만 그 역시 무능하기는 마찬가지였다. 그가 현지인과 스페인 이주민들을 무리하게 압박하다 보니 큰 저항을 불러왔다. 급기야 프란시스코 롤단(Francisco Roldán)이라는 인물이 세력을 규합하고 인디언

103 그가 프란체스코 수도회의 정신을 깊이 추구하는 신심 깊은 인물로 보이고 싶어 한다는 것은 분명하지만, 이 장면을 놓고 콜럼버스가 '프란체스코 제3회(tertiary Franciscan)'〔제3회란 세속에 살면서 특정 수도회(이 경우에는 프란체스코회)와 연관을 맺고 그 수도회의 정신을 실천하는 신자 모임을 가리킴〕에 가입해 있었다고 볼 수 있는지는 논란이 마무리되지 않았다. 이후 그의 행적과 기록들을 볼 때 그럴 가능성이 없지 않지만 물론 단정할 수는 없다.(Crouzet, 223; Phillips, 296, 주4)

들과 동맹을 맺고는 반란을 일으켰고 콜럼버스가 다시 돌아오는 2년 반 뒤까지도 이런 상태가 지속되고 있었다. 콜럼버스의 사업은 유럽과 아메리카 양쪽에서 모두 어려움에 봉착해 있었던 것이다.

1497년 4월에 왕자의 결혼이 이루어진 후 국왕은 이제 콜럼버스에게 다시 신경을 쓰게 되었지만 자금 부족 문제는 여전히 해결될 기미를 보이지 않았다. 이 일을 담당할 인사로 콜럼버스의 친구였던 안토니오 데 토레스를 지명했으나 그는 왕실에 무리한 요구를 하다가 해촉되고 대신 폰세카가 그 일을 떠맡았다. 3차 항해 준비는 그의 지휘하에 이루어지게 되었다.

이사벨과 페르난도는 1497년 4월 23일자 명령서를 통해 3차 여행에 관해 지시를 내렸는데, 중요한 내용은 에스파뇰라 섬을 본격적인 식민지로 만들고 현지 주민을 기독교도로 전도하라는 것이었다. 콜럼버스는 정부가 임금을 지불하는 인력을 330명까지 충원할 수 있다는 허락을 받았다. 여기에는 기병 40명, 보병 100명, 채금(採金) 노동자 20명, 농부 50명, 채소 재배인 10명, 기타 직종 종사자 20명, 그리고 여기에 더해 여성 30명도 포함되었다. 그리고 괭이, 삽, 도끼, 망치, 지렛대 같은 도구와 소, 말, 나귀 같은 가축도 싣고 가기로 했다. 즉 자체 지속적인 농업체제 구축을 염두에 두고 있었던 것이다.

> 새로운 거주지든 기존 거주지든 혹은 알맞다고 생각하는 곳에 경작과 목축을 시행하여 그 섬에 살거나 앞으로 살 사람들이 경제적으로 더 잘 유지할 수 있도록 하라. 이 과업을 가장 잘 수행하기 위해 이제 서인도로 가는 농부들에게 50카이세스(cahices, 4.78metric tons에 해당하는 cachiz의 복수형)의 밀과 보리를 보내어 파종용으로 빌려주고, 또 20마리의 소와 암말 등의 가축을 주도록 하라. 이 곡물을 받은 사람은 반드시 파종, 경작, 수확을 한 후 갚

은 양을 갚고 더 나아가서 수확량의 10분의 1을 십일조로 내야 한다. 그 나머지 곡물은 기독교도들에게 팔 수 있지만, 단 이 곡물을 구입하는 사람들이 곤경에 처할 정도로 높은 가격을 요구해서는 안 된다. 만일 그런 사태가 일어나면 당신이나 제독 혹은 다른 대표자가 최고가를 정해야 한다.(Symcox 2005, 103)

또 현지에서 나는 금으로 금화(Granadan excelentes)를 주조하고, 현지 주민들에게 인두세를 걷되 납세 여부를 확실히 파악하기 위해 납세를 증명하는 목걸이를 걸고 다니도록 할 예정이었다.

정해진 세금을 낸 인디언들은 목에 놋쇠 혹은 납으로 만든 표시를 걸어야 한다. 이 표시의 디자인은 납부 시마다 바꿔서 누가 내지 않았는지 알 수 있도록 하라. 이 표시를 목에 걸지 않고 있다가 발견된 사람은 모두 체포하여 가벼운 처벌을 가하도록 하라.(Symcox 2005, 105)

이런 식으로 지배 체제를 공고히 할 계획을 세웠지만 문제는 바다 건너 그 먼 곳에서 일어나는 일을 실질적으로 통제할 방법이 없다는 점이었다. 국왕은 2차 항해 시에 콜럼버스가 동생 바르톨로메 콜론에게 주었던 아델란타도(adelantado) 직위를 이때 공식 인정해 주었는데, 이처럼 현지에서 멋대로 행한 일을 사후에 추인할 수밖에 없다는 것은 바다 건너 대륙에서 일어나는 일에 대해 본국이 통제하기 힘들다는 것을 분명히 보여 주는 사례였다. 이런 상황에서 우선은 콜럼버스와 그 형제들을 다시 한 번 믿고 권한을 줄 수밖에 없었다.

콜럼버스에게 부여한 가장 중요한 권한은 토지 배분에 관한 것이었다: "토지를 받으려는 사람이 그동안 행한 봉사의 정도와 사회적 지위 그리고 생활 방식에 맞추어 전답, 삼림, 개천을 줄 수 있다"는 내용이었다. 기간은 4년이었다. 이것이 나중에 레파르티미엔토(repartimiento) 제도로 발전할 법적 근거가 되었다. 이 제도는 중세 스페인에서 새 지역을 정복하고 나서 무슬림의 공격에 맞서는 거주지를 구성할 때 토지를 배분하던 것과 유사한 방식이었다. 이제 자체 유지가 가능한 식민지의 건설로 완전히 방향이 잡혔다. 이는 포르투갈이 아프리카에서 행했던 방식을 버리고 중세에 카스티야가 스페인 내에서 했던 방식 혹은 카나리아 제도의 개발 방식으로 변화한 것을 의미한다. 즉, 토지 배분과 지방자치를 현지의 위원회가 주관하고 국왕은 상위 권력을 장악한 채 상업을 통제하면서 법률적 지배의 틀을 제공한다는 것이다.

그러나 콜럼버스의 3차 항해는 1497년 후반기에 왕실에서 일어난 비극 때문에 다시 미뤄졌다. 두 국왕의 유일한 계승자 후안이 10월 4일 사망하고, 청상과부가 된 마르가리타는 연말에 딸을 사산했다. 왕실 전체가 깊은 슬픔에 잠겼다. 콜럼버스의 3차 항해는 다음 해 5월 말에 가서야 가능해졌다.

남쪽 항해

3차 항해는 일명 '남쪽 항해(rumbo austral)'로 불린다.(Dugard, 49) 이전의 항해와 달리 훨씬 남쪽 바다로 내려가는 항로를 취했기 때문이다. 콜럼버스는 모두 여덟 척의 배로 선단을 꾸렸는데, 그중 두 척만 미리 준비되어 떠나고 남은 여섯 척은 후발대로 떠났다. 선원 모집에도 어려움이 많았다. 원래 300명의 남자와 30명의 여자를 충원해서 보낼 계획이었으나 소문이 좋지 않아서인지 지원자가 적었다. 할 수 없이 국왕은 죄수들에게 이 사업에 참여하면 사면해 준다는 특명을 내렸고(다만 반역, 이단, 밀수, 화폐위조, 동성애 등의 중죄는 제외되었다), 그래서 10명의 살인자가 사면 받고 이 항해에 동참했다. 이들까지 포함해도 전체 인원은 226명밖에 되지 않았다.

후발팀 여섯 척은 다시 둘로 나뉘었다. 카라벨선 세 척으로 이루어진 한 팀은 보급품을 싣고 예전처럼 카나리아 제도의 고메라 섬에서 에스파뇰라로 직행했고, 한 척의 나오선과 두 척의 카라벨선으로 구성된 다른 팀은 콜럼버스의 지휘를 받아 남쪽 항로로 가기로 했다.

콜럼버스는 왜 남쪽 항로를 취했을까? 그 이유는 금을 비롯한 귀금속 발견의 가능성을 높이기 위해서였다. 이는 같은 위도에서 같은 물건이 산출된다는 아리스토텔레스의 이론에 따른 것이다. 콜럼버스는 시에라리온과 산타안나 곶의 위도까지 내려가서 서진할 생각이었다. 적도 이남에 위치한 이 지역은 포르투갈이 금을 발견한 곳이었다. 금이 발견된 위도까지 내려간 다음 방향을 바꿔 서쪽으로 가면 아시아의 금 산지로 갈 수 있으리라는 계산이었던 것이다.(Las Casas 2002, 25)

금은 왜 더운 곳에서 생산될까? 당시 학자들은 금속이 특정 조건하에서 '숙성'되는데, 금은 태양의 영향을 받아 만들어지는 물질이므로 태양 볕이 강하게 내리쬐는 적도 부근이 주요 산지라고 보았다. 당대의 유명한 우주지학자인 하이메 페레르 데 블라네스(Jaime Ferrer de Blanes)는 1495년 8월에 콜럼버스에게 다음과 같은 내용의 편지를 보냈다.

> 적도 부근에는 보석이나 금, 향신료와 약재 등 고귀한 물건들이 많이 납니다. 내가 이 점에 대해 확실히 말할 수 있는 이유는 레반트 지역, 카이로, 다마스쿠스에서 많은 경험을 했기 때문이고, 또한 나 자신이 보석 연마공이어서 그런 물질들이 어디에서 오는지, 그리고 어떤 기후대에서 나는지 늘 관심 있게 조사했기 때문입니다. 많은 인도인, 아랍인, 에티오피아인들로부터 들은 바에 의하면 고귀한 물질의 태반은 아주 뜨거운 지역, 곧 사람들 피부

가 검거나 짙은 곳에서 산출됩니다. 그래서 내 판단으로는 그런 사람들을 발견하기 전에는 고귀한 물질들을 많이 발견하지 못할 것입니다.(West, 69)[104]

이처럼 당시의 '과학적' 견해는 모두 적도 부근에 금이 많이 몰려 있다는 것이었다. 그러나 그의 편지는 또한 당시에 과학과 신앙이 얼마나 긴밀히 연관되어 있는지 잘 보여 준다. 우선 그의 편지에서 콜럼버스는 "인도와 시바오 섬의 제독"으로 표시되어 있으며 신께서 "크나큰 신비와 영광을 밝히시기 위해" 선택한 사람으로 지칭된다. 콜럼버스는 곧 벵골 만(Sinus Magnus)에 도달할 것이며 도마 성인이 묻힌 곳에 갈 것이다.[105] "지고(至高)의 진리가 선언한바 전 세계가 한 사람의 목자, 하나의 법 아래 들어가게 될 것이다." '하나의 법'이 기독교를 의미함은 자명하다. 여기에서 콜럼버스는 새로운 도마 성인이자 '신의 대사(大使)'로 격상되어 신께서 지시한 곳으로 가게 된다고 쓰여 있다.(Crouzet, 224) 그러므로, 페레르의 논리를 정리하면, 과학적 원리로 볼 때 금은 열대 지역에서 산출되는데, 신께서는 이 고귀한 물질을 자신의 뜻을 펼칠 콜럼버스와 같은 특출한 인물에게 주신다는 것이다.

사실 콜럼버스에게도 '과학적' 설명보다는 성경 내용들이 더 중요한 근거였을 것이다.(West, 70) 구약에 언급된 솔로몬의 금광은 '극동의

104 페레르는 토르데시야스 조약을 맺기 전에 스페인 왕실에 조언을 해 준 인물이었다. 이사벨 여왕은 콜럼버스에게 최신 과학의 견해를 알려줄 필요가 있다고 판단하고 페레르에게 편지를 쓰라고 부탁했던 것이다.

105 중세 유럽인들에게 '인도'는 어떤 곳인지 오리무중일 수밖에 없었다. 그 결과 전설적인 이야기가 덧씌워지곤 했다. 어떤 사람들은 두 개의 인도를 상정하여 '상부 인도(India superior)'는 바돌로매가 전도하고 '하부 인도(India inferior)'는 도마가 전도했다고 말하는가 하면, 또 다른 사람들은 세 개의 인도(에티오피아, 메디아, 극동)를 상정하기도 했다.(Simek, 61; Silverberg)

적도 부근'에 위치한 것으로 추정되었다. 그는 오랫동안 금 산지가 구체적으로 어디인지에 대해 숙고했고 책을 읽으면서 관련된 내용이 나올 때마다 표시를 했다. 피콜로미니의 책에는 금 산지가 '오리엔트(Orient)'라고 되어 있는데, 콜럼버스는 이 부분에 밑줄을 그었다. 다이이는 자신의 저서에서 금 산지를 아시아 남동쪽 극단으로 추정했는데, 이 부분에 콜럼버스가 '구(球)에 대한 내 문건들'이라는 주해를 단 것으로 보아 아마도 따로 노트를 해둔 것 같다.

콜럼버스가 남쪽 항로를 취한 데 대한 또 한 가지 주목할 만한 가설은 소위 남방대륙과 관련된 것이다. 라스카사스에 의하면, 콜럼버스가 남쪽으로 항로를 정한 이유는 포르투갈의 국왕 주앙이 제기한 '남방대륙설'을 검증하기 위해서라는 것이다. 국왕은 남쪽에 거대한 대륙이 존재한다고 확신하고 있었으며, 따라서 알카소바스 조약에서 정한 바대로 아조레스 서쪽 300리그를 기준으로 그 동쪽 반구의 남쪽에 있는 거대한 대륙을 포르투갈의 영토로 삼을 수 있으리라 희망하고 있었던 것이다.(Las Casas 2002, 24) 결과적으로 국왕의 희망대로 남쪽의 브라질이 포르투갈의 식민지가 되었다. 그렇다면 혹시 포르투갈은 남미 대륙의 존재를 미리 알고 있었던 것은 아닐까?(Fernández-Armesto 1974, 98)[106]

이상의 여러 가설 중에 구체적으로 어떤 것이 콜럼버스의 의도였는지는 명확하지 않으나, 적도까지 내려가 그곳에서 서진할 생각이었던 것은 분명하다. 그렇지만 실제로는 적도까지 내려가지는 못하고,

106 사실 포르투갈 국왕이 견지한 이 견해의 정확한 근거는 아직 알려져 있지 않다. 아마 고대 로마 학자인 마크로비우스(Macrobius)의 설을 반복했을 가능성도 있고, 어쩌면 콜럼버스의 사업을 훼방하기 위해 일부러 퍼뜨린 낭설일지도 모른다는 주장도 있다.

카보베르데 제도에서 남서쪽으로 120리그 항해한 지점에서 방향을 바꿔 서쪽을 향했다(7월 7일). 그 자신의 설명에 의하면 이곳에서는 북극성이 해수면 위 5도 위치에 있었다.(Jane, vol. II, 10) 이곳에서 콜럼버스의 선단은 8일 동안 무풍지대(doldrums)에 빠지고 말았다. 풍력을 이용하는 범선의 시대에 바람이 불지 않는다는 것은 곧 죽음의 위험을 의미한다. 이 지옥 같은 상태를 콜럼버스는 '불타는 바다'로 묘사했다. 7월에 찌는 듯한 열대의 해상에 꼼짝없이 갇혀 있는 동안 포도주가 식초로 변하고 물은 증발해 버렸다. 밀은 가루가 되고 베이컨은 부패했다. 심지어 식품을 보관한 나무통이 폭발하였다. 그런데 계절에 맞지 않게 우연히 불어온 남동풍이 이들의 목숨을 구해 주었다.(Las Casas 2002, 25) 그런 위험한 지경에 빠져 있었을 때에도 콜럼버스는 토르데시야스 구분선의 동쪽, 즉 포르투갈 측 바다에 어떠한 섬도 없다는 것을 알고 기뻐했다.(Fernández-Armesto 1974, 100) 지독한 열기를 경험한 그들은 이 지점에서 더 남쪽으로 내려가는 것을 포기하고 서쪽으로 항로를 바꾸었다. 이 정도만 내려가도 금 산지인 시에라리온과 같은 위도였기 때문이다.

콜럼버스 일행은 7월 31일 드디어 섬을 보았다. 알론소 페레스(Alonso Pérez)라는 선원이 마스트 위에서 15리그 밖의 육지를 본 것이다. 그런데 대서양을 넘어 처음 본 이 섬의 산들이 3열로 나란히 서 있지 않은가! 이를 본 콜럼버스는 곧 신비주의적인 생각에 빠져들었다. 3차 항해에서 그는 줄곧 성 삼위일체를 생각했는데, 세 개의 산이 줄을 맞춰 있는 것이 보이자 이를 신의 뜻의 발현으로 생각하고는 이 섬을 트리니다드(Trinidad, 스페인어로 '삼위일체')라 명명했다. "세 개의 산이 한 번에 보이다니, 하느님의 큰 힘이 자비를 통해 나를 인도하셨도다. […] 이곳에서 이 땅을 발견한 것은 1차 항해 때와 마찬가지로 큰 기적이다"라고 말하며 그는 감개무량해 했다. 이 지역은 포르투갈 국왕에게 금을 가져다주는 지역의 위도와 평행한 곳이므로 "이 해역을 잘 탐사하면 귀한 것들을 발견할 것"으로 기대했다.(Las Casas 2002, 27-28; Fernández-Armesto 1974, 100-101) 그들은 현재 '에린 만(Erin Bay)'이라 불리는 지역의 어느 섬에 상륙해서 물을 구했는데, 눈앞에 보이는 곳이 남미 대륙이라는 사실을 모르고 그저 또 다른 섬이라고 생각한 듯하다.

일행은 다시 북쪽으로 항해하다가 서쪽에 파리아 반도의 산을 보았다. 이곳은 오늘날의 베네수엘라로, 콜럼버스 자신은 전혀 눈치 채지 못했지만 그는 처음으로 남미 대륙을 바로 눈앞에서 본 것이다. 콜럼버스는 이곳에서 조금 더 항해해 가다가 거대한 민물의 흐름을 목도하게 되었다. 바다 한가운데로 엄청난 규모의 민물이 쏟아져 들어오는 이 현상을 어떻게 설명할 것인가? 이곳은 과연 지구상의 어디란 말인가? 사실 그곳은 오리노코 강 입구여서 바다까지 강물이 밀려들어온 것이지만, 그 사실을 몰랐던 콜럼버스는 머릿속으로 상당히 복잡한 추론을 한 것으로 보인다. 그는 남방대륙 혹은 대척지(antipode)에 관한 생각을 여전히 가지고 있었다. 이 지역은 과연 아시아의 끝 부분인가, 아니면 또 다른 대륙인가? 대척지와 아시아의 남동쪽 끝 부분은 서로 연결되어 있는가, 아니면 떨어져 있는가? 이 문제에 대해 콜럼버스는 심각한 고민에 빠졌다. 콜럼버스는 나중에 국왕에게 쓴 편지에서 당시 그가 관찰한 사실들과 그로부터 추론한 내용들을 다음과 같이 보고했다.(Jane, vol. II)

8월 2일, 콜럼버스 일행은 이 지역에서 현지 주민들과 조우하였다. 20여 명의 인디언이 탄 카누와 맞닥뜨렸는데, 인디언들이 경계하며 가까이 다가오지 않자 콜럼버스는 그들의 경계심을 풀고 가까이 다가오게 하기 위해 선원들을 시켜 북을 두드리며 춤을 추게 했다. 그러나 인디언들은 이것을 전투 신호로 착각하고 활을 쏘며 공격해 왔다. 선원 중 1명이 그들에게 옷과 모자를 선물하여 겨우 전투를 중단하고, 곧 그들의 마을에 들어가서 음식을 대접받았다.[107] 콜럼버스는 이들이 알마이사레스(almaizares, 스페인의 무어인이 쓰는 일종의 스카프)와 비슷한 두건을 쓰고 있다고 생각했다. 말하자면 이곳에서 이슬람교도를 보았다고 생각한 것이다. 주민들과 대화를 한 결과 서쪽 너머 지역에 금 산지가 있지만 그곳에는 사람을 잡아먹는 식인종이 있다는 이야기를 들었다. 그리고 주변에 진주가 난다는 사실도 알게 되었다.(Jane, vol. II, 24) 물론 생전 처음 보는 이 사람들의 말을 알아들었을 리는 없고, 그 스스로 그렇게 이해한 내용이지만 말이다. 여러 정보들을 놓고 볼 때 도대체 이곳은 어디쯤일까?

콜럼버스는 지구의 모습에 대해 곰곰이 생각했다. 그는 1차 항해 당시 스페인에서 출발하여 대서양을 횡단할 때 아조레스 제도 서쪽 100리그를 지나는 순간 하늘과 별, 바다에 변화가 일어난 사실을 생각해 냈다. 그리고 그때 나침반 자침의 방향이 크게 바뀌었다는 사실도 생각해 냈다. 이 경계를 넘으니 기후가 전반적으로 매우 온화해지고 바다도 잔잔해졌다. 이런 변화는 무엇을 의미할까? 이런 생각을 하며 콜럼버스는 밤에 바다를 자세히 관찰했다. 그의 눈으로 보기에 바다는 서쪽에서 동쪽 방향으로, 그리고 북쪽에서 남쪽 방향으로 '올라가는' 것으로 보였다.(Jane, vol. II, 16, 38)[108]

107 그는 여기에서 옥수수를 처음 보았고 이것을 스페인에 가지고 왔다.(Jane, vol. II, 22)

108 사실 바다가 동쪽 방향으로 올라간다는 이론은 그 혼자만의 주장이 아니라 이전부터 제기되었던 것이다. 1491년에 그의 사업 제안이 탈라베라 위원회에서 논의되다가 기각되었을 때 그 논거 중 하나가 바로 이 주장이었다. 유럽에서 서쪽으로 멀리 항해한 후 귀환할 때 바다를 거슬러 올라오는 것이 불가능하다는 것이다.(Crouzet, 16)

> 아조레스 제도 서쪽 100리그 지점을 지날 때 서쪽으로 가면서 점차 배가 아주 완만하게 하늘로 올라간다. 그리고 지극히 온화한 날씨가 펼쳐진다. 그리고 나침반 자침이 $\frac{1}{4}$ 변화하는데, 배가 더 나아갈수록 자침의 변화가 더 커진다.(Jane, vol. II, 30)

그는 이런 사실들로부터 아주 놀라운 추론을 했다. 지금까지 프톨레마이오스를 비롯한 모든 고전 저자들이 지구는 공 모양이라고 주장해 왔고, 예컨대 월식 때 지구 그림자를 보면 지구가 둥글다는 것을 알 수 있다고 설명했다. 그런데 콜럼버스는 그런 설명이 맞지 않다는 것을 깨달았다고 생각했다.

> 프톨레마이오스를 비롯한 선학들이 지구가 공처럼 둥글다고 했지만, 그것은 그들이 사는 반구(hemisphere), 즉 적도 아래에 있으며 아라비아 해와 페르시아 만 중간에 위치해 있는 아린(Arin)을 중심으로 하는 반구에 대해서만 타당한 말이다. [⋯] 그쪽 지방이 공처럼 둥글다는 것에 대해서는 나는 아무런 의심을 품지 않지만, 이쪽 반구는 서양배(pear)의 반쪽처럼 생겨서 둥근 공 위에 꼭지가 붙어 있는, 혹은 여자 가슴에 젖꼭지가 붙어 있는 모양이다. 이 반쪽에 대해서는 프톨레마이오스든 누구든 아무런 지식을 가지고 있지 않았으며, 그래서 전혀 알려져 있지 않았다. 그들은 오직 그들이 살고 있는 곳을 근거로 해서 둥근 구를 상정한 것이다.(Jane, vol. II, 30-32)

지구는 공 모양이 아니라 서양배 모양이어서 전반적으로 둥글지만 꼭지 부분이 튀어나와 있다. 달리 표현하자면 지구는 여성의 가슴과 같이 생겨서 젖꼭지 부분이 튀어나와 있다는 것이다. 바로 이 부분이 지구상에서 가장 높고 하늘에 가장 가까운 부분이다. 그 꼭지의 위치는 적도 이남이며 “대양의 동쪽 끝”이다. ‘동쪽 끝’이란 유라시아 대륙과 부속 섬들이 끝나는 지점을 가리킨다. 이 시기에 그는 정말로 대단히 기묘한 지구 모양을 그리고 있었던 것이다.[109]

여기에 더해서 그가 만난 사람들의 피부색을 놓고 연관된 추론을 해나갔다. 그리고 사람들의 피부색이 지역에 따라 점차 달라진다는 사실을 관찰한 결과 다음과 같은 가설을 세웠다.

> 적도 위로 20도 지점, 곧 아르귄 섬 정도의 위도에 사는 사람들은 피부가 검다. 그 지점을 넘어 더 남쪽으로 가서 카보베르데 지역에 이르면 사람들의 피부색은 훨씬 더 검어진다. 그곳을 지나 남쪽으로 더 내려가서 시에라리온 정도의 위도로 가면 가장 검어진다. 그런데 이후 서쪽으로 항해해 가면 앞에서 말한 대로 기후가 점점 더 온화해지고, 그러다가 내가 현재 있는 곳, 즉 트리니다드와 그라시아 지역에 오면 기후가 온화하고 나무도 녹색이 되어 마치 4월의 발렌시아의 정원처럼 된다. 이곳에 사는 사람들은 생김새가 좋고 인도의 다른 지역에서 본 사람들에 비해 피부색이 더 하얗다. 머리카락도 길고 부드러우며, 더 영리하고 지성을 갖추었으며 겁쟁이가 아니다.(Jane, vol. II, 32)

피부색으로 대변되는 사람의 품성이 지역에 따라 달라진다는 주장이다. 유럽에서 남동쪽으로 갈수록 점차 피부가 검어지고 그와 함께 지적 혹은 육체적 품성이 ‘저열’해지는데(겁쟁이 같은 성질이 그런 측면이다),

109 지구를 여성의 가슴 모양으로 묘사하고, 젖꼭지가 낙원이며, 그곳으로 가기 위해 경사를 따라 올라가는 것을 마치 가슴 곡선 위로 가는 것처럼 묘사하는 서술은 매우 놀랍다. 이는 여성화를 넘어 ‘성애화(eroticization)’를 의미한다. 자모라(Margarita Zamora)는 이 부분에 대해 콜럼버스가 내면적으로 아메리카 대륙을 여성화하여 ‘탐나는 대상의 획득’과 ‘남성성에 의한 지배’로 형상화하고 있다는 분석을 제시했다.(Zamora, 174-175)

그곳에서 서쪽으로 방향을 바꾸어 항해하면 그 현상이 역전되어 다시 피부색이 옅어지고 사람들의 품성도 나아진다. 그 이유는 '높은 곳으로 올라가기 때문'이다. 그래서 적도 부근에 위치한 곳인데도 풍토가 달라지는 것이다. 이곳은 말하자면 세상에서 가장 높고 하늘에 가장 가까운 곳이자 동시에 가장 동쪽인 곳이다: "창조주께서 태양을 만들었을 때 태양이 처음 빛나던 동쪽 지점이 이곳이다. 최초의 빛이 이곳 동쪽 지점에서 처음 빛났다." 앞에서 보았듯이 중세 지도에서 동쪽은 여러 의미에서 높은 곳이다.(Jane, vol. II, 32-34)

그는 여기에서 한 걸음 더 나아가 결정적인 추론을 한다. 이 근처에 바로 에덴동산, 곧 지상낙원이 위치해 있다는 것이다. 성경의 〈창세기〉에는 아시아의 동쪽 끝에 에덴동산이 존재하며 여기에서 네 개의 큰 강이 발원하는 것으로 되어 있다. 성경을 문자 그대로 따르던 당시에 에덴동산은 이 땅에 실재(實在)하는 곳이었다.[110] 그렇다면 그 위치는 정확하게 어디인가? 콜럼버스가 이에 대해 많은 생각을 했었다는 것은 다음 기록에서 읽을 수 있다.

나는 그리스나 로마 시대의 저작 중에 지상낙원이 지구상 어느 곳에 위

110 에덴동산, 곧 지상낙원의 실재성(實在性)은 당대 정통 신학을 대변하는 아퀴나스에 의해 명백히 정리되었다. 『신학대전』 1부의 질문 102에서 그는 이렇게 썼다. 첫째, 낙원이 실재하는 장소인가 영적인 은유인가에 대해서는 영적이면서도 실재하는 장소라고 명확히 규정한다. 둘째, 낙원은 동쪽에 위치하는데 그 이유는 동쪽이 지구상에서 가장 좋은 방향이기 때문이다. 셋째, 낙원의 지리적 위치에 대해서는 인간이 알지 못하며, 낙원에서 발원한 강들이 지하로 스며들었다가 다시 솟아나는 장소 역시 인간이 알지 못한다. 넷째, 낙원은 은총으로 불멸 상태에 있던 무죄한 인간에게 어울리는 장소이며, 온화한 기후를 가진다. 다섯째, 낙원은 높은 곳에 위치하지만, 달의 높이만큼 높은 곳은 아니다. 여섯째, 낙원에 에녹과 엘리야가 살고 있을 확률이 높다.(정인철, 416) 콜럼버스의 사고에 이런 신학적 내용들이 준거가 되었음에 틀림없다.

치해 있는지 단정적으로 쓴 것을 본 적이 없으며, 증거에 근거한 권위를 가지고 세계지도상에 그것을 표시한 것을 본 적이 없다. 누구는 에티오피아의 나일 강 수원지가 그곳이라고 주장한다. 그러나 다른 사람들이 이 나라를 두루 다녔지만 기후가 비슷하다든지 하늘을 향해 상승한다든지 하는 점에서 낙원이 그곳에 있다고 유추할 수 있는 성질을 찾지 못했으며, 대홍수 당시 불어난 물이 그곳에 닿았다는 식의 증거도 찾지 못했다. 일부 이방인들은 '행복의 섬'이 낙원이라는 주장을 펼쳤는데, 이는 카나리아 제도를 가리킨다. 성 이시도르, 비드, 스트라보, 페트루스 코메스토르, 성 암브로시우스, 스코투스 등 모든 박학한 신학자들은 지상낙원이 동방에 있다는 데 동의한다.(Jane, vol. II, 36)

그런데, 당시 콜럼버스가 있는 '이쪽' 반구에서 적도 이남으로 내려가면 지상에서 가장 높은 곳에 다다르며, 그곳에서는 별의 위치와 바다 상태가 변하고 날씨가 온화해진다. 이런 근거를 가지고 그는 바로 그가 와 있는 곳 근처에 지상낙원이 있다고 추론한 것이다. 현재의 우리는 이런 추론이 터무니없다고 생각할지 모르지만, 콜럼버스로서는 중세 지리학에서 추론한 지점에 실제로 왔으니 에덴동산 근처에 도착했다고 판단하는 것이 이상한 일은 아니었다. 그렇지만 그 자신이 지상낙원으로 과감하게 들어가지는 않았다.

그곳의 가장 높은 지점까지 항해해 갈 수 있다거나 그곳으로 오를 수 있다고 믿지는 않는다. 왜냐하면 지상낙원이 그곳에 있지만, 신의 허락이 없으면 누구도 그곳에 갈 수 없기 때문이다.(Jane, vol. II, 36-38)

근처에 에덴동산이 있다고 믿는 중요한 근거는 엄청난 양의 민물이 바닷물에 섞인다는 사실이다. 〈창세기〉에는 지상의 모든 강의 근원이 되는 거대한 네 개의 강이 에덴동산에서 흘러나오는 것으로 되어 있다.

> 만일 이것이 지상낙원에서 온 것이 아니라면 오히려 더 놀라운 일이다. 왜냐하면 지상에 그처럼 크고 깊은 강이 있다고 믿을 수 없기 때문이다. (Jane, vol. II, 38)

실제로 이 민물은 오리노코 강물인데, 후일 라스카사스는 이에 대해 7-8월 우기 때 오리노코 강물이 크게 불어난다는 사실을 콜럼버스가 잘 모르고 오판한 것이라고 정확히 지적했다. 주변 바다에는 아주 많은 섬들이 있는데, 이에 대해서도 콜럼버스는 높은 곳에서 많은 물이 내려와 땅을 잠식하면서 생겨난 것이라고 판단했다. 그는 이렇게 고도가 높고 기후가 온화하기 때문에 이 섬들에서는 귀한 물건들이 많이 날 것으로 생각했다.

그러나 콜럼버스는 이런 논지를 아무런 의심 없이 일방적으로 밀고 나가지는 않고 자신의 생각을 다른 각도에서 검토했다. 그는 많은 논자들이 거론하는 대척지에 관한 주장들을 무시할 수 없었다. 현재 그가 와 있는 이곳이 혹시 아시아가 아니라 또 다른 대륙, 곧 '대척지'는 아닐까 하는 점들을 정리할 필요가 있었을 것이다. 혹시 이곳이 로마인들이나 알렉산더 대왕이 정복하기를 갈구했던 또 다른 세상(otro mundo, another world)은 아닐까, 혹은 대척지인 동시에 아시아가 아닐까 하고 생각했던 듯하다.[111] 더 나아가서 그는 이런 생각을 펼친

111 콜럼버스가 이야기하는 '또 다른 세상(otro mundo)'은 역사가들에게 큰 의문거리이다. 이는 분명 아주 강한 신비주의적 의미를 품고 있는 말이다. 여기에는 지옥, 연옥, 천국

다: “만일 이곳이 대륙이라면 아시아라고 하기에는 너무 남쪽에 있지 않은가. 이전에 발견한 땅 이남에 있는 땅은 우리가 알고 있는 세계의 일부라고 하기 어렵다. 그러므로 아시아보다는 대척지일 가능성이 높다.” 이렇게 해서 그의 사고는 점점 실체에 가까워졌다. 이 정도의 거대한 민물은 큰 강 혹은 큰 대륙이 근처에 있다는 의미인데, 근처에 아시아 제국 같은 것은 찾지 못했다. 물론 이전에 가보았던 북쪽의 안틸레스 지역보다는 약간 더 문명화된 것처럼 보이기는 하지만 그래도 그가 들던 아시아 제국의 상황과는 분명 다르다. 과연 이곳이 어떤 곳인지 결론을 내리기 힘들어하던 콜럼버스는 드디어 1498년 8월 14일에 이런 기록을 남겼다: “나는 이곳이 지금까지 알려지지 않았던 아주 큰 대륙이라고 믿는다.” 그는 이때 아시아와는 다른 새로운 대륙의 존재를 추론한 것이다. 그는 베스푸치, 발트제뮐러, 리옹 아카데미 등이 이곳이 새로운 대륙이라는 사실을 추론하기 전에 먼저 그런 결론에 도달했던 것이 분명하다.(Fernández-Armesto 1974, 101-102)

그러나 그는 이런 생각을 오래 가지고 있지는 않았다. 콜럼버스는 남쪽에 거대한 대륙이 있는 게 아닌가 추론했지만, 문제는 그런 대륙의 존재에 대해 기술한 작가가 한 사람도 없다는 데에 있었다. 그는 진실의 문턱까지 갔다가 그것을 넘지 못하고 원래의 사고방식으로 되돌아간 것이다. 결국 이곳이 새로운 대륙이라는 생각을 접고, 지상낙원이라는 중세적 사고로 회귀하고 말았다.

그는 편지에 이렇게 적었다.

등 ‘저 너머의 세상’을 갔다 오는 중세식 여행의 의미가 담겨 있다. 단테의 『신곡』이나 맨드빌의 『여행기』가 이와 유사한 점을 보인다. 이는 육체를 가진 존재가 영혼의 순례를 하고 오는 여행을 뜻한다.(Zamora, 145)

만일 이 강이 지상낙원에서 발원한 게 아니라면, 이는 남쪽의 거대한 땅에서 발원한 것일 텐데, 거기에 대해서는 지금까지 어떤 지식도 얻지 못했다. 그렇지만 내 마음으로는, 위에서 언급한 주장과 권위에 근거하여 볼 때, 내가 거론한 그곳이 지상낙원이라는 데에 훨씬 더 큰 확신을 가지고 있다. 하느님께서 전하의 수명을 길게 허락하시어 이 거룩한 사업을 유지하시기를, 그리고 하느님께서 이로부터 더 큰 섬김을 받으시고, 스페인은 위엄을 더하며 모든 기독교도들은 더 많은 위안과 기쁨을 누리기를, 우리 주의 이름이 해외로 널리 퍼지기를.(Jane, vol. II, 42)

그는 이제 자신의 사업이 거룩한 성격이며 종교적으로 큰 의미를 띠고 스페인 국왕으로서도 그런 세계사적 위업을 이루리라는 주장으로 되돌아갔다. 자신의 사업을 역사적 대사건과 종교적 구원의 일로 극화한 것이다.

하느님의 말씀만 제외하고 이 모든 것이 지나가리라.[마태 24:35] 그리고 하느님이 말씀하신 것이 모두 이루어지리라. 하느님은 이사야의 입을 통해 그의 책 여러 곳에서 이 땅에 대해 명확하게 말씀하셨고, 스페인을 통해 하느님의 거룩한 이름이 그들에게 선포될 것이라고 말씀하셨다.(Jane, vol. II, 4)

이 기회를 이용하여 그는 자신의 현재 사업 상황에 대한 변명을 했다. 사실 그는 지금까지 약속했던 대로 많은 금을 보내지 못했다. 그렇지만 이제 자신의 사업은 훨씬 더 높은 차원에서 의미를 확인하지 않았는가. 그러니 금을 실은 배들을 곧바로 보내지 못했다고 이 사업을 비난할 일이 아니라는 것이다. 여태 스페인 국왕은 해외에 땅을 얻지 못했지만(카나리아 제도는 너무 작은 땅이라 해외 영토로 치지는 않았던 것 같다), 이제 전하는 이곳에 '또 다른 세상'을 얻을 것이며, 이곳에서 성스러운 믿음이 증대되고 엄청난 이익을 볼 것이다.(Jane, vol. II, 44)[112]

마지막으로 콜럼버스는 이 지역의 지도를 그려서 편지에 첨부한다고 기록하고 있다. 현재 이 지도를 찾을 수는 없지만, 알려진 바로는 후일 알론소 데 오헤다가 이 지도를 이용해 같은 지역을 탐험했다고 한다.(Jane, vol. II, 46)[113]

그는 베네수엘라 해안을 탐사한 후(이때 진주 어장과 진주잡이를 관찰했다) 에스파뇰라로 갔다. 사실 처음 항해하는 바다에서, 다른 방향에서 접근했음에도 이토록 정확히 찾아가는 것을 보면 콜럼버스의 항해 실력이 출중한 것은 의심의 여지가 없다.

112 이와 관련해서 주목해서 살펴볼 점은 콜럼버스가 이 지역에 붙인 여러 지명들이다. 그 가운데 특히 주목할 것으로는 로스 테스티고스(Los Testigos, '증인들')가 있다. 이는 〈계시록〉(11:3-12)에 나오는 적그리스도의 도래를 기다리는 증인들을 말한다. 적그리스도는 그들을 죽이지만 사흘 뒤에 부활한다. 콜럼버스가 자신이 발견한 '낙원'을 떠나며 이런 이름을 붙이는 것은 계시록적 증인들을 마음에 두고 있음을 말해 준다.(Flint, 176-178) 또 반도와 섬 사이의 좁은 해협을 '뱀의 아가리(la boca de la Sierpe〈Serpiente〉)'라 한 것은 맨드빌이 묘사한 지상낙원 근처의 '뱀들이 있는' 호수와 관련이 있을 것이다. 혹은 이곳이 '뱀의 아가리'이고 다른 쪽 해협은 '용의 아가리(la boca del Drago〈Dragón〉)'라 명명한 데 대해서도 특별한 의미를 추론해 볼 수 있다. 성경의 제일 앞부분에서 인간이 낙원에서 추방된 때에 뱀이 등장하고 제일 마지막에 사탄의 용이 등장하는 것을 빗대어 처음과 끝, 알파와 오메가가 하나로 엮이는 것을 염두에 두었을 가능성도 있다.(Crouzet, 351-356)

113 폰세카는 편지, 지도, 진주를 보고 오헤다를 시켜서 같은 지역을 탐사하도록 시켰는데, 사실 이것은 콜럼버스의 독점권을 위반한 것이다. 오헤다는 코사, 아메리고 베스푸치 등을 고용하여 파리아 만 등지를 탐험했는데, 이는 콜럼버스의 3차 항해를 그대로 따라한 것이었다. 이들은 트리니다드 남쪽 600마일 지점에 도착하여 남미 해안을 따라서 올라가며 관찰하게 된다. 베스푸치는 이때의 일을 꼼꼼히 기록했다.(Dugard, 65, 73-74)

에스파뇰라의 실상

콜럼버스가 에스파뇰라에 다시 왔을 때 상황은 최악이었다. 그때까지 디에고와 바르톨로메 콜론은 롤단의 반란을 해결하지 못했고, 콜럼버스 역시 이 상황을 제어하지 못했다.[114] 사실 이들이 반란을 일으킨 원인(遠因)은 콜럼버스가 제공한 것이나 다름없었다. 그는 사람들에게 놀라운 땅, 에덴동산, 솔로몬의 금 같은 것들을 약속하지 않았던가. 그것과 현실이 너무나 다른 데 대한 실망이 결국 반란으로 이어진 것이다.[115] 콜럼버스는 사태를 진정시키기 위해 반란 세력에게 많은 것을 양보했다. 우선 스페인으로 돌아가고 싶은 사람에게 배를 마련해 주며 떠날 수 있도록 허락했고, 남아 있는 사람들에게는 그동안의 일에 대해 사면하는 동시에 밀린 봉급을 계산해 주고 토지까지 분여해 주었다. 그러나 그는 일종의 이중 플레이를 하였으니, 국왕에게는 자신이 반란 세력을 사면한 것은 강요에 의한 어쩔 수 없는 일이라는 보고서를 올렸다.(Crouzet, 374) 한편, 스페인으로 돌아가는 사람이 노예 1명씩 데리고 떠나는 것을 허락했는데, 이것을 보면 콜럼버스는 아직까지도 국왕의 의중을 파악하지 못하고 있었던 게 틀림없다. 국왕은 현지 주민의 노예화에 반대한다는 뜻을 분명히 했고, 스페인에 도착하는

114 롤단은 원래 이사벨 여왕의 수석재판관이고 콜럼버스의 오랜 친구였다. 그랬던 그가 아메리카에 온 후 콜럼버스 형제에게 반기를 들고 새로운 사회 건설을 주장하는 봉기를 일으켰다. 그는 인디언들과 친하게 지내며 자유로운 사랑, 완전한 면세를 내걸고 모든 사람들에게 금을 준다고 약속했다. 그 결과 70명 정도가 그를 따라 정글로 들어갔다. 이루어질 가능성은 없어 보이지만 그들은 국왕에게 탄원하여 자신들의 정부를 인정받고자 했다.(Dugard, 64) 말하자면 그의 반란은 〈암흑의 핵심〉, 〈지옥의 묵시록〉 혹은 〈아귀레 신의 분노〉 같은 작품과 유사한 분위기를 띠었다.

115 3차 항해에서 콜럼버스가 지휘하는 선단과 별도로 출발했던 세 척의 배가 뒤늦게 도착했는데, 항구에 들어오자마자 그중 40여 명이 롤단 측의 약속을 믿고 탈주했다. 이 정도로 에스파뇰라의 상황은 좋지 않았다.(Crouzet, 275, 369)

노예를 해방시키고 있는 상황인데, 콜럼버스는 계속해서 국왕에게 노예를 팔면 큰 수익이 생긴다고 보고하면서 실제로 많은 노예들을 송출한 것이다.

1498년 10월 18일, 콜럼버스는 산타마리아 데 구이아호와 코레오호를 스페인에 보내는데, 이때 앞서 인용했던 편지와 지도, 그리고 여기에 더해서 파리아 만의 진주 한 박스를 국왕에게 보냈다. 실제 에스파뇰라에서는 인디언들이 죽고 거류민들은 굶주리며 아무 이익도 얻지 못하고 있지만 그의 편지는 극히 과장된 언사로 이곳의 땅이 비옥하고 물자가 풍부하게 나므로 카스티야에서 이곳으로 많은 사람을 보내는 게 좋다고 보고하는 내용이었다. 그러나 국왕 측은 이미 소식을 들어서 현지의 사정을 잘 알고 있었다.(Phillips, 223)

콜럼버스는 사태를 조금씩 진정시켜 가고 있었다. 롤단과 추종자들에게 따로 공동체를 만들고 인디언의 노동력을 사용해서 살아가도록 허락했다. 그러나 노동력 사용권까지 허락한 것은 분명 월권이었다. 토지를 분여하는 레파르티미엔토에다가 노동력 징발 사용권까지 주었으니, 이것이 나중에 엔코미엔다(encomienda) 체제로 발전하는 시발점이 되었다. 이것은 현지 주민들을 지주에게 배정하고 붙들어 두어 사실상 노예화한 셈이다. 스페인 사람들 사이의 갈등은 점차 봉합되어 갔지만, 그 대신 현지인들에 대한 가혹한 지배 및 착취 체제가 자리를 잡아 간 것이다. 라스카사스는 그 후에 일어난 일을 이렇게 증언한다.

> 스페인 사람 이달고[하급 귀족]들은 추장들에게 일을 시킬 권리를 받자 곧 추장을 붙잡고 그들의 마을들을 지배한 다음 마을 주민들을 노예처럼, 심지어 사냥한 짐승들처럼 대했다. […] 시킨 일을 만족스럽게 하지 못한 사람들 혹은 명령을 조금 늦게 수행한 사람들을 채찍이나 몽둥이로 때리고 귀를 자

르고 심지어 죽이기까지 했다.(Crouzet, 378)

결국 콜럼버스는 반란 사태를 직접 조사하고 판단을 내릴 조사관을 파견해 달라고 요청했다. 국왕 역시 현지 실사의 필요성을 인식하고 있던 참이었다. 콜럼버스는 국왕 측 인사가 와서 조사하면 반란자들의 무도한 행태를 알게 되고 자신의 행위가 정당함을 수긍할 것이라고 예상했을 테지만, 실제로는 자신을 파멸로 이끄는 결과를 불러왔다. 국왕은 조사관으로 선정된 보바디야(Francisco de Bobadilla)에게 권한을 확대해 주면서 군사 및 행정적 개혁을 기대했다. 그러므로 보바디야는 '조사관'이 아니라 사실상 '지사'의 자격으로 파견된 셈이었다.(Crouzet, 383)

보바디야는 1500년 8월 23일 산토도밍고 항에 도착했다. 이때 콜럼버스와 그의 동생 바로톨로메는 소규모 반란을 진압하러 다른 지방에 나가 있었다. 보바디야는 입항하기 전에 물때를 기다리는 동안 선상에서 이미 많은 것을 보았다. 나무에 교수형을 당한 시체 일곱 구가 매달려 있고 5명이 처형을 기다리고 있었다. 통치가 엉망이라는 것을 알게 된 보바디야는 상륙하자 곧 콜럼버스의 재산을 압류하고 디에고 콜론을 체포하려 했으며, 콜럼버스와 바르톨로메의 항복을 요구했다. 콜럼버스는 내지의 평원으로, 바로톨로메는 정글로 들어가서 반란군과 싸우고 있었고, 남은 사람은 디에고뿐인데 그 역시 숨어 버렸다. 그렇지만 그를 잡기 위해서는 성당에서 기다리는 것으로 충분했다. 당시는 일요일에 성당에 나오지 않으면 종교재판소에 끌려가던 시대였다. 성당에서 디에고와 조우했을 때, 보바디야는 그에게 다가가 인사하고 국왕의 선언문을 읽었다. 자신이 이 지역의 행정관이라는 사실을 선언하고 죄수들을 모두 석방하라고 명령했다. 그러나 디에고는 콜럼버스의 권한이 더 상위라고 반박했다. 수요일 미사에서도 역시 똑같은 일이 일어났다. 이후 보바디야는 죄수들을 모두 석방시켰고, 디에고는 칩거에 들어갔다. 2주 동안 기다린 후 보바디야는 사람을 보내서 콜럼버스를 소환했다. 그런데 막상 콜럼버스가 귀환하자 사람들이 서서히 콜럼버스의 권위를 인정하려는 경향이 보이기 시작했다. 당황한 보바디야는 곧 그를 체포하여 스페인으로 압송했다.

쇠사슬에 묶여 귀국한 콜럼버스

1500년 10월, 콜럼버스는 쇠사슬에 묶인 채 스페인으로 압송되었다. 선장(Andreas Martín)은 사슬을 풀어주려고 했으나 콜럼버스 자신이 이를 거부했다. 이 장면은 이후 많은 화가들이 즐겨 그린 주제가 되었다.[116] 그렇지만 콜럼버스가 아무런 대책 없이 끌려가기만 한 것은 아니었다. 그는 선상에서 왕자 후안의 유모였던 후아나 데 토레스(doña Juana de Torres)에게 자신의 불행한 처지를 한탄하는 편지를 보냈다. 그 편지의 내용이 국왕에게 전해지기를 기대한 것은 물론이다.(Symcox 2005, 118-122; Jane, vol. II, 48-71) 이 편지는 당시 콜럼버스의 절박한 심정을 말해주는 동시에 그가 얼마나 종교적 사고에 깊이 침윤해 있었는지를 증언한다.

> 내가 깊은 고통에 빠졌을 때 하느님은 나를 일으켜 세우며 이렇게 말씀하셨습니다, '오 믿음이 작은 자여, 일어나라, 내가 여기에 있도다, 두려워 말라.'(Jane, vol.II, 48)

116 콜럼버스는 죽을 때까지 이 쇠사슬을 방에 걸어두었고, 자신이 죽으면 관에 이 쇠사슬을 넣어달라고 부탁했다. 자신이 핍박받았다는 명백한 물증으로 삼고 이를 과시한 것이다.(Urvoy, 21)

이 편지에서 그는 자신이 신의 부름을 받은 자이지만 부당하게 핍박받는 것으로 묘사하고 있다. 그런데 그 내용은 단지 자신을 정당화하는 데 그친 것만은 아니다. 거기에는 종말론적인 세계관도 보이고, 자신의 업적이 이미 성경에 예언된 신의 거대한 계획의 일부라는 이야기도 나온다.

> 신이 만든 새로운 하늘과 땅에 대해 먼저 이사야의 입을 통해 말한 후 요한이 계시록에서 쓴 것처럼, 제가 메신저가 되어 그 땅[파리아 지역]을 보았습니다.(Jane, vol. II, 48)

성경에 예언되어 있던 새로운 땅과 하늘을 자신이 발견했다는 것은 무슨 의미일까? '새로운 땅과 하늘'은 〈계시록〉 21장에 나오는 표현으로, '새로운 예루살렘'을 뜻한다. 이제 메시야가 이 세상에서 통치할 것이며, 이때 새로운 시대가 시작된다. 〈계시록〉에서 새로운 예루살렘은 재림과 종말에 의해 인류 구원이 가능해지는 상징이다.(Zamora, 141) 자신이 한 일이 바로 그와 같은 일이라는 것이다. 그런 주장을 하며 그는 자신을 성경상의 인물에 비견하는 말을 자주 했다. 이 대목에서 그는 자신을 세례 요한 혹은 새 다윗의 조수로 파악하는 게 틀림없다.[117]

비록 핍박을 받고 있지만 자신이 이룬 성취가 결국은 하느님에 의해 밝혀지리라는 확신을 가지고 그는 이렇게 설명했다.

117 앞서 언급했듯이 콜럼버스는 자신을 모세에 비유한 적도 있다. 실제로 19세기에 드 로르그(Roselly de Lorgues)가 주도하여 콜럼버스를 성인으로 시성(諡聖)하자는 운동이 일어났을 때 콜럼버스를 새로운 모세라고 주장했다. 기원전 1500년에 모세가 신앙을 전하고, 기원 후 1500년에 콜럼버스가 새 민족에게 신앙을 전해주었다는 것이다.(West, 60-61)

> 성경에서 말하듯, 심판의 날에 선한 일과 악한 일 그 모든 것을 저울로 잴 것입니다.(Jane, vol. II, 70)

더불어 그가 금 산지를 발견한 것도 하느님의 뜻이라고 주장했다.

> 우리 주 하느님께서 기적적으로 나를 위로하며 말씀하셨습니다. '용기를 가져라, 실망하거나 두려워 말라, 내가 모든 것을 주리라, 금을 위한 기간인 7년이 아직 지나지 않았느니라, 이제 내가 남은 모든 일을 바로잡으리라.' 바로 그날 80리그의 땅 각지에 광산들이 있다는 것을 알게 되었습니다. 어떤 사람들은 하루에 120카스텔라노를, 어떤 사람들은 90카스텔라노를 모았고, 모두 250카스텔라노에 달했습니다. 50-70 혹은 15-50 정도를 모으는 것은 하루 정도면 족하며, 많은 사람들이 그렇게 하고 있습니다. 평균은 6-12 정도이며 그보다 적게 얻은 사람은 만족하지 않습니다. 모든 사람의 의견은, 카스티야의 모든 사람들이 그곳에 간다고 하더라도 그리고 아무리 서툰 사람이라 하더라도 하루에 1-2카스텔라노를 벌지 못하는 사람은 없으리라는 것입니다.(Jane, vol. II, 68)

그는 이처럼 극히 과장된 주장을 펼치면서 자신을 정당하게 판단해 달라고 요구하고 있다. 자신은 인도로 가서 우리와 관습이 다른 호전적인 민족들과 싸워 그들을 정복했으며, 그래서 여태 가난하다고 여겨진 스페인이 부유하게 되었다는 것이다. 그러느라고 자신은 "이날까지 매일 칼을 들고 한 시간 이상 칼을 놓아 본 적 없는 삶"을 살아왔다고 자부하고 있다.(Jane, vol. II, 66)

콜럼버스는 분명 순교자 연기를 하고 있었고,(Phillips, 228; Dugard, 99-106) 이것은 아주 잘 먹혔다. 사람들은 쇠사슬에 묶인 채 대서양을 건넌 콜럼버스를 보고 분노했다. 사실 그 배의 선장 마르틴은 콜럼버스의 친구였다. 그래서 국왕에게 콜럼버스의 보고서는 일찍 보내고 보바디야의 보고서는 늦게 전달되도록 농간을 부렸다. 이사벨은 콜럼버스의 보고서를 보고 분개했으며, 페르난도도 보바디야가 월권한 것이라고 판단했다. 당시 두 국왕은 세비야 동쪽 100마일 코르도바의 알카사르(Alcazar) 궁전에 있었는데, 당장 콜럼버스를 풀어주고 직접 찾아오라고 명령했다. 게다가 2천 두카트의 돈을 주며 '그의 직위에 맞는 모습으로 궁전에 오도록' 조치했다. 군주 앞에서 콜럼버스는 바닥에 쓰러져 대성통곡을 했고, 두 아들은 벽에 기대어 아버지가 우는 모습을 지켜보았다. 놀랍게도 여왕도 따라 울며 따뜻한 말로 위로를 건넸다. 그리고 쇠사슬은 자신들이 알지 못하는 사이에 일어난 일이라고 위로하고, 그의 직위와 재산을 모두 회복시켜 주었다.(Varela, 174) 그러나 이제 그에게 아무런 실권이 없다는 것은 분명한 일이었다. 그는 결코 진짜 부왕, 진짜 지사는 아니었다.

4차 항해도 계속 늦춰졌다. 국왕들은 콜럼버스의 마음을 위로했지만 그가 무능력한 통치자라는 사실은 이미 확실하게 인식하고 있었다. 콜럼버스는 국왕이 보바디야를 해임하고 자신의 재산을 되찾아주는 명령을 내려주기를 기대하는 동시에 다음 항해를 하게 해 달라고 계속 간청했다.[118] 두 국왕은 그에게 안달루시아에 성 하나와 연금을 주겠으니 이제 은퇴하라고 제안했지만, 그는 원래의 직위를 되찾아 빨리 아메리카로 돌아가기를 원했다.(Dugard, 107)

118 바로 이 시기에 그는 성경과 고전 저작들을 뒤지며 『예언서』의 자료를 모았다. 콜럼버스의 심성을 밝혀줄 이 중요한 자료에 대해서는 마지막 장에서 살펴보겠다.

10. 4차 항해

종말의 시작과 종말론

콜럼버스의 4차 항해는 그의 생애 마지막 항해가 될 것이다. 지금까지 확실하게 금을 얻지 못하고 3차 항해에서는 굴욕적으로 수난을 당한 터라 이제 그는 지금까지의 실패를 일거에 만회하겠다는 생각을 하지 않을 수 없었다.

출항 전날 콜럼버스는 제노바의 산조르조 은행 이사들에게 보낸 편지에서 "내가 이루어놓은 일들은 이미 밝게 빛나고 있고 앞으로도 큰 빛을 발할 것이다"라고 썼다.(Fernández-Armesto 1974, 110) 이 빛은 분명 복음의 빛을 의미하는 것으로 보인다. 그는 신의 말씀을 들었노라고 여러 번 이야기한 바 있다. 4차 항해를 앞두고 교황에게 서한을 보내 6명의 수사들과 동행하고 싶다고도 이야기했다. 자신이 원하는 최종 성과를 신이 드디어 구현시켜 주리라 확신하고, 그것을 직접 교황 대리인들에게 보이고 싶어한 것 같다. 이처럼 잔뜩 고무된 상태로 출항했으니, 그를 기다리고 있는 실패에 전혀 준비가 안 되어 있었던 것은 당연한 일이었다.

항해 준비와 출항

이번 여행은 국왕의 지원을 받아 시행하는 마지막 항해였다.

그동안 국왕은 오반도(Nicolás de Ovando)를 새 지사로 임명했다. 콜럼버스가 압송되었을 때 보바디야가 임시 지사 역할을 한 셈인데, 국왕이 이제 정식으로 오반도를 새 지사로 임명했으니, 결과적으로 콜럼버스는 해촉된 셈이었다.(Phillips, 229-230; Crouzet, 397)[119] 오반도는 서른두 척의 배에 2,500명을 데리고 갔다. 이제 본격적인 식민화 사업을 새로 시작하려는 것이었다. 콜럼버스는 여기 끼지 못하는 대신 기껏해야 알론소 산체스 데 카르바할(Alonso Sánchez de Carvajal)을 대리인으로 보내 보바디야가 압수한 자기 돈을 찾으려고 했을 뿐이다.

오반도의 임무는 실질적으로 통치를 담당할 효율적인 정부를 구성하는 것이었다. 국왕은 이제 콜럼버스 같은 탐험가가 아니라 전문적인 관료가 필요하다고 느꼈다. 이후 현지에서는 여러 관직이 만들어지고 필요한 인력을 배치했으며, 교황청과 협의하여 십일조도 걷었다. 유대인과 무슬림의 참여가 금지되고, 대신 12명의 프란체스코회 수사가 동행했다. 현지 주민들의 유럽식 무기 소지를 금지하는 칙령도 발표했다. 오반도는 그와 동행하는 사람들에게 존중심을 가지고 주민들을 대하라고 명령했다. 국왕은 공식적으로 현지 주민들의 노예화를 금지했다.(Crouzet, 309) 그렇지만 역설적이게도 이때 처음으로 아프리카 흑인

119 국왕은 오반도를 임명하는 동시에 보바디야를 소환했다. 그동안 보바디야는 현지 주민들을 혹사시키고 여성들을 첩으로 삼는 등 사태를 악화시켰다. 이런 소식을 접하고 크게 분노한 두 국왕은 오반도를 급히 아메리카로 보내 보바디야를 귀국시켜 설명을 들으려고 했다.(Fernández-Armesto 1974, 108) 공식적으로는 아직 콜럼버스가 제독으로서 지배권을 행사해야 하는 지역에 사람들이 무단으로 항해하고 그의 발견의 영예를 다른 사람이 빼앗고 있는 데다가 지사 직도 빼앗긴 것이다. 콜럼버스는 아직 제독이나 부왕 같은 직위를 유지하고 있었지만 실권은 다 뺏긴 셈이었다.

노예들이 주인을 따라 아메리카로 갔다. 앞으로 보게 될 아메리카 식민지의 모습을 조금씩 이루어 가기 시작한 것이다.(Dugard, 112)

새로운 제국이 건설 중이던 이때 콜럼버스는 여러 참여자 중 한 사람에 불과하게 되었다. 역설적으로 오반도를 지사로 임명한 후에 두 국왕은 안심하고 콜럼버스를 다시 아메리카에 보낼 수 있었다. 그가 더 이상 권력을 휘두르며 곤란한 사태를 만들 수 없게 되었기 때문이다.(Fernández-Armesto 1974, 109) 끊임없이 문건을 들이밀며 현지로 다시 보내 달라고 압박하는 콜럼버스에게 두 국왕은 마침내 4차 여행을 허락했다. 그러나 1502년 2월에 오반도가 떠날 때에는 서른두 척의 선박이 출항한 반면 4월에 콜럼버스가 떠날 때에는 네 척의 카라벨선뿐이었다.

항해 준비를 할 때 콜럼버스에게는 개인사로 인한 감정 문제가 남아 있었고 그는 먼저 이 문제를 해결하려 했다. 국왕은 이보다 앞서 보바디야에게 압수된 콜럼버스와 형제들의 재산을 되돌려주라는 내용의 칙령을 내려주었다. 이 문건을 보면 빼앗긴 물품들의 실제 가치보다 자존심 회복이 더 큰 문제라는 인상을 받는다. 다음의 기록이 그 예다.

> 우리는 제독이 인도에서 한 농부에게서 구입한 암말 두 마리와 망아지 두 마리, 그리고 제독이 소유했던 말 두 마리 – 한 마리는 고르발란[2차 항해에 참여했던 선장]에게 산 것이고, 다른 한 마리는 보바디야가 빼앗은 암말에게서 낳은 것이다 – 를 되돌려주기를 바라노라.(Symcox 2005, 123-126)

이런 사소한 문제에 집착하는 한편 그는 이번 항해에 세계를 일주하는 실로 거창한 계획을 세웠다. 서쪽으로 아라비아를 지나 예루살렘에 들른 다음에 남아프리카를 돌아 스페인으로 귀환한다는 것이다! 국왕들로서는 콜럼버스의 이런 말에 큰 믿음이 가진 않았겠지만, 그래도 인도에서 바스코 다 가마를 만나면 그에게 전하라며 편지를 써주었고, 또 그에게 친구로서 잘 대하라고 말했다!(Dugard, 113-114) 이런 것을 보면 두 국왕 역시 콜럼버스 식의 과대망상적 사고에서 전적으로 자유롭지는 않았던 것이 분명하다. 동쪽 방향으로 아시아를 향해 가는 다 가마와 서쪽으로 아시아에 가는 콜럼버스가 중간 지점에서 조우할 가능성을 염두에 두고 있으니, 당시 이들의 사고가 얼마나 소박했는지 알 수 있다.

이번 항해에 참여한 배들은 뱃전이 낮은 경흘수선(shallow-draft vessel)이었다. 70토넬라다 급 카라벨선 두 척과 그보다 작은 50토넬라다 급 두 척으로 선단을 구성하였다. 여기에 참여하는 총인원은 135명에 불과해서, 이번 사업은 식민화보다는 탐험에 가까웠다. 모리슨(Samuel Eliot Morison)은 선원의 평균 나이가 아주 어리다는 사실을 지적한 바 있다. 이렇게 어린 선원들을 데리고 가는 것을 보면 콜럼버스는 선원 모집에 상당한 어려움을 겪은 것으로 보인다.(Morison, 586-587) 콜럼버스는 열세 살인 아들 페르난도와 함께 기함 산타마리아호를 타고 항해했다.

콜럼버스는 항해를 시작하자마자 이상한 행태를 보였다. 마침 그때 모로코에서 포르투갈의 한 성채가 이슬람교도에게 포위당했다는 소식을 듣고는 아시아로 가기 전에 그들을 먼저 구하겠다면서 모로코로 향했다. 같은 기독교도인 포르투갈인들을 모른 체하고 이방인의 나라로 간다는 것은 생각할 수 없는 일이라는 것이다. 사실 이는 무모하기 짝이 없는 일이었다. 우선 전투를 벌일 만한 무기도 없었다. 그는 아질라(Arzila 혹은 Asilah, 탕헤르 바로 남쪽 도시)를 공격할 계획을 세웠는데, 그곳에 가보니 이미 포위가 풀리고 전투 상황이 끝나 있었다.(Dugard, 118-119) 이처럼 콜럼버스는 시도 때도 없이 종교적 열정이 분출하는 상태였다.

유럽을 떠난 선단은 3주 만에 대서양을 횡단했다. 지금까지의 그 어느 항해보다도 빠른 기록이었다. 해류와 바람 모두 최상의 상태였기 때문이다. 문제는 에스파뇰라 섬에 찾아갔을 때 발생했다. 콜럼버스는 허리케인이 다가오는 것을 직감했다. 다른 방면에서는 많은 실패를 겪었다 하더라도 바다에 관한 일이라면 그만큼 뛰어난 인물은 흔치 않았다. 다른 사람들이 전혀 눈치 채지 못할 때 그는 기름기가 도는 듯한 해수면, 권운(卷雲), 해양생물들의 이상 현상 등 바다 상태와 기후변화의 징조들을 통해 폭풍우가 다가오고 있음을 예견했다(그는 이미 2차 항해 때 이 지역에서 허리케인을 겪은 적이 있었다).(Dugard, 122)

그런데 이때 오반도가 귀국 선단을 출항시키려는 것을 알게 되었다. 오반도가 식민지를 마음대로 통치하고 또 자신의 재산을 빼앗으려 한다는 사실을 알고 콜럼버스는 격분했지만, 그렇다 하더라도 일단 폭풍우로 많은 사람이 죽는 것은 막아야 하지 않겠는가. 그래서 테레로스(Terreros)라는 인물을 오반도에게 보내 폭풍우 소식을 전하려고 했으나, 오반도는 이 말을 믿지 않고 그대로 선단을 출항시켰을 뿐 아니라 콜럼버스의 입항을 허락하지 않았다. 테레로스가 돌아올 때, 콜럼버스는 어찌나 급하게 피신했는지 테레로스가 탄 보트를 미처 선상에 올리지도 않고 배 뒤에 매단 채 그대로 떠났다. 그가 피난처로 찾은 곳은 오코아(Ocoa) 만이었다. 이곳에서 24시간 동안 겪은 폭풍우 상황은 그야말로 최악이었다. 폭풍우가 지나간 후 배들이 모두 닻에서 떨어져 나와 바람에 떠밀려 바다로 떠내려가고 있었다.(Dugard, 125-128)

오반도가 출항시킨 선단은 스물여덟 척 중 스물네 척이 침몰해서 500명 이상이 사망했고 물적 피해도 엄청났다. 예컨대 35파운드짜리 금덩어리도 바닷속에 가라앉았다. 이때 죽은 사람 중에는 콜럼버스의 친구 안토니오 데 토레스, 인디언 추장 구아리오네스(Guarionex), 그리고 롤단과 그의 추종자들, 게다가 다름 아닌 보바디야가 포함되어 있었다. 3차 항해 당시 자신을 사슬에 묶어 압송한 바로 그 인물이 물에 빠져 죽었다는 이야기를 듣고 콜럼버스는 "하느님이 오랜만에 자신의 뜻을 밝히셨다"고 만족해했다.

남미 연안 탐사

콜럼버스 일행은 3차 항해 때 갔던 곳으로 찾아가려 했으나 날씨 때문에 방향을 돌릴 수밖에 없어서 이전에는 가지 않았던 쿠바의 서쪽 지역을 탐험하게 되었다. 이들이 찾아간 곳은 오늘날의 브리티시 온두라스였다. 콜럼버스는 잘 몰랐겠지만, 두 번째로 남미 대륙에 간 셈이었다. 이곳은 아닌 게 아니라 높은 산들이 흘립(屹立)해 있어 대륙 같은 느낌을 주고, 이 지역 원주민들도 이전에 보았던 사람들에 비해 더 문명화된 느낌을 주었다. 무엇보다 이들은 옷을 조금 더 많이 입고 있었다!(Fernández-Armesto 1974, 112)

콜럼버스의 뇌리에는 여전히 중세적 지리관이 단단히 자리 잡고 있었다. 하긴 그것을 바꿀 이유가 전혀 없었던 것이다. 1502년 7-9월, 쿠바에서 온두라스 방향으로 항해하는데, 콜럼버스 자신은 만지(Mangi)에서 카타이(Cathay)로 간다고 생각했다. 서쪽으로 인도네시아 방향으로 가고 있으니 곧 대(大)자바(Java Major), 펜탄(Pentan), 세일람(Seilam)을 지나갈 것이며, 말라카 해협을 지나 인도에 도착하리라 생각했다. 이곳이 바로 마르코 폴로가 여행했던 황금반도(Golden Chersonese)라는 것이다. 콜럼버스는 인디언 1명을 사로잡아 그에게 후안 페레스(Juan Pérez)라는 이름을 주고 통역으로 삼았는데, 이 '통역'이 현지 주민들과 손짓 발짓으로 의사소통하면서 얻어들은 정보에 기초해서 그렇게 추론한 것이다.(Fernández-Armesto 1974, 112)

얼마 후 이들은 대형 카누를 타고 가는 사람들을 만났다. 25명의 남자가 노를 젓고 15명의 여자와 아이들이 타고 있는데, 야자수 잎으로 만든 차양으로 햇볕도 가리고 있었다. 이들은 옷을 잘 입고 있었고 보유한 물품도 꽤 좋아 보였다. 콜럼버스는 아시아 동쪽 지역으로 갈수록 사회가 더 진보해 있다고 생각했다. 그는 국왕에게 성과를 보여주기 위해 그들의 물품을 약탈하고는 늘 그랬듯이 구슬 같은 물품을 주었다. 국왕이 노예화에 반대한다는 것을 드디어 알게 되었으므로 이제 사람들을 포획하지는 않았지만 그래도 욤베(Yombé)라는 노인을 포로로 잡아 통역을 시켰다. 그들은 이 근처에서 파야스(Payas)라는 부족을 만났다. 이들은 아주 친절해서 음식을 가져다주었고 콜럼버스 일행은 석달 만에 따뜻하게 조리한 음식을 맛보았다. 다음날 뭍에 상륙해 보니 아주 많은 사람들이 몰려나와 그들을 구경했다.

이 지역의 탐사 작업도 콜럼버스 일행에게는 고난의 연속이었다.(Dugard, 156ff) 그들은 이 지역에서 엄청난 폭우를 만나 배 삭구(索具)들이 찢기고 선원들은 병들었다. 콜럼버스가 고난에 처했을 때 자주 그랬듯이 이번에도 종교적인 도움을 얻고자 순례를 약속했다. 이들은 깊고 깊은 정글 속을 겨우 운항해 나갔다. 이런 상태에서도 그는 아시아의 요지를 찾아간다고 고집스럽게 생각했다. 콜럼버스는 악전고투를 거듭하며 항해하다가 탈라만(Talaman) 족을 만나 그들과 '대화'를 한 끝에 이 대륙을 '키리케타나(Quiriquetana)'라 부른다는 것으로 이해했고, 이를 다시 마르코 폴로가 말한 '시암바(Ciamba, 중국)'라고 해석했다. 그 옆의 섬에서는 거의 벌거벗은 부족을 만났는데, 이들로부터는 이웃 지역에 엄청난 금 산지가 있다는 이야기를 들었다. 그 후에도 이런 식으로 욤베를 시켜서 여러 지역 사람들과 대화한 뒤 그는 9일 여행 거리에 있는 시구아레(Ciguare) 지방에서 금이 많이 난다고 판단했다.

그 지방에는 배에 대포와 활과 화살, 칼과 방패를 싣고 다니며, 사람들은 옷을 입고 다니고, 또 말도 있다. 그 사람들은 호전적이며, 좋은 옷을 입고 있고 좋은 집에 산다. 또 그들이 말하기를 시구아레는 바다로 둘러싸여 있는데, 이곳에서 열흘만 가면 갠지스 강에 이른다.(Jane, vol. II, 82)[120]

1502-3년 겨울, 그들이 베라구아(Veragua, 오늘날 파나마와 코스타리카 변경 지역) 근처에 머물 즈음에는 이제 서쪽 통행로를 찾기는 힘들다는 것을 인식했지만, 금 찾기는 계속되었다. 베라구아는 남미 대륙과 북미 대륙이 만나는 교차점으로서 동식물 생태계가 매우 다양하여 콜럼버스 일행은 여러 신기한 짐승들을 볼 수 있었다. 이곳에서 그들은 키비안(Quibian) 족을 만났는데, 이들과 친해져서 함께 금 산지를 찾아 나섰다. 2월 8일, 바르톨로메 콜론의 지휘 아래 선원들이 이들과 함께 정글을 탐험했다. 15마일 정도 가는 데 꼬박 하루가 걸리고 물을 건넌 것만 마흔세 번이었다. 그렇게 하여 도착한 곳에서 그들은 닥치는 대로 땅을 파기 시작했고 두 시간도 되지 않아 상당한 양의 금을 얻었다. 가장 금 산지다운 곳을 찾았으니 평생 고대하던 일이 마침내 실현된 것이다. 그들은 희망에 차서 이곳에 '엘 갈레고(El Gallego)'라는 요새를 건설할 계획을 세우고, 이 지역을 '산타마리아 데 벨렌(Santa María de Belén)'으로 명명했다. 그러나 이들의 희망은 얼마 안 있어 절망으로 바뀌었다. 그들이 도착했을 때에는 폭풍우로 벨렌(Belén) 강물이 넘치는 바람

120 라스카사스는 이 점에 대해 명확하게 이렇게 언급했다. "이 모든 것은 대화가 손짓으로 이루어졌기 때문인데, 어쩌면 인디언들이 그를 데리고 게임을 했을 수도 있고 아니면 그가 인디언들이 전하고자 하는 내용을 듣지 않고 자신이 듣고 싶은 대로 들었기 때문일 수 있다."(Symcox 2005, 130)

에 배가 모래톱을 넘어 만의 안쪽으로 들어왔는데 폭풍우가 지나가자 바깥으로 나갈 수 없게 된 것이다. 이런 상황에서 어쨌든 요새를 건설하기로 결정을 내렸다. 그런데 이들이 요새를 건설하는 것을 본 주변 여러 부족들은 적대적으로 돌아섰고, 때로 상황이 아주 위험한 지경에 이르기도 했다.

이 지역 주민들은 키비안 족과 전쟁 중이었는데, 그들과 전투를 하러 가는 도중에 콜럼버스 일행을 공격하여 불 지르고 죽이려는 계획을 세운 것으로 보였다. 이를 감지하고 불행한 사태를 미연에 방지하기 위해 노력한 인물이 디에고 멘데스(Diego Méndez)였다. 그는 이후로도 고비 때마다 아주 중요한 역할을 하게 된다.[121] 그는 용감하게 인디언 전투 캠프로 찾아가 추장과 담판을 짓고자 했다. 그러나 인디언 부족은 아주 적대적인 자세를 보였다. 그가 의사인 척하며 추장을 만나 부상당한 상처 부위를 치료하려 한다고 말했지만, 추장의 아들이 그를 가로막고 수많은 여인들과 아이들이 소리를 지르는 가운데 호전적인 전사들이 그들을 죽일 듯이 위협했다. 이 절체절명의 순간, 그는 희한한 방식으로 위기를 모면했다. 함께 동행한 동료 에스코바르(Escobar)에게 거울과 빗, 가위를 꺼내 이발을 하도록 시키고 다시 에스코바르 자신의 머리카락도 가위로 자르도록 시켰다. 넋이 빠져 이 신기한 장면을 지켜보던 추장 아들에게 거울, 빗, 가위를 주어 환심을 산 후 겨우 이곳을 빠져나왔다. 그리고 곧 콜럼버스가 있는 배로 돌아와 사태의 심각성을 설명하고 논의한 끝에 키비안 족에 선제공격을 가하기로 했

121 디에고 멘데스 데 세구라(Diego Méndez de Segura)가 어떤 인물인지는 자세히 알려져 있지 않다. 다만 그가 남긴 보고서와 유서가 보존되어 있어 중요한 정보들을 많이 얻을 수 있다.

다. 그리하여, 디에고 멘데스와 바르톨로메를 비롯한 80명의 선원들이 공격해 들어가 추장과 주변 인물 여럿을 잡아왔다.(Jane, vol. II, 116-118)

그러나 인디언들이 반격해 왔을 때 (왜 그런 상황이 벌어졌는지는 불명확하지만) 콜럼버스는 다른 사람들과 떨어져 홀로 공격당하는 사태를 맞았다. 후일 그가 쓴 편지에서 그는 이 장면을 이렇게 설명했다.

나는 배의 제일 높은 지점으로 힘들게 기어 올라가서 떨리는 목소리로 눈물을 흘리며 나침반의 모든 방위를 향해, 국왕 전하의 모든 전쟁 지휘관에게 도움을 요청했다. 그러나 그들은 아무런 대답을 하지 않았다. 지친 상태에서 나는 신음소리를 내며 잠이 들었다. 그때 아주 연민에 찬 목소리를 들었다. "오 바보 같은 자여, 만물의 신인 그대의 신을 믿고 따르는 데에 주저하는구나! 신은 모세와 또 그의 종인 다윗을 위해 어떤 것을 더 해주었느냐? 네가 태어난 이후 신은 언제나 너를 잘 보살펴 주었다. 너에 대해 신이 만족할 정도의 나이에 이르렀을 때 너의 이름이 세상에 놀랍게 울려 퍼지게 만들었다. 신은 세상의 가장 풍요로운 부분인 인도를 너의 것으로 주었다. 너는 그것을 네가 원하는 대로 분할했고 신은 그것을 허락했다. 대양의 경계들은 엄청나게 강력한 사슬로 묶여 있었지만 그 열쇠를 네게 주었다. 많은 나라에서 그리고 기독교도들 사이에서 너는 복종을 얻었고 또 명예로운 명성도 얻었다. 신이 이스라엘 사람들을 이집트에서 구해낼 때 그들에게 그 이상 무엇을 해주었는가? 다윗을 양치기에서 유대의 왕으로 만들었을 때는 어떠한가? 너를 신에게 돌리고 너의 잘못을 알도록 하라. 그의 은총은 무한하노라. 네가 비록 늙었다 하더라도 위대한 일을 성취하지 못하지는 않을 것이다. 신은 많은 위대한 유산을 가지고 계시다. 아브라함이 이삭을 낳았을 때에는 백 세가 넘었고 사라는 소녀가 아니었다. 그런데도 너는 의심하며 도움을 구하는구나. 대답하라, 너를 그토록 크게 또 자주 괴롭힌 것은 신인가 세상인가? 신은 보상과 약속을 버리지 않는다. 또 신은 섬김을 받은 후 내 의도는 그것이 아니었노라고 말하지도 않으며, 또 힘을 과시하기 위해 고통을 가하지도 않는다. 신의 말씀은 하나도 어그러지지 않는다. 신은 자신이 한 말씀을 주의 깊게 행하신다. 이것이 사람들이 하는 방식인가? 너의 창조주께서 하신 것은 너와 사람들 모두를 위한 것이라고 말했었다. 이제 네가 다른 사람들을 위해 섬기느라 겪었던 고통과 위험에 대한 보상을 신께서 네게 조금 보여 주실 게다."

나는 이 모든 것을 환상 속인 양 들었다. 나는 너무나도 진실한 이 이야기에 대해 답할 것이 하나도 없었기에 그저 나의 잘못에 대해 생각하며 울기만 했다. 나에게 이야기했던 그가 누구인지 모르겠으나 그는 이런 말로 마감했다. "두려워하지 마라. 믿음을 가져라. 이 모든 시련들은 대리석 위에 쓰여 있고 이유가 없지 않으리라."(Jane, vol. II, 90-92)

실로 놀라운 기록이다. 위기의 순간에 그는 의미심장한 종교적 환상을 경험한 것이다. 그리고 다시 지상낙원과 관련된 특이한 사고를 표출했다. 베라구아 지역에서 많은 금이 난다는 사실을 확신한 그는 금에 대해 다음과 같은 놀라운 주장을 펼쳤다.

금은 가장 탁월한 금속이다. 금은 보물이며, 그것을 소유하는 자는 이 세상에서 원하는 모든 것을 할 수 있으며, 영혼을 천국으로 보낼 수도 있다.(Jane, vol. II, 104)

콜럼버스의 이 말은 자주 인용되지만, 금을 가지고 영혼을 천국으로 보낼 수 있다는 것이 어떤 의미인지에 대해서는 설명을 찾기 힘들다. 이 말의 의미를 이해하려면 바로 그 뒤에 이어지는 다음과 같은 주장을 잘 음미해 봐야 한다.

언젠가 솔로몬이 여행할 때 선원과 상인들이 가지고 온 것과 아라비아에서 지불한 것을 제외하고도 666퀸탈의 금을 더 가져왔다. 이 금을 가지고 그는 200개의 창과 300개의 방패를 만들었으며, 큰 금덩어리로 만들고 보석들로 장식한 왕관의 뒤에 다는 덮개를 만들었다. 요세푸스(Josephus)는 이것을 『유대고대사』의 연대기에 적었다. 또 〈역대기〉의 서(序)와 〈열왕기〉에도 이와 관련된 일이 있다.[122] 요세푸스는 이 금이 아우레아(Aurea)에서 얻은 것이라고 주장했다. 아우레아의 광산들은 바로 베라구아의 광산들을 가리킨다고 할 수 있다. 앞에서 이야기한 것처럼, 그곳은 서쪽으로 20일 여행 거리만큼 뻗어 있고, 극지방과 적도에서 같은 거리만큼 떨어져 있다. 솔로몬은 그 모든 금과 보석, 은을 사들였는데, 당신도 원한다면 그곳에서 수집하라고 명령할 수 있다. 다윗은 유산으로 3천 퀸탈의 인도산 금을 솔로몬에게 물려주어 성전을 짓도록 했는데, 요세푸스에 의하면 이것은 똑같은 땅에서 난 것이다.

예루살렘과 시온 산은 기독교도의 손으로 재건해야 한다. 그가 누구인지는 하느님이 열네 번째 〈시편〉에서 예언자의 입을 통해 밝히셨으며, 요아킴은 그 인물이 스페인에서 나온다고 말했다. 성 제롬은 '성스러운 부인'에게 그 길을 보여 준 바 있다. 카타이의 황제는 언젠가 두 현인을 그에게 보내 그리스도에 대한 믿음을 가르쳤다.[123] 누가 이 일에 자신을 바칠 것인가? 하느님께서 나를 스페인으로 돌려보내신다면 나는 하느님의 이름으로 그를 안전하게 그곳으로 보낼 것을 맹세한다.(Jane, vol. II, 104)

122 각각 〈역대기하〉 9:13-17; 〈열왕기상〉 10:14-18.

123 대칸이 에우게니우스(Eugenius) 4세에게 특사를 보낸 것을 말하는 듯하다. 이 내용은 토스카넬리가 마르팅스(Martins)에게 보낸 편지에 나온다.(Jane, vol. II, 105, 주 8)

그는 성경에 나오는 솔로몬의 금광을 드디어 발견했다고 확신한 것이다. 앞으로 할 일은 그 금을 이용해 예루살렘을 탈환하고 시온 산에 성전을 다시 짓는 일이다. 이것은 아시아 세계 전체를 기독교화하는 대사업의 시작이며, 길게 보면 인류 구원 역사의 마지막 단계다. 요아킴은 그 일을 주도할 인물이 스페인에서 나온다고 예언했다(이에 대해서는 다음 장에서 자세히 설명할 것이다). 금으로 영혼을 천국에 보낸다는 것은 결국 예루살렘을 탈환할 십자군 결성을 의미한다. 그것이 곧 모든 신자들의 구원을 가능케 할 대역사(大役事)의 시작이라고 보기 때문이다.

금에 대한 콜럼버스의 태도는 이처럼 세속적이기보다는 종교적인 의미가 더 컸다. 라스카사스가 전하는 한 에피소드가 이를 잘 말해 준다. 그가 금 혹은 귀한 재화를 얻으면 기도실에 엎드려 '이처럼 큰 자산'을 주신 그리스도께 감사하는 기도를 올렸다고 한다. 그에게 금은 곧 신의 선물이며, 구원의 사업을 행하는 사람에게 보여 주는 은총의 직접적인 표시다. 금은 '크리스토페렌스'에게 허여된 은총의 물질인 것이다.(Crouzet, 189) 금이 정신적·영적으로 고귀한 물질이라는 것은 르네상스 시대의 연금술적인 의미와도 통한다. 금은 가장 고양된 영혼의 경험과 관련이 있으며, 순수의 절정을 상징했다. 금은 예수의 보혈을 받는 성배(聖杯)에 쓰이는 물질이었다.(Crouzet, 190) 그러므로 스페인 왕이 예루살렘 정복과 성전 복구 사업을 할 때 금을 사용하는 것은 당연한 일이었다.

이 모든 일을 이루기 위해서는 우선 베라구아의 금광을 확실하게 차지해야 한다. 그것을 어떻게 이룰 것인가? 일단 콜럼버스는 폭력으로 빼앗는 것보다는 적절한 타협으로 얻는 것이 나쁜 평판을 피하는 길이라고 말한다. 그러나 바로 그 다음 문장을 보면 그런 평화주의 원칙을 반드시 지킬 것 같지는 않아 보인다. 그 광산에서 얻는 수익은 이제까지 인도에서 얻었던 것보다 훨씬 더 클 터인데, “이는 계모에게 맡겨 둘 아이가 아닌 것이다.”(Jane, vol. II, 106)

콜럼버스는 이처럼 인류의 구원을 향한 세계사적 위업을 고민하다가도 다시 현실로 돌아와서는 비통한 심정을 표출한다. 에스파뇰라나 파리아 같은 곳만 생각하면 눈물이 난다고 말하면서, 그것을 확보하기 위한 자신의 노력이 무시되는 데 대해 개탄을 금치 못했다. 스페인 왕들의 종교적 경건성은 의심의 여지가 없지만 그들 역시 정치가였다. 그런 이상한 내용의 편지를 쓰는 인물에게 중요한 직책을 맡길 수는 없을 것이다.

며칠 동안 위험한 대치 상황이 벌어진 후 마침내 현지 주민들이 퇴각했고, 이때 마침 큰 비가 내려 배가 강에서 바다로 나올 수 있었다. 이후에도 재난이 곧바로 멈춘 것은 아니다. 이곳 주민들과 교전이 벌어져서 양측에 사상자가 속출했다. 식수를 구하기 위해 두 척의 보트를 타고 다시 상류로 올라간 선원들 중 한 사람만 살아 돌아오고 다른 이들은 모두 사망하는 사건도 일어났다. 그 결과 이제 이 선단에는 상륙용 보트가 하나도 남아 있지 않아서 앞으로 더욱 큰 고난에 빠질 것이 명약관화했다. 더구나 많은 보급품을 요새에 남겨 두고 온 상태였다. 디에고 멘데스는 범포를 잘라 큰 배낭들을 만들어 비스킷, 와인, 식초, 기름 등을 조금씩 날라 오는 수고를 했다.(Jane, vol. II, 120-122) 콜럼버스 일행은 이제 벨렌을 포기하고 철수하기로 결정했다.

조난

그들은 서둘러 에스파뇰라로 귀환하려 했지만 선박 상태가 최악이었다. 콜럼버스 자신의 말처럼 배에 구멍이 어찌나 많이 뚫렸는지 벌집처럼 되었고, 선원들은 절망적인 상태에 빠졌다.(Jane, vol. II,

94)[124] 결국 거의 스펀지처럼 되어 가라앉기 직전이었던 라비스카이나(La Vizcaína)호는 포르토벨로(Portobelo)에서 포기할 수밖에 없었다. 무거운 삭구들은 그대로 두고 선원들은 두 패로 나뉘어 다른 배에 올랐다. 이때 생각할 수도 없는 엄청난 실수를 저질렀으니, 버리는 배 안에 있는 식량을 옮겨 싣는 것을 잊어버린 것이다. 그렇지 않아도 식량 부족에 시달리는 판에 이런 어이없는 사태까지 벌어졌다.

남은 배 두 척으로 서둘러 대서양을 건너 귀국하려는 계획을 세웠으나 배 상태로 볼 때 그것은 처음부터 불가능한 일이었다.(Dugard, 206-210) 여기에 또다시 카리브 해의 돌풍을 만나 죽을 고생을 한 선원들은 지치고 완전히 사기를 잃은 상태였다. 전투 중 입은 부상에 영양부족과 말라리아에 시달리면서 선원들이 하나둘씩 죽어 가기 시작했다. 배는 물이 새서 겨우 떠 있는 상태였고, 굶은 채로 계속 펌프질을 해야 하는 선원들의 불만은 극에 달했다. 이런 상태에서 35일 동안 항해하여 쿠바 남쪽에 위치한 '여왕의 정원'이라는 뜻의 '하르딘 데 라 레이나(Jardín de la Reina)'라는 해역에 도착했다. 아름다우나 치명적인 이 정원에서 그들은 생사의 갈림길에 놓였다.

이곳에서 어떻게 에스파뇰라까지 간단 말인가? 지나가는 배가 있어서 도와줄 상황도 아니고, 충분한 자재와 기술자도 없었다. 그들은 어차피 에스파뇰라까지 가지 못한다는 생각을 하고, 항로를 바꿔서 자

124 배에 좀조개(shipworm)가 붙어 구멍이 뚫리는 사태가 벌어졌다. Shipworm이라는 단어를 보면 다른 모양을 연상할 수 있지만 사실은 조개 종류다. 이것들은 배에 붙어 나무를 갉아먹으며 살아가는데, 아주 길게 뱀처럼 자라면 진행을 막을 수 없는 사태에 이른다. 처음에는 작은 구멍으로 시작하지만 나중에는 선체에 스위스 치즈처럼 크고 작은 구멍이 뚫려 물이 샌다. 그러면 선원들이 쉼없이 펌프질을 해야 하는 상황이 오며, 바다 한가운데서 이런 사태가 벌어지면 침몰 사고를 당할 수 있다. 이런 일을 막기 위해서는 배 바닥에 타르를 칠해야 한다.(Dugard, 166-167)

메이카로 갔다. 1503년 6월 25일, 암초로 둘러싸인 작은 만에 이르러 그곳에 산티아고(Santiago)호와 라카피타나(La Capitana)호를 대려고 했다. 그러나 두 척 모두 해안에서 산호에 좌초되고 말았다. 이것이 콜럼버스의 마지막 항해의 마지막 순간이었다. 이제 그는 두 번 다시 배를 지휘하지 못할 운명이었다. 그래도 그는 목숨을 구해 준 이곳을 '산타글로리아(Santa Gloria)'로 명명했다.

이곳에는 아라왁(Arawak) 족이 살고 있었는데, 콜럼버스 일행은 이들에게서 카사바를 얻어 겨우 연명했다. 이런 때에도 선원들은 기회만 있으면 상륙하여 그곳 여자들과 자려고 했다. 콜럼버스는 이것을 금하려 했는데, 자신의 경험에 따르면 굶주린 선원들은 곧 여인들과 아이들에게 행패를 부리는 등 꼭 문제를 일으키기 때문이다. 지금 이곳 주민들과 불화에 빠질 상황이 아니지 않은가. 그래서 상륙하는 사람은 모두 배에서 내리고 다시 올라올 때마다 서명(sign-up)을 하도록 했다.

우선 식량을 구하는 문제가 급하므로, 디에고 멘데스가 상륙해서 살펴보기로 했다. 그는 칼을 들고 용감하게 들어갔지만, 현지인들은 의외로 매우 친절했다. 그는 마을 세 곳과 계약을 맺어 매일 카사바를 공급받는 대신 구슬, 빗, 나이프, 낚시바늘, 종 같은 것들을 주기로 했다. 계약을 체결한 후 디에고 멘데스는 자메이카 내륙의 정글을 혼자서 탐험해 보고 싶었다. 그는 현지인 몇 명과 함께 내륙 깊이 들어가서 결국 섬의 동쪽 끝까지 갔고, 그곳에서 수평선 멀리 에스파뇰라 섬이 보이는 것을 확인했다. 그리고 거기까지 동행했던 추장 아메이로(Ameyro)와 의형제를 맺었다. 두 사람은 서로 이름을 알려주었는데, 이것은 인디언들에게 아주 의미 깊은 일이라고 한다. 그는 놋쇠로 만든 헬멧과 코트 한 벌, 셔츠 두 벌을 주고 카누를 얻었다. 그리고 6명의 인디언들이 노를 저어 준 덕분에 이 카누를 타고 동료들이 있는 곳으로 귀환했다. 걱정하던 콜럼버스 일행은 이 광경을 보고 만세를 불렀다.(Jane, vol. II, 126)

그들은 이곳에서 에스파뇰라까지 카누를 보내서 구조를 요청하기로 결정했다. 그동안 보트들도 모두 상실한 상태였기 때문이다.(Jane, vol. II, 128-134) 모여서 회의를 한 끝에 콜럼버스는 디에고 멘데스에게 카누를 타고 에스파뇰라로 간 후 그곳에서 다시 산토도밍고로 찾아가 구조선을 요청하라고 말했다. 문제는 과연 그곳까지 카누를 타고 갈 수 있느냐 하는 것이었다. 그동안 워낙 많은 허리케인을 겪은 데다가, 조류도 반대 방향 같아 보였다.

디에고 멘데스는 콜럼버스에게 모든 사람을 모아서 지원자들을 받아 보되, 만일 아무도 나서는 자가 없으면 자신이 그 일을 하겠노라고 이야기했다. 그렇게 해보았더니 과연 아무도 나서지 않고 침묵만 지키므로 디에고 멘데스가 이 일을 떠맡게 되었다. 그래도 바르톨로메오 피에스키(Bartolomeo Fieschi)라는 동료가 함께 가기로 한 것이 다행이었다. 두 사람이 에스파뇰라에 도착하면 디에고 멘데스는 거기에서 계속해서 산토도밍고로 찾아가고 피에스키는 이 소식을 전하기 위해 다시 카누를 타고 되돌아오기로 했다.

이때 콜럼버스는 국왕에게 올리는 편지를 썼다. 우리가 앞에서 자주 인용한 편지가 이것이다. 나중에 '레테라 라리시마(Lettera Rarissima)'라고 알려진 1503년 7월 7일자의 이 편지에서 그는 너무나도 많은 사람들이 자신의 독점권을 위반하고 있다고 이야기하고, 자신이 겪은 불행에 대해 국왕에게 하소연했다.

다행히 6명의 인디언들이 노 젓는 것을 도와주기로 했다. 카누가 너무 크면 속도가 느리고 너무 작으면 안전에 문제가 있으므로 중간

규모의 카누를 고른 다음 안전을 위해 마스트와 돛을 다는 식으로 구조를 고쳤다. 그런데 이 카누를 타고 떠난 사람들은 보름 뒤에 되돌아왔다. 자메이카 동쪽 끝 부분에 이르렀을 때 파도가 높이 일어 일단 상륙한 섬에서 현지인 해적을 만난 것이다. 그들은 멘데스 일행을 끌고 정글에 들어가서는 누가 죽일 것인지 제비뽑기를 하며 실랑이를 벌였는데, 이 틈을 타서 가까스로 도망쳐 카누를 타고 돌아온 것이다.

두 번째 다시 시도할 때에는 6명의 스페인 선원을 딸려 보냈다. 콜럼버스의 동생 바르톨로메가 멀리까지 따라갔다가 그들이 먼바다로 나가는 것을 보고 귀환했다. 이제 남아 있는 사람들의 생사는 에스파뇰라로 찾아가는 이들의 항해 성공 여부에 달려 있었다. 이번 시도는 과연 성공할 것인가? 그런데 이들은 떠난 지 무려 여덟 달 동안이나 아무런 소식이 없었다! 콜럼버스 일행이 애타게 기다리고 있는 동안 이들에게는 도대체 무슨 일이 일어난 것일까?

카누를 타고 떠난 유럽인들과 인디언들은 모두 준비해 간 물이 부족한 상태였다.(Jane, vol. II, 132-134; Dugard, 230-232) 그나마 스페인 사람들은 통에 물을 가져갔지만, 현지인들은 표주박을 이용했기 때문에 얼마 가지 않아 물이 떨어졌다. 곧 탈수 증세에 시달리게 되었고 두 번째 밤에 인디언 1명이 사망했다. 이들은 나바사(Navassa)라는 섬에 겨우 도착해서 목숨을 구했다. 이 섬은 원래 물이 없는 무인도지만 바위나 땅의 오목한 곳에 빗물이 고여 있었다. 스페인 사람들은 탈수 증세를 보일 때 많은 물을 너무 빨리 마시면 사망할 수 있다는 사실을 알고 조심했지만, 현지인들은 무리하게 물을 마시다가 일부는 죽고 일부는 마비 상태에 빠졌다.

이런 고통을 겪은 끝에 디에고 멘데스는 남은 인원을 데리고 죽을 힘을 다해 노를 저어 에스파뇰라 섬에 겨우 도착했다. 그러나 해안에서 산토도밍고까지는 다시 130리그를 더 여행해야 했다. 게다가 오반도는 산토도밍고를 떠나 하라구아(Xaragua) 지방에서 그곳 부족과 전투 중이었다. 디에고 멘데스는 먼 거리를 노를 저어 온 후 다시 맨발로 정글을 지나 오반도를 찾아가서 드디어 그를 만났다. 그렇게 힘들게 찾아와 구조를 요청했지만 오반도는 잔인하기 그지없는 태도를 보였다. 그는 생사의 고비에 몰린 콜럼버스 일행이 기다리는 것을 알면서도 구조선의 파견을 늦추었다. 지금 자신은 성스러운 전쟁을 하는 중이므로 이를 중단할 수 없다는 것이다. 그러면서 디에고 멘데스에게도 전쟁이 끝날 때까지 자신과 함께 남아 있으라고 명령했다. 오반도의 속마음은 콜럼버스가 차라리 그곳에서 죽도록 내버려두자는 것이었으리라. 오반도는 48명의 추장들을 화형 혹은 교수형에 처하고도 크리스마스 이후까지 전투를 계속했다.[125]

그러는 동안 콜럼버스와 함께 남아 있는 사람들 사이에 갈등이 폭발했다. 1월 2일 콜럼버스가 머무는 통나무집에 포라스 형제(Francisco, Diego Porras)가 들이닥쳤고, 선원들은 양쪽으로 갈려 서로 전투를 벌였다. 바르톨로메가 창을 들고 콜럼버스를 지켜주었지만 반란 측이 압도적으로 우세했고, 이들은 열 척의 카누를 모두 빼앗아서 에스파뇰라를 향해 떠났다. 이것을 보자 콜럼버스 편이었던 사람들 중 일부가 덩달아서 그 편에 합류했다. 그들은 자신들을 도와주던 인디언들에게서 식

125 디에고 멘데스는 1536년에 죽었는데, 자기 묘에 카누를 그려 달라는 유언을 남겼다. "내 유언 집행자들은 할 수 있는 한 가장 좋은 돌을 사서 내 묘 위에 세우고 모서리에 이 말을 쓰도록 하라. '여기에 명예로운 신사 디에고 멘데스가 잠들다. 그는 크리스토퍼 콜럼버스와 함께 서인도를 발견하고 정복하는 사업에서 국왕에게 큰 봉사를 했노라.' 그리고 비석 한가운데 카누를 새겨 넣도록 하라. 카누는 나무줄기 가운데를 파낸 것으로 인디언들이 항해하는 데에 사용하는 것인데, 나는 그런 카누를 타고 300리그를 항해했었다. 그 그림 위에 Canoa라는 글자를 새기도록 하라."(Jane, vol. II, 138-139)

량을 약탈하고 콜럼버스에게 값을 받으라고 이야기했으니, 당연히 양측의 관계가 악화되었다. 반란자들은 자메이카 동쪽 끝에 가서 그곳 인디언들에게 도와달라고 부탁했다. 그들이 노 젓는 일을 도와주었는데, 바다 사정이 악화되자 반란자들은 인디언을 모두 바다에 던져 버렸다. 헤엄쳐서 육지로 가기에는 너무 멀어 인디언들이 카누에 올라타려고 하자 스페인 사람들이 칼로 그들의 손을 자르며 쫓아냈고, 곧 상어가 달려들어 이들의 목숨을 앗아갔다.(Dugard, 234)

남아 있는 콜럼버스 일행과 현지인들의 관계도 악화되어 갔다. 현지인들은 점차 식량 값을 높게 받기 시작했다. 이때 콜럼버스는 기발한 방식으로 이 위기를 탈출했다. 그는 곧 월식이 일어난다는 것을 알고 이를 이용해서 현지인들을 협박하여 식량을 확보한 것이다. 그는 아마도 요한네스 뮐러(Johannes Müller, 일명 Regiomontanus, 독일의 수학자·천문학자)의 책을 가지고 있었던 듯하다. 다가오는 2월 29일에 월식이 있을 것을 안 그는, 만일 하느님의 자손인 자신들에게 복종하지 않으면 달이 사라질 것이라는 식으로 그들에게 겁을 주었다. 그야말로 만화 같은 일이 일어난 것이다.(Varela, 135; Fernández-Armesto 1974, 114-115)

이런 최악의 상황 속에서 8개월을 기다린 후에야 에스파뇰라에서 배가 도착했다.(Phillips, 236) 오반도는 모든 사람을 구할 큰 배가 없어서 지금까지 지체했다는 변명의 메시지를 전했다. 그러나 이때 오반도가 보낸 배는 구조가 목적이 아니었다. 우선 이 배의 선장은 디에고 데 에스코바르(Diego de Escobar)라는 인물인데, 그는 콜럼버스가 에스파뇰라 지사였을 때 반란을 일으킨 무리의 지도자였다.[126] 오반도는 일부

126 디에고 데 에스코바르는 반란을 주도했던 롤단의 부하 중 1명이었다.(Crouzet, 371)

러 그런 사람을 골라 선장으로 보내면서, 그들을 구해 오는 것이 아니라 단지 포도주 한 통과 소금에 절인 돼지고기를 전해 주고 그들의 상태를 살피고 돌아와서 보고하라는 명령을 내렸다. 그야말로 잔인하기 이를 데 없는 처사였다. 이 배가 도착했을 때 콜럼버스 측에서는 의사인 베르날(Bernal)이 또 다른 반란을 계획 중이었다. 에스코바르는 오반도의 명령에 따라 상륙하지 않고 보트를 타고 해안에 접근하여 가지고 온 물품만 전해 주고는 돌아가 버렸다.

그가 콜럼버스에게 전해 준 오반도의 편지에는 더 참고 기다리라는 내용이 쓰여 있었다. 카누를 타고 간 이후의 사정을 설명하는 디에고 멘데스의 편지를 전해 준 것만도 다행이었다. 그래도 콜럼버스는 이 기회를 빌려 스페인의 두 국왕에게 자신의 충성을 전하는 편지를 보냈고 오반도에게도 "천 페이지의 편지로도 다 말할 수 없는 불행"을 겪고 있다는 편지를 보냈다.(Crouzet, 435-436) 배가 떠나자 베르날의 반란이 다시 시작되었을 뿐 아니라 포라스 측도 되돌아와 전투가 벌어졌다. 바르톨로메가 칼을 휘두르며 그들과 맞선 결과 겨우 그들을 진압할 수 있었다.(Dugard, 245-246) 콜럼버스에게는 하루하루가 생사의 갈림길이었을 것이다.

1504년 5월 말이 되어서야 마침내 디에고 멘데스는 배를 확보할 수 있었다. 이 배는 6월 28일에 콜럼버스 일행이 있는 곳에 도착했고, 마침내 그들은 본국으로 돌아가게 되었다. 디에고 멘데스 자신은 콜럼버스의 지시에 따라 먼저 스페인으로 귀국했다.(Crouzet, 433)

스페인으로 귀환할 때에도 콜럼버스에게는 불운이 잇따랐다. 1504년 9월에 출항하자 곧 배의 마스트가 갈라지거나 빠지는 사건이 일어났다. 그리고는 엄청난 토네이도를 만나 죽음의 위기에 봉착했다. 하늘에 구름이 가득하고 그 구름이 시계 반대 방향으로 점차 빨리 돌면서 엄청난 폭풍우가 몰아쳤다. 바닷물이 하늘로 딸려 올라갔고, 그 앞면에 있는 것을 모두 날려 버렸다. 그가 탄 배는 거의 기능을 하지 못하는 상태에서 조류에 밀려 카리브 해 쪽으로 하염없이 밀려갔다. 대양 한복판에서 조난당했으니 생명이 위태로운 지경이었다. 이런 위기의 순간에 콜럼버스는 다시 경건한 행위를 연출했다. 이번에는 거의 무당과 같은 모습이었다. 콜럼버스는 칼과 성경을 들고 갑판에 서서 예수가 갈릴리 바다를 다스리는 〈요한복음〉 부분을 읽었다. 그리고 오른손에 든 칼로 하늘에 십자가를 그리고 그 다음에 선단을 감싸는 큰 원을 그렸다. 그러자 신기하게도 허리케인이 두 배의 사이로 지나가서 아무런 해를 입지 않았다.(West, 53) 이런 무당과 같은 면모를 보이는 동시에 그는 놀라운 해상 지휘 능력도 발휘했다. 그는 선실과 선미의 캐슬 부분을 부수고 그 재목을 이용하여 새로운 마스트를 만들도록 지시했다.(Dugard, 256; Ferdinand, 269) 그는 해상 관련 일에서는 여전히 유능한 면모를 보였으니, 그의 기지로 배를 구한 것이다. 이런 고난을 겪으며 그는 1504년 11월 7일에 스페인에 도착했다. 이로써 그의 해상 생활은 영원히 종식되었다.

얼마 있지 않아 이사벨 여왕이 중병에 걸려서 11월 26일에 사망했다. 콜럼버스를 후원해 주던 이사벨 여왕의 사망은 그의 상황을 더욱 악화시키는 계기로 작용했지만, 사실 그녀가 계속 살아 있었더라도 큰 차이는 없었을 것이다.

콜럼버스는 말년에 자신이 정당하게 누려야 하는 직위와 하사금을 달라는 청원서를 왕실에 끊임없이 올렸다. 통상 생각하는 것처럼 그가 말년에 가난과 고독 속에서 산 것은 아니다. 단지 자신이 평생을 바쳐 일구어낸 업적을 강탈당했다고 여겼고, 자신의 숭고한 꿈을 사람들이 몰라준다는 생각에 고통스러워 했다. 죽음에 임박한 순간까지도 그는 자신의 행위를 정당화하는 편지를 썼다. 1506년 5월 19일, 1502년에 작성된 유언장에 변경 내용을 기입했다. 매일 3명의 사제가 미사를 세 번 드리되 한 번은 성 삼위일체를 위해, 또 한 번은 성모마리아를 위해, 그리고 또 한 번은 모든 신실한 신자들의 영혼, 그 자신의 영혼과 아버지, 어머니, 아내의 영혼을 위해 미사를 드리라는 내용이었다.(Crouzet, 443) 그는 그날 저녁(어쩌면 그 다음날) 세상을 떠났다.

11. 지리종말론

『예언서』

지금까지 여러 차례 언급했듯이 콜럼버스는 강렬한 종교적 환상(vision)을 가진 인물이었다. 사람들은 대개 콜럼버스의 그런 측면을 도외시했다. 그러나 그의 지리적 발견과 종교적 환상은 긴밀히 연관되어 상호작용을 하고 있었다. 그는 자신이 새로운 땅을 '발견'하는 것이 신의 뜻이라 해석했으며, 여기에서 인류의 미래 운명을 읽어냈다.

그의 이런 측면을 종합적으로 잘 보여 주는 자료는 『예언서』이다. 이 책은 국왕에게 자신의 종교적 환상을 설명하기 위한 자료 모음집이다. 연구자들은 콜럼버스가 이 자료들을 이용해 최종적으로 세계의 운명에 대한 종말론적 대서사시를 지어 국왕에게 헌상하려 한 것으로 추정한다. 그런 작업을 위해 자료를 수집하여 배치하고 중간중간 자신의 코멘트를 달면서 사고를 정리하고자 한 결과가 이 책이다. 이 자료를 근거로 하여 그의 종말론적 사고를 추적해 보자.

『예언서』

『예언서(*Libro de las profecías*)』는 그의 아들 페르난도가 붙인 이름으로, 엄밀히 말하면 잘못된 명칭이지만 도서관 카탈로그에는 그렇게 기록되어 있다.(Symcox 2005, 51) 원래 책의 첫 페이지에 콜럼버스가 붙여 놓은 제목은 다음과 같다.

> Incipit liber s[ive manipulus de au]ctoritatibus, dictis, ac sentiis, et p[rophetiis circa] materiam recuperande sancte civitatis, et montis Dei Syon, ac inventionis & conversionis insularum Indie, et omnium gentium atque nationum, ad Ferdinandum et Helysabeth etc. reges nostros hyspanos.
>
> 하느님의 신성한 도시와 시온 산의 재발견 주제 그리고 인도 및 다른 모든 사람들과 민족의 발견과 전도 주제에 대한 권위(아욱토리타스), 진술, 견해, 예언의 기록.

이 제목에서 알 수 있듯이 콜럼버스는 전도사와 십자군의 환상을 가지고 있었다. 그는 자신의 지리적 발견을 인류 구원의 역사라는 궤적 속에 넣어 해석하고자 했다. 그가 발견한 그 땅으로부터 시작하여 전 인류를 기독교도로 개종하고 종교의 적에게는 십자군을 보내 격퇴함으로써 새 시대가 열리도록 한다는 것이다. 그의 의식을 지배하는 것은 기독교 세계의 갱신이었다. 그리고 '예수의 전달자(Christ-bearer)'인 자신이 이 거대한 과업에서 중요한 일익을 담당하리라는 것을 믿어 의심치 않았다. 그러한 소명을 받았고, 또 그 때문에 영적 이해력(illumination)을 받았다고 확신한 그는 성경을 공부하고 학자들의 주해도 참고하면서 자신의 구상을 설명할 자료들을 모았다. 이 자료들은 체계적으로 수집했다기보다는 영감의 스파크가 일어나는 대로 얻은 여러 조각들을 배치한 것에 가깝다. 전반적으로 그가 국왕에게 전달하고자 한 메시지는 자신의 발견이 이미 예언자의 입을 통해 예견된 것이며, 또 앞으로 일어날 대사건들에 관한 다른 예언들 역시 반드시 실현된다는 것이다. 그가 남긴 글과 여러 에피소드를 볼 때 그는 평생 이런 생각을 해 왔으며, 그런 사고의 정점을 차지하는 것이 바로 이 자료라 할 수 있다.

콜럼버스가 본격적으로 『예언서』의 자료 정리 작업에 착수한 것은 3차 항해 이후다. 앞에서 본 것처럼, 그의 3차 항해는 그야말로 천국과 지옥을 오가는 듯한 극적인 경험의 연속이었다. 이 항해를 마치고 귀국한 후인 1501-2년에 그는 카르투지오 수도회 수사인 가스페르 고리시오(Gasper de Gorricio)의 청으로 세비야의 과달키비르 강 너머에 있는 누에스트라 세뇨라 산타마리아 데 라스 쿠에바스(Nuestra Señora Santa María de las Cuevas) 수도원에 거주했다. 이곳에서 그는 아주 바쁜 나날을 보냈음에 틀림없다. 현재까지 남은 콜럼버스의 편지 85편 중 20퍼센트인 21통을 이 시기에 작성하는 한편 『특권서』와 함께 『예언서』를 준비한 것이다.[127]

이 책의 앞부분에 붙어 있는 고리시오에게 보낸 1501년 9월 13일자 편지는 이 책을 쓴 목적이 무엇이며 언제 어떤 방식으로 집필했는지를 짐작할 수 있게 해 준다.(West, 83-84) 그는 기독교의 관점에서 본

127 『특권서(*Libro de privilegios*)』는 그가 국왕에게서 허락받은 각종 특권들을 모아 정리한 것이다. 본 연구에서는 이 자료를 사용하지 않았다. 다만 한 가지 이야기할 점은, 종말론적인 우주관에 근거하여 인류 구원의 세계사를 그리는 꿈같은 작업과 자신이 누리게 될 세속적인 권리를 정리하는 작업을 동시에 진척시켰다는 것이다. 이는 영혼과 육체, 세속과 종교성 등이 완전히 분리되지 않고 혼재되어 있는 당시 콜럼버스의 상태, 혹은 더 넓게 당대 사람들의 태도를 보여 주는 한 사례라 할 수 있다.

인류의 역사와 구원에 관한 많은 자료를 모은 후 이것으로 서사시를 쓰겠다는 의도를 표출했다. 그러나 결국 그 작업은 마치지 못했고, 준비 자료인 이 책만 남은 것이다. 그는 고리시오에게 자신이 정리한 자료를 전부 보내 그의 의견을 물어보았다. 고리시오는 1502년 3월 23일자로 답신을 보내왔다. 그 내용은 그가 6개월 동안 자료를 검토한 후 자신의 의견을 첨부하고 일부 수정한 내용들을 부기하여 자료를 다시 돌려보낸다는 것이다. 이런 여러 정황으로 보건대 콜럼버스는 1501년 9월부터 1502년 3월까지 이 책을 준비한 것으로 보인다. 전체적인 범위, 아우트라인, 중요 자료의 선택 등 기본적인 일을 콜럼버스 자신이 하고 고리시오가 전반적인 검토를 했던 것 같다. 다만 필체가 다른 부분이 있는데, 이는 아들이나 동료가 대필한 것으로 보인다. 이 자료집은 모두 84개의 폴리오로 되어 있는데, 이 가운데 아홉 페이지가 백지이고 세 페이지는 한 글자만 적혀 있으며, 열네 페이지 반이 뜯겨나간 상태다. 제일 앞에는 고리시오와 주고받은 편지들이 있고, 뒤에는 긴 시와 성격이 다른 글이 붙어 있다.

그는 몇 달 동안 집중적으로 『예언서』의 집필 작업을 했지만, 여러 증거로 볼 때 이 비슷한 작업을 아주 오래 전부터 해 왔던 것이 분명하다. 그가 종말론적인 자료를 모은 것은 최소한 1481년의 기록에서부터 찾을 수 있다. 그리고 이때의 기획이 나중에 『예언서』의 토대가 되었다는 것은 다음 사례에서 확인할 수 있다. 그는 피콜리미니의 『히스토리아』의 여백에 주석을 달면서 '아욱토리타스의 요약(Auctoritates in brevia)' 이라는 제목으로 〈이사야〉, 〈역대기하〉, 〈시편〉의 구절들을 적은 후 자신의 생각을 그 아래에 적었다. 이 부분을 그대로 옮기면 다음과 같다.(West, 87)

무리가 소리를 높여 부를 것이며 여호와의 위엄으로 말미암아 바다에서부터 크게 외치리니

그러므로 너희가 동방에서 여호와를 영화롭게 하며 바다 모든 섬에서 이스라엘의 하나님 여호와의 이름을 영화롭게 할 것이라

땅 끝에서부터 노래하는 소리가 우리에게 들리기를 의로우신 이에게 영광을 돌리세 하도다 그러나 나는 이르기를 나는 쇠잔하였고 나는 쇠잔하였으니 내게 화가 있도다 배신자들은 배신하고 배신자들이 크게 배신하였도다(이사야 24:14-16)

왕의 배들이 후람의 종들과 함께 다시스로 다니며 그 배들이 삼 년에 일차씩 다시스의 금과 은과 상아와 원숭이와 공작을 실어옴이더라(역대기하 9:21)

하나님은 예로부터 나의 왕이시라 사람에게 구원을 베푸셨나이다(시편 74:12)

이것은 '약속의 땅의 한가운데에서'라는 의미로 이해해야 한다.

여기에서 보이는 이 세 가지 성경 인용이 나중에 『예언서』에서 다루는 중요한 세 가지 주제가 되었다. 즉, '주의 이름과 주를 찬미하는 법을 배우기를 기다리고 있는 지상의 가장 먼 땅과 바다의 섬들', '3년마다 큰 부를 가지고 돌아오는 솔로몬의 배들', 그리고 '약속의 땅 가운데에서 일어나도록 하느님이 남겨두신 일'이라는 주제가 그것이다. 이를 보면 콜럼버스는 포르투갈에 머물던 서른 살 무렵에 이미 『예언서』에 대한 기본 구상을 하고 있었음에 틀림없다.

한편, 대부분의 작업은 1501년에 했다 하더라도 나중에 계속 원고를 보충한 사실도 확인할 수 있다. 제일 마지막에 첨부한 내용은 1504년에 추가한 사항일 것이다. 『예언서』에 1494년 9월 14일의 월식 이야기를 하는 부분이 있다. 에스파뇰라 섬 동쪽의 사오나(Saona) 섬에서 관

찰했던 월식을 거론하며, 그 시각과 포르투갈에서의 월식 시간이 다섯 시간 반 이상 차이가 난다는 점을 지적하는 내용이다. 그런데 여기에 더해 1504년 2월 29일 자메이카의 산타글로리아(Santa Gloria) 항구에서 경험했던 월식과 스페인의 칼리스(Calis)에서 경험했던 월식 시간의 차이를 계산한 내용을 적어 넣었다.(Profecías, 227)[128] 이것이 이 책 전체에서 가장 늦은 시기에 기입된 사항이다. 그러므로 이 책은 청년기에 시작해서 그가 사망하기 1년 전까지 평생 지속된 성경 연구와 신학 연구의 집적이며, 그의 종말론적 사고를 오랜 기간 다듬고 정리한 결과물이라 할 수 있다.

역사가들은 그동안 이 자료를 거의 이용하지 않았다. 이 자료는 1892년에 롤리스(Cesare de Lollis)에 의해 편집되어 처음 출판되었고, 이후 여러 차례 출판되었다.[129] 과거 나바레테, 아리스, 어빙 같은 학자들이 이 자료를 봤지만 그들의 저서에 이용하지는 않았다. 아마도 그들은 이 자료의 의미를 정확히 파악하지 못했던 것 같다. 많은 역사가들은 이 자료를 보고 단지 콜럼버스가 말년에 광신으로 치달았다는 사실을 말해 주는 덜 중요한 자료로 간주하든지, 콜럼버스가 유대인이라는 잘못된 사실에 대한 증거로 삼든지, 혹은 콜럼버스가 얼마나 내적으로 복잡한 인간인가를 말해 주는 자료로 사용했다. 그렇지만 실제 이 자료는 콜럼버스의 내면세계를 드러내는 훌륭한 사료다.

128 이하, 혼동을 피하기 위해 『예언서』를 직접 인용하는 경우는 'Profecías'로 약칭하고, 이 책을 편집하여 출판한 편집자의 해설을 인용할 때에는 'West'로 약칭하기로 한다.

129 Cesare de Lollis, *Autografi di Cristoforo Colombo con prefazione e trascrizione diplomatica di Cesare de Lollis* (Roma: Ministero della pubblica istruzione, 1892-94).

영적 이해력

콜럼버스는 도대체 어떤 자격으로 자기가 신의 뜻을 알고 세계사적인 예언들을 국왕에게 전해 준다고 확신했을까? 그가 신앙심이 깊었다는 것은 재론의 여지없이 분명한 일이다. 그의 아들이 쓴 전기에도 그는 엄격한 신앙인으로 묘사된다.

> 그는 종교 문제에서 너무나 엄격하여 금식 혹은 기도를 할 때면 수도사로 여겨질 정도였다.(Ferdinand, 34-35)

『예언서』 앞부분에 실려 있는 국왕에게 보낸 편지는 신앙고백에 가깝다.

> 나는 단지 자격 없는 죄인일 뿐이었습니다만, 내가 주님의 은총과 자비를 외쳐 구하자 그런 것들이 나를 완전히 뒤덮었습니다. 나는 주님의 경이로운 현존을 기쁘게 맞이하는 것을 내 생애의 모든 목적으로 삼으면서 최고의 즐거운 위안을 발견했습니다.(Profecías, 111)

문제는 그가 가진 신앙의 성격이다. 많은 연구자들은 그의 신앙이 프란체스코 엄수파 이데올로기가 강할 뿐 아니라 더 나아가서 1480년 이후 스페인에서 프란체스코 수도사 사이에 유행했던 레코지미엔토(recogimiento, 내면의 영적인 세계에 '침잠'한다는 의미) 운동을 반영하고 있다고 본다. 그 중요한 특징은 자신의 내면을 들여다보며 신을 찾는 것이다.

콜럼버스가 프란체스코 수도회 제3회 소속인지는 전적으로 확실하지는 않지만, 일부 학자들은 그럴 가능성이 높다고 본다.(West, 58) 그 근거는 베르날데스의 증언이다. 그에 따르면 콜럼버스는 1496년

6월에 엄수파 프란체스코의 의복을 입고, 이 수도회의 끈(Seraphic cord)을 맨 채 카스티야에 나타났다. 이 끈은 재속(在俗) 수도회의 특징이었다. 또 그가 사후에 이 옷을 입은 채 묻혔다는 전언도 있다. 스페인에서는 15세기에 이 교단의 인기가 매우 높아서, 언제부턴가 프란체스코 성인이 스페인 사회 전체에 지존의 정신적 스승이 되었고, 또 프란체스코회 수도사 옷을 입고 묻히는 것이 유행이었다고 한다.

이 신앙의 특징은 신은 못 배우고 미천한 사람을 선택하여 자신을 드러낸다고 생각한다는 점이다. 그렇게 선택된 자는 영적 이해력(spiritualis intellectus)을 받아 숨겨진 신의 진리를 알게 된다. 이 점은『예언서』서론에 밝히고 있다. "신은 계시를 받을 자를 선택할 때 학식이나 세속적 신분에 상관치 않으며, 오히려 '파르불리(parvuli, 미천한 자)'를 고른다"는 것이다.(Profecías, 107) 프란체스코가 그런 인물이었으며, 또 그가 정한 규칙을 엄격히 따르는 자 역시 그러한 인물이다. 콜럼버스는 자신이 바로 그처럼 못 배우고 낮은 자이되 신의 선택을 받아 영적 이해력을 받았다고 스스로 생각했다. 그 결과 자신이 모든 것을 볼 수 있게 되고, 진리를 꿰뚫어 알게 되었다고 주장했다.

그는 자신을 신에게 선택된 사자(messenger)로 인식했다. 신이 자신에게 '새 하늘 새 땅'을 보여 주셨고, 그곳에 전도와 식민화를 수행하는 것은 이미 신에 의해 예정된 운명이라고 믿었다. 그는『예언서』에서 성경을 인용하며 자신의 내부에 불이 있다고 표현했다.

> 이 불은 단지 나의 것만이 아니라, 경이로운 영적 이해력의 빛으로 나를 격려하여 앞으로 나아가라고 설득한 성령이기도 하다는 것을 의심할 수 없다. 그것은 성경, 구약의 44개 책에 나오는 대단히 명쾌하고 강력한 증언, 복음, 그리고 또 축복받은 사도들의 23개 서한에서 나온 것이다. 단 한

순간의 주저도 없이 계속하여 성경은 나에게 서둘러 길을 가라고 재촉했다.(Profecías, 105)

즉, 자신은 신의 도구이며, 자신이 새로운 땅을 발견한 것은 이미 예언된 일이라는 것이다.

주님은 내가 느낄 수 있을 정도로 자신의 손으로 내 마음을 열어 주셔서 그것이 가능하다는 것을 알게 하셨다. […] 그리고 주님은 그 계획의 완수를 원하도록 내 의지를 열어주셨다. […] 주님은 인도 항해라는 이 일에 기적이 일어나도록 하셨다. […] 그리고 결국 예수 그리스도가 말했던 대로, 또 이전에 선지자의 입을 통해 말했던 대로 결과가 나타났다. 그 때문에 우리는 다른 문제[십자군] 역시 그렇게 되리라고 믿어야 할 것이다. 만일 내가 말한 것만으로 그런 믿음을 권하는 데 충분치 않다면, 나는 모든 일이 지나간다 하더라도 기적의 말씀만은 남는다는 복음의 말씀, 그리고 그와 그의 선지자들에 의해 이야기된 것은 모두 이루어진다는 복음의 말씀을 하겠다.(Profecías, 105-107)

다시 말해서 자신의 업적은 자기 혼자 한 일이 아니라 신이 도운 것이며, 그런 사실을 아는 것 역시 계시에 의한 것이라고 확신했다.

그러나 그가 신의 뜻을 전부 이루는 것은 아니다. 최종적으로는 스페인의 군사력으로 예루살렘을 탈환하고 성전을 다시 지음으로써 인류 구원 사업이 진행되는데, 자신의 사업은 그런 세계사적인 사건의 전주곡에 해당한다. 분명한 것은 그의 '발견'이 천지창조, 예수 탄생 및 수난과 같은 반열의 사건으로, 인류사를 바꾸는 계기가 되리라는 것이다.

그런데 이런 생각은 반드시 콜럼버스 혼자만의 것이 아니라, 동시대의 다른 사람들도 공유하고 있었다. 라스카사스나 콜럼버스의 아들의 증언으로 보건대, 당대 많은 사람들이 새로운 땅의 발견을 신앙의 관점에서 해석한다는 것은 분명하다. 다음의 예가 그런 점을 보여 준다.

1516년 주교 아고스티노 주스티아니(Agostino Giustiniani)가 『다국어 시편(*Polyglot Psalter*)』을 출판했는데, 〈시편〉 19장 4절("그의 소리가 온 땅에 통하고 그의 말씀이 세상 끝까지 이르도다") 부분에 콜럼버스에 대해 다음과 같은 주석을 달았다.

> 적어도 우리 시대에 크리스토퍼 콜럼버스라는 제노바인의 경이로운 시도로 인해 거의 새로운 세계가 발견되었고 기독교권에 더해졌다. 그리고 콜럼버스는 자신을 통해 이 예언이 실현되도록 하기 위해 신에 의해 선택되었다는 사실을 자주 이야기했다. […] 이 놀라운 항해를 마치고 스페인으로 귀환함으로써 콜럼버스는 예언을 완수했다.(West, 50-51)

그는 콜럼버스를 직접 알거나 혹은 『예언서』를 본 적이 없지만 신대륙 발견을 예언의 실현으로 보고 있다는 점에서 콜럼버스의 생각을 그대로 따르고 있다.

성경 해석

15세기에 속인이 성경 해석(exegete)을 시도한다는 것은 예외적인 일이었다. 그러나 콜럼버스는 자기 확신이 대단히 강한 인물이었기 때문에 자기 나름대로 성경 공부를 하고 해석을 시도했다. 그의 성경 해석은 분명 아마추어 수준을 넘어섰다.

그는 우선 책 초반부에 성경 해석의 방법론부터 정리해 두었다. 그것은 중세의 표준 성경 해석 도구인 아퀴나스의 『신학대전』에 나오는 '콰드리가(Quadriga)'를 따른다는 것이다.(Crouzet, 56) 이는 구약과 신약의 문체에 대해 네 가지 의미로 정식화하여 파악하는 것을 의미한다. 그것은 문자적(literal) 해석, 알레고리(allegorical) 해석, 도덕적(tropological) 해석, 신비적(anagogical) 해석을 말한다. 콜럼버스는 장 제르송(Jean Gerson)의 『칙령들(*In Decretis*)』의 설명을 원용하여 이렇게 설명한다.

> 문자적 해석은 사실을 말한다.
>
> 알레고리는 믿어야 하는 것을 말한다.
>
> 도덕적 해석은 어떻게 행해야 하는가를 말한다.
>
> 신비적 해석은 우리가 어디로 가야 하는가를 말한다.(Profecías, 101)

그리고 '예루살렘'을 예로 들어 이렇게 해설한다. 예루살렘은 문자적으로는 사람들이 순례를 가는 지상의 도시이며, 알레고리로는 지상의 교회, 도덕적으로는 신자들의 영혼, 그리고 신비적으로는 천상의 도시, 곧 천국의 왕국을 가리킨다. 이런 설명 바로 뒤에 "이 방법으로 성경을 이해하는 안내를 해주소서"라는 기도를 적었다.

그 다음에 성경 해석과 관련된 문법 사항을 설명한다. 핵심 내용은 과거시제가 간혹 현재와 미래 사실을 가리킨다는 것이다.(Profecías, 101-102) 그리고 〈요한복음〉 15장 15절("내가 내 아버지께 들은 것을 다 너희에게 알게 하였음이라")을 사례로 들면서 이 부분에 대해 아우구스티누스의 코멘트를 다음과 같이 옮겨 적었다: "주 예수 그리스도는 그가 이제 행하려 하는 것을 이미 완수했다고 말했으며, 미래의 일로 이야기된 것을 행했다고 말했다. 마찬가지로 그는 예언자를 통해 '그들이 내 손발을 꿰

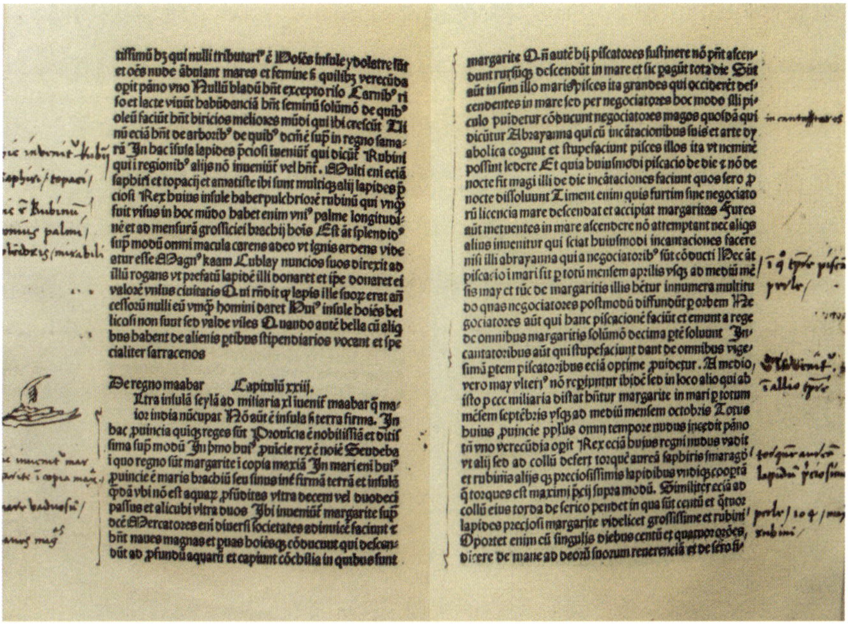

마르코 폴로의 『동방견문록』 여백에 콜럼버스가 쓴 주석들. 손가락 표시는 그가 생각하기에 중요한 내용을 가리킨다.

뚫을 것이다'라고 말하지 않고 '꿰뚫었다'고 선언했다. 즉 그는 미래의 일에 대한 예언을 과거형으로 이야기했다. 마찬가지로 이 글에서 예수는 앞으로 하려고 하는 일에 대해 그가 이미 완전히 알고 있는 일을 사도들에게 밝혔다는 식으로 말했다."(Profecías, 103)

그 다음에는 니콜라스 리라를 인용하여 구약과 신약의 관계를 해명했다. 콜럼버스는 특히 중요한 사항에 대해서는 여백에 특유의 손가락 표시를 그려 넣었는데 이 부분이 그런 사례다. 즉, 이 대목이 그의 성경 해석에서 매우 중요한 부분임을 알 수 있다. 그 핵심 주장은 구약의 사건이 신약의 사건을 미리 예견한 것이며, 그 말은 결국 과거에 행해진 예언 그 자체보다 그것을 후에 완벽하게 수행하는 것이 더 중요하다는 것이다: "구약에서 일어난 사건들은 신약에서 일어날 사건들을 비유적으로 묘사한 것이다." 예컨대 구약 〈역대기상〉 22장 10절의 "그는 내 아들이 되고 나는 그의 아버지가 되어 그 나라 왕위를 이스라엘 위에 굳게 세워 영원까지 이르게 하리라"라는 구절을 이렇게 설명한다. 이는 하느님이 솔로몬에게 한 말이다. 솔로몬은 치세 초에 일종의 신의 양자(養子)였으며 그래서 "여호와께서 그를 사랑"했다고 표현했다.(사무엘하 12:25) 그런데 이 말은 신약에서 하느님의 아들인 예수에 의해 더 완벽하게 실현되었다. 솔로몬은 예수와 같은 유형의 인물이며 따라서 〈역대기〉의 말은 솔로몬과 예수에 모두 적용되지만, 솔로몬보다는 예수에게 훨씬 더 중요하게 적용된다는 것이다.

이런 식으로 성경을 해석하여 그가 이끌어낸 결론은 구약에 언급된 먼 과거의 일부터 현재까지 일어난 일들이 모두 예견되어 있었으며, 자신이 한 일도 신에 의해 예정되어 있었다는 점, 그와 마찬가지로 앞으로 일어날 일도 이미 예정되어 있고 또 그대로 실현된다는 점이다.

이와 같은 논리에서 그가 이루어낸 발견의 여행 역시 성경을 근거로 해석했다. 그의 여행은 모르는 곳을 찾아간 것이 아니라, 이미 알고 있는 목적지를 찾아가는 행위라는 점이 이렇게 설명된다. 그는 경험적인 정보와 함께 영적 이해력을 가지고 항해한 것이다. 말하자면 그는 실제 지도와 '영적 지도'를 다 가지고 있었던 셈이다. 영적인 지도에는 성경에 나오는 지명이 포함되어 있는데, 그 목록에는 고대에 사라진 곳들도 있고 말세에 이르러 발견되리라고 예언된 곳도 있다.

그중 특히 중요한 곳이 아담과 이브가 살았던 지상낙원이다. 아담과 이브의 축출 이후 낙원은 지금까지 숨겨져 왔다. 이곳에 대해 누구는 홍수 때 쓸려 나갔다고 하고, 누구는 높은 산꼭대기에 걸려 있다고 주장했다. 중세 지도에는 대체로 세계의 동쪽 끝에 위치한 것으로 그려져 있다. 콜럼버스가 즐겨 보았던 자료에서는 대개 아시아의 동쪽 끝 너머의 지역, 다시 말해서 알려진 세계 바깥에 있는 것으로 판단하는 경향이 있었다. 그러나 이곳 역시 '장소'이므로 '발견'이 가능하지만 하느님의 뜻에 따라 말세에 가서야 그 위치가 파악될 것이다.(Delumeau)

3차 항해 당시 콜럼버스는 아시아의 외곽을 항해하다가 낙원 근처에 이르렀다고 믿었다. 이처럼 신이 자신에게 낙원의 위치를 알려주는 것 역시 그의 운명이라고 해석했다. 그는 이미 피에르 다이이를 비롯한 여러 저자들을 통해 지상낙원의 대략적인 위치는 알고 있었지만, 실제 그 지역에 찾아갈 수 있었던 것은 신의 뜻이었다. 1502년 교황 알렉산더 6세에게 보낸 편지에서는 이 사실을 매우 명료하게 이야기하고 있다. "많은 성인들과 신학자들이 믿었던 그 사실, 곧 그 지역에 지상낙원이 있다는 것을 저는 믿었고 지금도 믿고 있습니다."(West, 18)

콜럼버스는 '인도 사업'이 단순한 세속적 사업이 아니라 예언의 실현이라고 믿었다. 그가 어느 지역에 찾아갔을 때 예상과 너무나 달라도 생각이 흔들리지 않았던 것은 굳은 종교적 확신을 가지고 있었기 때문이다.

세계의 비밀

콜럼버스가 『예언서』에서 말하고자 하는 최종적인 '세계의 비밀'은 결국 종말에 관한 것이다. 이 세상이 창조되고 지금까지 흘러온 인류사의 궤적이 모두 예언되어 있다면, 현재 어느 지점에 와 있으며, 앞으로 얼마 정도의 시간이 흘러 어떤 방식으로 역사가 마감될 것인가를 아는 것이 가장 중요한 사항이다.

그 비밀을 파악하기 위해서는 우선 인류 역사의 지속시간에 대한 계산이 필요하다. 그는 피콜로미니 등을 읽으며 이미 그런 계산을 시도한 바 있다. 그는 피콜로미니의 『히스토리아』를 읽을 때 여백에 종말까지의 시간을 계산한 적이 있다. 그 결과 "세상이 시작된 때부터 올해인 1481년까지 5241년"이라는 답을 얻었다. 그런데 『예언서』에서는 이 계산을 다음과 같이 수정했다.

> 가장 정확한 것으로 알려진 알폰수 왕의 계산에 따르면,[130] 세계의 창조부터 혹은 아담부터 예수 그리스도가 오셨을 때까지 5343년 318일이 지났다. 페트루스 알리아쿠스[Petrus Aliacus, 피에르 다이이를 가리킴]의 열 번째 주제인 '천문학과 성경 및 역사 기록과의 일치에 대한 설명'을 따라 여기에 1501년을 더하면 종말이 완수되기까지 모두 6845년의 세월을 기다린 셈이다.

이로부터 앞으로 종말까지 남은 시간을 그는 이렇게 계산한다.

> 이 계산에 따르면, 앞에서 인용했던 박학한 견해대로 이 세상이 완수되는 데 7천 년이 걸린다고 하므로 이제 150년이 남았다.(Profecías, 109)

이것이 그가 발견해 낸 가장 중요한 비밀 중의 하나다. 그는 국왕에게 앞으로 종말의 시기까지 150년 남았다고 보고하려는 것이다![131]

130 이는 '알폰수 국왕의 표(Tablas Alfonsias, 1262-1272)'를 말하는데, 이는 11세기 코르도바의 아랍계 학자인 아르자헬(Arzachel)의 관찰에 근거하되 알폰수 10세의 궁정에서 학자들이 내용을 수정하여 저술한 책이다. 콜럼버스는 이 책을 이용해 많은 점성술적인 계산을 했다.(West, 24)

131 이에 따르면 서기 1656년이 종말의 해였다. 이해는 효종 7년, 청나라는 순치제 13년이 되는 해로서 동서양 할 것 없이 크나큰 사건이 일어나지 않은 비교적 조용한 해였고, 다행히 인류가 멸망하는 일은 일어나지 않았다. 많은 학자들은 성경에 등장하는 예언자들의 기록으로 연대를 계산한 다음에 이를 더 추산하여 종말의 시간을 계산하려는 시도를 했다. 뉴턴, 케플러, 파스칼이 그랬고, 그 이전에 아우구스티누스, 로저 베이컨, 요아킴, 피에르 다이이도 마찬가지였다.

그가 이런 엄청난 비밀을 파악한 중요한 원천은 다이이의 『이마고 문디』이지만 그 내용은 다이이의 독창적인 연구 결과가 아니라 그 이전부터 있었던 것들이다. 사실 『이마고 문디』의 주요 내용은 로저 베이컨의 주장을 그대로 옮긴 것이라 할 수 있다.

와츠는 베이컨의 주요 주장을 다음과 같이 정리했다.(Watts, 87ff)

고대의 족장들(patriarchs)과 예언자들은 (넓은 의미의) '수학'을 발견했으며 이를 통해 세계의 비밀을 알아내는 방법을 찾았다. 천문학 혹은 점성술에서 수학 지식은 별들의 위치 그리고 시간을 알아내는 데 쓰인다. 이를 통해 대홍수나 예수의 탄생 같은 지난 과거의 중요한 사건들, 혹은 성경에 예언된 미래 사건들이 일어나는 시간을 계산할 수 있다. 특히 베이컨이 가장 크게 관심을 두고 알려 했던 것은 적그리스도가 언제 나타나느냐 하는 것이다. 베이컨은 9세기 아랍의 천문학자 알부마사르(Albumasar)의 이론을 이용하여 적그리스도의 등장이 가까운 미래에 일어난다고 판단했다.

이런 계산이 가능한 까닭은 지상의 일과 천상의 일이 상호 조응하기 때문이다. 따라서 하늘을 잘 관찰하면 그것으로 지상의 시간을 알 수 있다. 그러므로 누구든지 '강령'(theurgy, 신적인 힘을 불러서 기적적인 일을 이루는 것을 뜻한다)과 점성술 기술을 이해한다면 행성의 합(conjunction)을 보고 계산함으로써 미래를 예측할 수 있다.

다이이는 이러한 베이컨의 내용을 자신의 책에 옮겼고, 콜럼버스는 이를 매우 열심히 연구해서 그 내용을 숙지하고 있었다. 그가 『이마고 문디』 4장(De legibus et sectis)에서 읽어낸 내용은 다음과 같다: "태초부터 중요한 여섯 종파(sect)들이 있으니 헤브루인, 칼데아인, 이집트인, 사라센, 기독교도, 그리고 적그리스도가 그것이다." 각 종파 혹은 민족이 상승하여 권력을 잡는 것은 목성이 어떤 행성과 합을 이루느냐에 따라 결정된다. 목성이 토성과 합을 이룰 때는 헤브루인이, 화성과 합을 이룰 때는 칼데아인이, 태양과 합을 이룰 때는 이집트인이, 금성과 합을 이룰 때는 사라센인이, 수성과 합을 이룰 때는 기독교인이, 그리고 달과 합을 이룰 때 마지막 적그리스도 일당이 득세한다. 각 종파와 민족의 성쇠는 지속기간이 다소간 다를 수 있다. 이는 각 지역을 다스리는 별들의 성질에 따른 것으로, 토성은 인도를, 목성은 바빌로니아를, 화성은 트라키아를, 태양은 로마를, 수성은 이집트를, 달은 아시아를 지배한다. 콜럼버스는 이런 내용들을 거의 그대로 받아들였다.

이런 추론에서 결정적인 내용은 이슬람 세력이 언제 몰락하는가, 말세는 언제 오는가 하는 것들이다. 다이이는 "알부마사르에 의하면 무하마드의 법은 693년 이상 버티지 못한다"라고 썼는데, 콜럼버스 역시 이 내용을 자신의 자료집에 그대로 옮겨 적었다.(Profecías, 157) 알부마사르, 베이컨, 다이이 모두 이슬람 세력이 타타르 혹은 기독교도에 의해 멸망한다고 예언했다. 콜럼버스는 이에 대해 이런 주를 달았다: "사라센인들은 많은 부분 타타르인에 의해 정복당했으며 그들의 수도인 발다크(Baldac), 그리고 그들의 칼리프(이는 그들에게 교황과 같은 존재이다)는 멸망당했다."

베이컨은 그의 책에서 이런 사건들이 12년 전에 일어났다고 기록했다. 다이이는 '그 영벌(永罰)의 종파'가 언제 최후를 맞을지 알아야 한다고 쓰고는 박사(doctor, 베이컨)와 천문학자들에 의하면 무하마드의 법 다음에는 아무것도 오지 않고 오직 적그리스도만이 온다고 썼다. 다이이는 이 마지막 종파의 등장이 멀지 않다고 예언했는데, 콜럼버스는 이 내용 역시 『예언서』에 옮겨 썼다.(Profecías, 159)

또 다른 중요한 논문인 「역사 사건에 대한 서술과 사실에 조응되는 천체 질서에 대한 고찰(Tractatus de concordia astronomice veritatis et narrationis historice)」도 적그리스도에 관한 내용이다. 다이이가 기록한 이 내용은 위(僞)-메토디우스(Pseudo-Methodius)의 『묵시록』 10-13장을 그대로 가져온 것인데, 이는 가장 유명한 묵시론 텍스트 중 하나였다. 이 역시 예언서에 들어가 있다.(Profecías, 161-165) 그 내용을 정리하면 다음과 같다. 바울의 서한(데살로니가후서 2:3, "누가 어떻게 하여도 너희가 미혹되지 말라 먼저 배교하는 일이 있고 저 불법의 사람 곧 멸망의 아들이 나타나기 전에는 그날이 이르지 아니하리니")은 '멸망의 아들'이 온다는 사실을 말하는데, 중세에 이는 흔히 적그리스도로 해석했다. 그 다음에 '이쉬마엘의 아들'이 등장하고, 그 후 황제-메시아이자 로마인의 황제가 에티오피아 해(海)에서 큰 불의 형태로 등장하여 이쉬마엘의 자손들을 정복한다. 그 다음에 평화의 시기가 찾아오지만, 다음에 곡과 마곡의 세력이 터져 나온다. 이들을 신의 전사가 정복하고 나면 그 다음에 적그리스도가 등장한다. 이런 식으로 다이이의 책은 세계의 역사가 어떻게 진행되어 왔고 앞으로 어떻게 될 것이며, 그 가운데 현재는 어떤 시점이라는 것을 기록하고 있다.

세계는 7천 년 동안 지속된다는 『신국』에서 따온 내용도 이와 연관이 있다. 천지창조 7일의 하루가 천 년에 해당한다는 것이다. 다이이가 아우구스티누스를 이런 식으로 해석한 내용을 콜럼버스는 그대로 따와서 『예언서』에 적었다.(Profecías, 159)

이상의 몇 가지 예에서 살펴본 바를 정리하면, 다이이(그리고 그 배후의 베이컨, 위-메토디우스, 아우구스티누스)의 주장이 콜럼버스의 종말론적 견해의 핵심 자료임을 알 수 있다. 『이마고 문디』에서 제시한 '기독교 과학적' 천문·지리학의 내용들은 콜럼버스에게 이 세계의 형상에 대한 지식뿐 아니라 이 세계의 종말에 대한 당대 지식까지 제공했다. 세계는 수학적으로 계산 가능한 시작과 종말이 있고, 신의 계획에 따라 정해진 대로 전개된다. 예언자들이 예견한 사건은 반드시 일어날 수밖에 없다. 그것은 곧 신의 계획의 실현을 뜻한다. 족장들과 예언자들이 발견한 '수학'을 신성한 주제들(우주론, 지리학, 연대기)에 적용하면 인간은 과거, 현재, 미래의 신의 계획을 알 수 있다. 『예언서』는 바로 그것을 밝히려는 내용이다.

콜럼버스가 가졌던 종말론의 사상적 근거로서 『예언서』에도 가장 많이 거론되며 또 가장 중요한 부분을 차지하는 것은 요아킴주의이다. 요아킴은 모두 일곱 번 언급되며, 그중 두 번은 직접 인용한 것으로 되어 있다. 그러나 콜럼버스는 자신이 요아킴을 인용했다고 믿었겠지만, 실제로는 요아킴이 아니라 다른 사람의 글이었다. 말하자면 '요아킴'보다는 '요아킴주의자'들이 실제로 그에게 더 큰 영향을 주었다고 할 수도 있다.

콜럼버스가 요아킴을 직접 거론한 첫 번째 부분은 국왕에게 올리는 편지의 마지막 부분이다.

> 칼라브리아 출신의 요아킴 수도원장이 말하기를 시온 산의 성전을 재건하는 사람은 스페인에서 나온다고 했습니다.(Profecías, 111)

이는 예루살렘 탈환이라는 성스러운 임무를 스페인 국왕이 주도적으로 수행해 나가야 한다는 주장이다. 이는 곧 자신의 메시아주의를 '스페인의 메시아주의'로 전환하는 것이다.(Crouzet, 393) 이 주장은 4차 항해 당시 조난당했을 때 그가 국왕에게 쓴 서한(Lettera Rarissima)에도 나온다. 그런데 콜럼버스가 인용한 내용은 실제로 요아킴의 주장은 아니며 다른 저작에 나오는 내용인데, 콜럼버스는 그 사실을 몰랐던 것 같다.[132]

두 번째로 요아킴을 직접 인용한 부분은 『예언서』의 폴리오 67

이다. 이 부분이 『예언서』의 핵심 내용을 구성하는 3부의 도입부다. 3부의 제목은 "미래의 예언: 마지막 날들"이다. 이 부분에서 앞으로 어떤 일들이 일어날 것인지 성경에 나와 있는 구절들과 주해를 통해 밝히고자 했을 것이다. 우선 〈예레미야〉 25장을 소개하며 이 장이 시작된다. 그것은 신의 메시지를 전 세계 모든 민족들에게 알리라는 내용이다. 성경에 나오는 구절을 보면 선지자가 하느님의 메시지를 꾸준히 전해주었으나 유다와 예루살렘의 주민들이 듣지 않았으며, 이제 마지막으로 한 번 더 기회를 준다는 내용이다.[133]

콜럼버스는 바로 다음에 1492년에 제노바 대사들이 스페인 왕에게 십자군을 인도하라는 편지를 다음과 같이 옮겨 적었다.

> 가장 고귀한 군주이신 당신에게 대단히 중요한 일들에 진심으로 주의를 기울여 달라는 말씀을 드리는 것이 마땅하고도 적절한 일일 것입니다. 우리는 시온 산의 영광을 다시 회복할 사람이 스페인에서 나올 것이라고 예언한 남부 이탈리아 출신인 요아킴 수도원장의 말씀을 읽었기 때문입니다.(Profecías, 239)

이런 식으로 편집한 이유는 어렵지 않게 짐작할 수 있다. 콜럼버스

132 그 출처에 대해 연구자들은 *Oraculum Turcicum* 혹은 *Ve mundo in centum annis*라는 책을 든다.

133 "유다의 왕 아몬의 아들 요시야 왕 열셋째 해부터 오늘까지 이십삼 년 동안 여호와의 말씀이 내게 임하기로 내가 너희에게 꾸준히 일렀으나 너희가 순종하지 아니하였느니라. 그러므로 여호와께서 그의 모든 종 선지자를 너희에게 끊임없이 보내셨으나 너희가 순종하지 아니하였으며 귀를 기울여 듣지도 아니하였도다. 그가 이르시기를 너희는 각자의 악한 길과 악행을 버리고 돌아오라 그리하면 나 여호와가 너희와 너희 조상들에게 영원부터 영원까지 준 그 땅에 살리라."(예레미야 25:3-5)

가 주장하는 바는, 스페인 국왕이 예루살렘 탈환을 주도하리라는 신의 메시지를 자신이 깨닫고 국왕과 모든 주민들에게 알렸고, 또 그 자신이 이 기획의 중요한 전 단계로서 아시아의 새로운 땅을 발견하여 신의 뜻을 실현하였으며, 이제 그 다음의 임무에 대한 신의 메시지를 전하지만, 아직도 사람들이 그의 말을 들으려 하지 않는다는 것이다.

우리는 이 부분을 『항해일지』의 서문 내용과 비교해 볼 필요가 있다. 『항해일지』에서 콜럼버스는 몽골의 대칸이 아시아의 전도를 위해 교황에게 특사 파견을 요청했으나 그것을 방기하였다는 주장을 펼쳤다. 바로 그 때문에 그가 아시아 항해를 한다고 주장하지 않았던가. 결국 기본적인 주제는 두 경우 모두 신이 여러 예언자들을 보냈으나 왕이나 교황은 듣지 않았다는 것이다. 그리고 바로 그 때문에 자신이 그 임무를 맡아서 수행하고, 그 후 최종적인 과업을 국왕에게 맡긴다는 식이다. 이처럼 콜럼버스의 여러 기록들을 대조·분석해 보면 자신의 사명과 관련된 일관된 주장을 펼치고 있음을 알 수 있다.

그렇다면 이제 앞으로 일어날 일들 그리고 그에 대한 스페인의 왕들 및 콜럼버스 자신이 해야 할 일은 무엇인가? 그 내용이 『예언서』에서 이야기하려는 종말론의 요체가 될 터이다. 이 부분에 콜럼버스는 '사제 요아킴(ABBAS IOACHIM)'이라고 제목을 붙였다. 그런데 바로 그 핵심 내용이 적혀 있는 열 페이지가 잘려 나가고 없다.

도대체 무슨 일이 있었던 것일까? 잘려 나간 부분에는 어떤 내용이 있었을까? 그 부분은 어떤 이유로 누가 절취한 것일까? 이는 정말로 큰 미스터리다. 그것이 어떤 내용이며 누가 그랬는지는 아마 영원히 밝혀지지 않을 공산이 크다.

요아킴과 프란체스코파

안타깝게도 콜럼버스 사상의 결정적 부분이 사라져서 명확하게 알 수는 없지만, 그의 종말론의 핵심이 요아킴주의와 관련이 있다는 것은 의심의 여지가 없다. 이제 그의 이런 특이한 사고가 어떤 배경에서 형성되어 나왔는지 고찰해 보고자 한다. 그러기 위해서는 그 시대까지 이어져 온 스페인 종교 사상의 흐름을 살펴봐야 한다.

15세기 스페인은 종말론의 온상이라 해도 과언이 아니었다. 그 연원은 기독교, 이슬람교, 유대교인 것이 분명하지만, 이것이 어떻게 서로 연결되어 15세기의 종교 사상에 영향을 미쳤는지는 잘 연구되지 않았다. 분명한 것은 콜럼버스가 스페인에 널리 퍼져 있던 중세적 종말론에 깊이 경도되어 있었으며,『예언서』는 그런 사조에서 많은 내용을 길어왔다는 것이다. 그는 프란체스코회와 가깝고 특히 이 교단의 신비주의로부터 영향을 크게 받았으며, 앞서 언급한 대로 그 자신이 프란체스코파 제3회의 멤버일 가능성도 높아 보인다. 그리고 그 연원을 거슬러 올라가면 요아킴주의와 맥이 닿는다. 그 때문에 콜럼버스의 종말론은 유독 요아킴적인 성향을 강하게 띠고 있다.(Reeves, 128-129)

요아킴의 특징은 인류 역사를 세 개의 시대(status)로 구분하는 것이다. 성부의 시대와 성자의 시대를 거쳐 마지막으로 성령의 시대가 도래하는데, 이 마지막 시대는 아직 미완성이며 현재진행형이다. 그러므로 성령이 곧 영적 깨달음을 주어 평화와 이해의 시대를 만들 것이라고 본다.(Reeves, 2-10)[134] "요아킴은 역사적 사건에 특이한 중요성을 부

134 리브즈의 설명에 의하면 요아킴의 역사관이 성부-성자-성령의 시대가 차례로 온다는 단순한 도식은 결코 아니다. 그렇지만 성령의 시대가 인류 역사의 정점이라는 것은 분명해 보인다.

과하며 과거, 현재, 미래를 초월적인 목적으로 연결시킨다. 무엇보다도 새로운 인간들이 역사에서 이루어지는 신의 마지막 결정적 작업에 동참하는 전망을 열어 준다. 이런 종말론적 드라마는 역사에 참여하는 사람에게 고양된 지위를 부여한다."[135] 15-16세기에도 요아킴의 영향력은 줄지 않았으며, 1516년부터 1577년 사이에는 요아킴의 주요 저작들이 출판되었다. 콜럼버스는 자신이 성령의 지혜를 받았다고 생각하고 성 삼위일체를 찬미하며 새로운 시대를 갈구했는데, 이런 배경에 요아킴의 사고가 작용한 것은 분명해 보인다. 『예언서』의 형식을 3부로 나눈 것 역시 이와 무관하지 않다.

그런데 사실은 요아킴 자신보다 그의 후계자들이 콜럼버스에게 더 큰 영향을 주었을 수 있다. 요아킴의 후계자들은 다른 말세론 사상을 요아킴의 사상에 접지시켜서 변질시키곤 했다. 바로 이런 위(僞)-요아킴 학자들의 사고가 프란체스코파를 통해서 콜럼버스에 영향을 미친 것이다. 그 결과는 종말론적 사건이 바로 지금 일어나고 있다는 느낌을 불러일으킨다는 것이다.(West, 31)

프란체스코파와 요아킴의 연결은 프란체스코의 사망(1226년)으로 거슬러 올라간다. 프란체스코가 사망한 후 작은형제회는 청빈의 생활 규칙을 완화시키는 방향으로 전환했다. 이에 대해 소수 집단이 강하게 반발하여 원래 그대로의 규칙을 엄수할 것을 요구했다. 자세한 내막은 잘 알려져 있지 않으나 곧 지도부 간에 갈등이 일어났는데, 이때 엄수파의 일부 인사들은 요아킴에 의존하며 자신들의 대의를 주장하고 나

135 Marjorie Reeves, "The Development of Apocalyptic Thought: Medieval Attitudes," in *The Apocalypse in English Renaissance Thought and Literature*, edited by C. Patrides and J. Wittreich (Ithaca: Cornell University Press, 1984), p.51.(West, 30-31에서 재인용)

셨다. 자신들이야말로 요아킴이 예언한 '새로운 영적 인간'으로서 세계를 제3시대로 이끌어갈 주인공이라고 생각한 것이다.[136]

이런 발전 과정 중에서 특히 스페인과 관련해서 주목해야 할 인물로는 우선 비야노바(Arnaldus de Villa Nova)를 들 수 있다.(이하 West, 32-34; Watts, 94-95) 그는 아라곤의 궁정의(宮庭醫)로서 라틴어와 카탈루냐어로 종말론적 논저들을 써서 많은 독자들에게 영향을 끼쳤다. 기독교 유럽 전체가 "한 목자(牧者)의 지배를 받아야 한다"라는 그의 주장은 1316년 타라고나 종교재판(Tarragona inquisition)에서 탄압을 받았지만 스페인 사상가들에게 큰 영향을 주었다. 또 다른 중요한 인물로는 14세기 프랑스 학자 로크타이야드(Jean de Roquetaillade)를 들 수 있다. 그는 샤를마뉴 가문에서 신비의 왕(enigmatic king)이 나와 세계 지도자가 된다고 주장했다. 그러면 유대인과 이방인이 개종하고, 권력이 예루살렘으로 이동하여 그곳에서 신비의 황제가 '천사 교황(pastor angelicus)'(세속 권력과 교회 권력을 통합하여 기독교 신앙의 보편적인 지배를 완성시키는 임무를 수행하는 인물)의 도움을 받아 통치하며, 선택받은 사람들, 즉 프란체스코 수사들이 예루살렘으로부터 전 세계로 복음을 전한다. 특기할 점은, 그가 원래 염두에 두었던 인물은 프랑스 왕이었는데, 스페인에서는 이를 스페인 왕으로 전환시켰다는 점이다. 또한 콜럼버스는 이런 사고가 요아킴에서 비롯되었다고 착각한 것이다.

주목해야 할 또 하나의 인물은 엑사메니스 수사(Francisc Examenis)다. 그는 정통 요아킴주의에 더 가까운 편이다. 그는 요아킴의 연대기적 패턴에 따라 제2시대 여섯 번째 시기에 세계의 지배자(princeps mundi)

136 Marjorie Reeves, *The Influence of Prophecy in the Later Middle Ages: A Study in Joachimism* (Oxford: Clarendon Press, 1969), p.151ff. (West, 31에서 재인용)

가 등장할 것으로 예견했다. 이 강력한 통치자는 많은 섬들을 지배하고 많은 민족을 복속시킬 것이며, 모든 기독교권을 통치하고 예루살렘을 회복할 것이다. 그런데 놀랍게도 마지막 순간에 그의 정체가 밝혀지는데, 그는 역사상 차례로 등장하는 일련의 적그리스도 중 한 명으로, 최후의 적그리스도가 나타나기 직전 마지막으로 등장하는 사악한 존재다! 엑사메니스는 아주 인기 좋은 작가로서 그의 저작들은 1477년까지도 복사되었다. 엑사메니스와 그의 추종자들은 프란체스코파의 1223년 규칙의 엄격한 지지자들이었다. 그렇지만 다른 개혁자들과 다른 점이 있다면 이들은 학식을 불신한다든지, 무학(無學)의 단순성을 무조건 찬미하지는 않았다는 점이다. 반대로 지적 활동이 건전하고 성공적인 개혁에 필요한 요소라고 간주했다.

이상의 몇몇 사례에서 보았듯이 스페인에는 자생적으로 발전한 것이든 혹은 이웃 국가에서 발전하여 스페인으로 수입된 것이든 수많은 신비주의의 흐름들이 존재했다. 이런 큰 흐름이 콜럼버스의 시대까지 이어져 와서 그는 이런 조류 속에 빠져 있었던 것이다. 그 가운데 콜럼버스의 동시대인 15세기 말 스페인의 요아킴주의의 지배적 인물로 주목해 볼 사람은 알라마니(John Alamany)를 들 수 있다. 그는 엑사메니스와 로크타이야드를 계승했다. 그는 무어인, 사악한 권력자들, 나쁜 성직자들과 싸우는 '새 다윗'의 등장을 예언했다. 새 다윗은 북아프리카와 이집트로 십자군을 보내고 예루살렘을 탈환하여 성전을 재건축하고, 그 후 적그리스도와 결전에서 승리를 거두면 전 세계를 정복하여 마지막 황제가 될 인물이다. 여기에서 중요한 점은 바로 '새 다윗'이 스페인 왕이라는 사실이다. '마지막 황제'라는 개념은 당시 스페인에서 매우 큰 인기를 누렸다. 콜럼버스는 당대의 스페인 국왕 페르난도가 새 다윗이고 자신은 그 수하로서, 다윗이 자신의 운명에 따라 활동할 수 있도록 재원을 마련하는 인물로 본 것이다.

콜럼버스는 이런 저자들의 주요 저작들을 전부 읽고 또 잘 이해하고 있었을까? 그가 전문적인 학자가 아닌 이상 이런 책들을 원문 그대로 다 읽지는 못했을 것이다. 그는 아마도 고전 저작에 관한 개요서들을 통해 많은 저자들을 알았을 것으로 보인다. 그 가운데 가장 가능성이 높은 것으로 추정되는 책은 『신약성서와 구약성서의 일치에 대한 간략한 의견(*Summula sue Breviloquium super Concordia novi et Veteris Testamenti*)』이다. 이 책은 1351-5년경에 저술되었는데, 적어도 1488년까지 재출판되었다. 리브즈(Marjorie Reeves) 같은 학자들은 이 책이야말로 요아킴의 당대화의 전형적인 사례라고 평가한다. 이 책은 원래 요아킴과 위-요아킴 저작들이 뒤섞여 있으며, 저자는 올리비, 비야노바, 로크타이야드 등에 익숙한 인물로 보인다.(West, 35)

이런 내용은 텍스트에만 갇혀 있던 것이 아니라 소문의 형태로 널리 떠돌았던 것 같다. 15세기에 국왕 페르난도가 '새 다윗'이며 성 요한과 이시도르 성인이 예언한 엔쿠비에르토(Encubierto, '숨겨진 자'), 혹은 더 나아가서 '천사 교황'일지 모른다는 예언이 유행했다. 아라곤 가문이 바로 그 말세의 성인이 나올 집안이며, 그라나다 정복과 콜럼버스의 '발견'을 그런 메시아적 위업의 큰 계획의 일부로 이해해야 한다는 이야기가 떠돌았다. 페르난도를 예루살렘과 전 세계를 정복할 '숨겨진 자' 혹은 '박쥐(Murciélago)'(메시아 왕의 비유)라고 말하는 예언서와 주석서, 심지어 민요까지 많이 나타났다.[137] 콜럼버스 역시 그런 매력적인 유

137 카디스의 후작 돈 로드리고 폰세 데 레온(Rodrigo Ponce de León)이 1486년 카스티야 귀족들에게 돌린 계시의 편지를 보면 귀족들도 이런 믿음을 공유하고 있었던 것이 분명하다. "카스티야, 아라곤 그리고 시칠리아의 주군이신 위대하고 명성이 자자하며 강력한

언(流言)을 접했음에 틀림없다.(Crouzet, 159)

다양한 종말론 저작들이 크게 유행한 이런 당대 분위기를 보면 콜럼버스가 고리시오 신부에게 한 말을 잘 이해할 수 있다. 그는 마지막 저작으로 "장편의 종말론적 시"를 구상하고 있다고 언급했는데,(West, 35) 이는 국왕에게 예언을 전하기 위해 애용된 문학적 장르였다. 그 비슷한 사례로는 카스티야의 후안 2세 대관식 때 올린 시 『바에나의 노래 모음집(*Cancionero de Baena*)』이 있다.[138] 이것은 스페인 왕이 원수와 싸우고 기독교권 전체를 통치하는 대왕국을 세우라고 권고하는 내용이다. 아마도 콜럼버스가 실제로 『예언서』에 모아놓은 자료를 이용하여 대서사시를 썼다면 그 비슷한 작품이 되었을 가능성이 크다.

여기에서 세비야 시인 곤살로 마르티네스 데 메디나(Gonçalo Martínez de Medina)에 대한 찰스 프레이커(Charles Fraker)의 연구를 참고할 수 있다.[139] 이 시인은 로크타이야드 같은 저자들을 이용하여 스페인 왕이 기독교권의 원수를 공격하고 예루살렘을 탈환하라는 내용을 담은 시를 썼다. 그는 사제, 귀족, 기타 여러 신분들을 비판하면서 국왕이 교

페르난도 왕은 세상 어떤 왕이나 황제들보다 고귀하고 충일한 하느님의 가호 속에서 탄생하였다. 하느님께서 그 '박쥐'에게 모든 승리와 모든 영광을 예비하셨기 때문에 그에게 맞설 자는 세상 어디에도 없다. 페르난도는 '숨겨진 자'이다. 그는 성스러운 가톨릭 신앙을 조롱하고 경멸한 죄를 물어 세상 모든 배교자들을 철저하고 잔인하게 응징할 것이다. 폐하께서는 그라나다 왕국뿐 아니라 페스, 튀니스, 모로코, 베나마린 왕조 등 아프리카 전역을 정복할 것이다. 그리고 이어 예루살렘 성전을 회복할 것이며, 손수 당신의 손으로 갈보리 언덕에 아라곤 왕국의 깃발을 꽂을 것이다. 또 로마 교구를 3년 동안 공석으로 비워둔 후 하느님의 뜻을 받들어 한 '천사 교황'을 그 자리에 앉히고, 자신은 황제가 될 뿐만 아니라 전 세계의 왕이 될 것이다."(카, 120-121)

138 후안 알폰소 데 바에나(Juan Alfonso de Baena)가 1426-30년 동안 시인 56명의 작품들을 모아 편집한 책이다.(www.spanisharts.com 참조)

139 Charles Fraker, "Prophecy in Gonçalo Martínez de Medina," *Bulletin of Hispanic Studies* 43(1966), 81-108.

회와 국가를 모두 갱신하고 기독교 사회를 재조직하며 복음을 전파한 후, 새 기독교 왕국을 통치하라고 권고했는데, 그 내용은 콜럼버스의 주장과 거의 전적으로 같다.

그렇다면 콜럼버스는 언제 이런 텍스트들을 접하게 되었을까?

그의 전기 사항을 볼 때, 그가 이런 수도사들을 지속적으로 만났을 가능성이 높은 곳으로는 라비다 수도원과 누에스트라 세뇨라 산타 마리아 데 라스 쿠에바스 수도원을 들 수 있다. 이 두 수도원은 학문의 중심지로 명망 있는 곳들이지만 19세기에 약탈당해서 책들이 모두 소실되었다. 다만 이와 유사한 성향의 다른 수도원들을 보면 도서관에는 종말론에 경도되어 있는 책들이 많이 보존되어 있다. 그 내용은 무어인에 대한 승리, 이단에 대한 종교재판, 유대인 추방, 국가통합 등을 예언하는 것들이었다. 인쇄술이 확산되면서 그와 같은 종말론적 책들이 많이 출판되었고, 그런 작가들의 주장들을 모은 개요서들이 큰 인기를 누렸다.

콜럼버스는 1485년 아들 디에고와 함께 라비다 수도원에 나타났다. 왜 이곳을 선택했는지는 모르지만(이전부터 접촉이 있었을 가능성도 있다), 이런 수도원은 여행자에게 음식과 잠자리를 제공하는 전통이 있었으며, 콜럼버스 부자는 5개월 동안 이곳에 머물렀다. 이 수도원은 프란체스코회 수도사들이 모이는 중심지 중 하나로,(Crouzet, 75) 이곳에서 만난 인물이 안토니오 데 마르체나 수사였다. 아마도 그는 콜럼버스가 처음으로 자신의 아이디어를 제시하고 토론해 본 인물일 가능성이 있다. 이후 두 사람은 평생 친구가 되었다. 안토니오는 그 후 궁정에 영향력을 행사할 수 있을 정도의 고위 성직에 올랐을 때 탈라베라에게 추천서를 보내 콜럼버스와 여왕과의 첫 만남을 주선해 주었다. 그의 인생에서 안토니오가 얼마나 중요한 역할을 했는지에 대해 콜럼버스는 이런 글을 남겼다.

> 이 시기에 모든 선원, 도선사, 철학자, 그 밖의 모든 학식 있는 사람들은 내 사업이 잘못되었다고 판단했다. 나는 안토니오 데 마르체나 수사 외에는 그 누구로부터도 도움을 받지 못했다. [···] 내 사업을 미친 짓이라고 간주하지 않은 사람은 그뿐이었다.(West, 57)

여러 정황으로 볼 때, 콜럼버스는 라비다 수도원의 도서관에서 종말론적인 내용의 책을 읽고 마르체나와 토론하면서 자신의 사고를 다듬어 갔고 그것을 추진할 동력을 얻었을 가능성이 높다.

십자군

이렇게 세계의 비밀을 알게 된 이상 이제 그에 대비를 하는 것이 마땅하다. 조만간 말세의 엄청난 사건들이 일어날 것이 분명하다. 그의 '발견'으로 인해 이미 많은 예언이 실현되었으며, 시간이 흐르면 그 다음 단계가 진행될 것이다. 인류의 구원을 위한 준비 기간은 한 세기 반 정도 남았다. 우선 전 세계로 복음을 확산하고, 예루살렘을 탈환한 후 시온 산에 성전을 재건하는 일이 급선무인데, 이를 주도할 인물은 스페인 국왕이다. 이것이 그가 심중에 품고 있던 종말론의 요체였다.

그런데 여기에서 주목할 점은 콜럼버스 자신이 새로운 다윗이 아니라 스페인 왕이 새로운 다윗이며 자신은 단지 그를 돕는 조력자라는 것이다. 예루살렘을 탈환하고 시온 산에 성전을 다시 짓는 것은 국왕의 일이고 자신은 그 일을 위해 전력을 다해 도울 뿐이다. 이런 맥락에서 그는 자신의 지리 발견을 더 큰 신의 계획 가운데 한 과정으로 정리했다.

그가 늘 금을 찾은 이유도 이와 관련이 있다. 그는 자신이 금을 얻어 성스러운 사업을 돕고자 한다는 내용을 편지와 『예언서』에서 여러 번 언급했다. 특히 1502년 교황에게 보낸 편지에서는 자신이 직접 십자군 성지로 가겠으며 그에 필요한 군사와 말에 대해 보고하고 있다!(Varela, 312; West, 63)

지금껏 신은 대양(大洋)의 비밀을 숨겨 왔다가 이제 자신에게 보여주셨다. 이것은 인류 역사의 마지막 미스터리가 밝혀지는 과정의 첫 단계가 될 것이다. 새로운 땅이 알려졌으니, 그곳에 복음의 메시지를 보낼 것이며, 그곳에서 솔로몬의 황금을 찾아서 예루살렘의 정복 비용으로 충당할 것이다. 이것이 그의 전망이었다. 『예언서』에 다섯 번이나 인용한 "그의 소리가 온 땅에 통하고 그의 말씀이 세상 끝까지 이르도다"라는 〈시편〉(19:4) 구절도 이런 시각에서 보아야 한다.

신의 뜻이 이루어지려면 우선 세상사람 모두를 기독교로 전도해야 한다. 이는 프란체스코 수도사들이 생각하는 중요한 사명이며, 콜럼버스 역시 그가 발견한 땅의 주민들의 전도를 중요한 사명으로 생각했다. 『예언서』의 말미에는 이와 관련된 내용들이 집중되어 있다. 그는 〈마태복음〉(2: 1-2), 〈요한복음〉(10: 14, 16). 니콜라스 리라의 코멘터리, 그레고리우스 교황, 아우구스티누스, 크리소스톰 등을 열거하고 마지막으로 자신의 주석을 달았다. 그 내용은 바울이 이방인들에게 전도한 내용을 언급하며 예수가 이 땅에 온 것이 그 때문이라는 것이다.(Profecías, 229ff) 『항해일지』에서도 처음 뭍에 오른 바로 그날(10월 12일) 이미 기독교 전도 가능성을 언급하고 있다는 점을 상기할 필요가 있다. 이런 아이디어는 결국 신앙의 적에 대한 정복, 곧 십자군의 이념으로 귀결되었다.

사실 십자군 이데올로기는 스페인 통합의 기본 이념이었다. 스페인 지역의 중세사는 곧 국토 재정복 운동의 역사였다. 여러 교황들은 무슬림들과 싸우는 기독교도 전사들을 장려하는 교황칙서를 발표했다. 15세기 들어 니콜라스 5세, 칼릭스투스 3세, 식스투스 4세 등 여러 교황들이 다시 이를 강조했다. 그중 핵심적인 문서는 1486년 이노켄티우스 8세가 두 국왕에게 준 '올바른 신앙의 포교를 위한 칙서(Orthodoxie fidei propagationem)', 통칭 '그라나다 교황칙서'다.

> 우리는 그들의 십자군에 대한 보상으로 그들이 정복한 땅의 통치자, 수호자, 보호자로 삼고 그 백성을 그들의 신민으로 삼도록 한다. […] 그들은 성당, 수도원 및 기타 교회 성직록을 소유하고 통제하며, 그들이 맹세한 사업을 통해 회복한 영토를 점령하도록 한다.[140]

이 문서는 더 나아가서 현재까지 행한 것에 대한 권리를 수여하는 데에 그치지 않고 앞으로 일어날 일에 대해서도 같은 권리를 포괄적으로 인정해 주었다. 앞에서 살펴본 바처럼, 콜럼버스가 1차 항해를 마치고 온 후 1493년에 알렉산더 6세가 네 개의 교황칙서를 발표하면서 전 세계를 양국에 분할하여 주며 식민화와 전도를 맡긴 것은 이의 연장이었다.

콜럼버스의 내면에서는 이런 요소들이 합쳐져 '지리종말론(geo-eschatology)'이라 할 만한 것이 형성되었다. 이는 지리에 관한 전승과 말세 신학이 교묘히 얽힌 이념 틀이었다. 기독교 관점에서 볼 때 인류사

140 William Eugene Shiels, *King and Church: The Rise and Fall of the Patronato Real* (Chicago: Loyola University Press, 1961), p. 4.(West, 66에서 재인용)

는 에덴동산에서 시작하여 계시록의 새로운 예루살렘으로 끝난다. 에덴동산은 인류 역사의 첫 시작이자 마지막이다. 여기에 중세 지리학의 사고를 더해서 생각해 볼 수 있다. 중세 이론에서 서로 대척지에 위치한 에덴동산과 예루살렘은 완벽한 균형을 이루고 있다. 에덴동산이 한쪽 반구의 중심이고, 예루살렘이 나머지 반구, 곧 우리가 사는 이 세계의 중심이다. 지리종말론에서 양자는 인류사의 알파요 오메가다. 에덴동산은 완벽성으로 시작되었지만 동시에 첫 죄의 장소였다. 그래서 신은 인류를 정반대 장소인 예루살렘 쪽으로 보낸 것이다.(West, 68) 그러나 결국 인류는 원래의 출발점으로 되돌아가야 한다.

콜럼버스가 볼 때 지상낙원의 발견은 역사가 종말로 가는 중요한 단계였다. 앞으로 해야 할 일은 에덴동산과 예루살렘 양자가 모두 기독교도의 수중에 들어오도록 하는 일이다. 다시 말하면 에덴동산을 찾으려면 그 전에 예루살렘을 탈환해야 한다. 실제 지리적 위치를 보면 예루살렘을 탈환하려면 아프리카를 넘어 동쪽으로 갔어야 한다. 그런데 서쪽 항해를 한 것은 십자군에 선행해서 발견, 전도, 부의 획득이 이루어져야 하기 때문이다.

그 과정에서 금의 획득이 핵심적인 과제였다. 그것은 자신의 출세라는 세속적 욕구와 인류의 구원이라는 신의 계획 모두와 관련이 있다. "금을 소유한 자는 이 세상에서 그가 원하는 일을 다 할 수 있을 뿐 아니라 영혼을 낙원에 보낼 수도 있다"(Jane, vol. II, 104)라는 유명한 구절이 그의 이런 태도를 잘 말해 준다. 콜럼버스의 마음속에 성스러운 일과 세속적인 일은 불가분의 것이었다.

『예언서』의 전체 구성

I. 주제들 서론

A. 성경주해 체계와 아욱토리타스

B. 국왕과 여왕에게 보낸 편지

C. 세계의 구원과 성전 회복이라는 콜럼버스의 주요 두 주제와 관련된 〈시편〉의 인용 목록

D. 예언의 인도에 대한 기도

E. 여러 종류의 예언과 예언적인 환상에 대한 성 이시도르 인용

F. 랍비 사무엘 인용

G. 아우구스티누스 인용

H. "세상으로 나아가라" 구절의 설명

II. 1부: 이미 일어난 일들에 대하여

A. 테마: 고대의 위대성과 예루살렘의 멸망

B. 텍스트들: 관련된 구약 내용들

C. 하이라이트: 예루살렘과 성전 회복에 관한 〈이사야〉 44, 57, 60장의 내용들

D. 〈다니엘〉 11, 12장에 대한 주석: 적그리스도의 등장과 시대의 완수

III. 2부: 현재와 근접 미래

A. 테마: 모든 민족의 구원

B. 구약 텍스트들

C. "마지막 날들" 주제의 시와 코멘트

D. 세네카의 『메데아』 시구와 콜럼버스의 스페인어 번역

E. 월식에 관한 1504년의 설명

F. 신약 구절들과 니콜라스 리라의 주해

G. 아우구스티누스, 성 요한 크리소스툼, 성 그레고리우스의 해설과 주해

H. 하이라이트: 〈마태복음〉 15장, "마음이 내게서 먼 백성", 그리고 모든 민족의 개종에 관한 콜럼버스 자신의 해설

I. 니콜라스 리라의 주해

J. 시 〈세례요한의 탄생의 기쁨〉

IV. 3부: 미래에 대한 예언: 마지막 날들

A. 최후의 심판 이전 예루살렘 회복을 예언한 〈예레미야〉 25장에 대한 서론

B. 회복과 갱신의 시대가 스페인에서 올 것이라는 위-요아킴 인용

C. (찢겨져 나간 10여 페이지)

D. 새로 발견된 성경상의 섬들과 알려지지 않았던 땅들: 다시스, 오빌, 치팀

E. 하이라이트: 〈이사야〉 42:3–4, "섬들이 교훈을 앙망하리라"

V. 낱장 원고들

A. 여러 개인과 수도원에 대한 지불

B. 장문의 시

C. 공책에 써넣을 추가적인 성경 구절

에필로그

콜럼버스는 최초로 대서양을 건너 아메리카를 찾아간 유럽인으로, 근대사의 형성에 크게 기여한 세계사적 인물이다. 그의 항해 이후 바닷길이 열려 세계가 서로 활발하게 조우하기 시작했다. 그렇지만 이처럼 근대 세계를 만들어 낸 콜럼버스의 항해는 중세적 심성에서 그 연원을 찾을 수 있다는 것이 지금까지 우리가 연구해 낸 결과다.

토도로프(Tzvetan Todorov)는 콜럼버스를 '모순적인 특징들의 결합'으로 표현했다. "콜럼버스는 고대인이자 동시에 근대인이다. 그는 선입견에 물든 동시에 실제적 정신을 갖추었고, 도그마 중심적이면서 경험주의자이고, 천재적인 항해인이자 신심 깊은 (중세) 지리학자이며, 신비주의 신앙을 간직한 동시에 부에 대한 탐욕을 가지고 있고, '선한 야만인'을 유포시키면서 인디언 노예제를 시작한 인물이다."(Crouzet, 232, 466) 콜럼버스의 항해에는 성과 속, 신(God)과 금(gold), 낙원과 상업 등 대조적인 속성들이 혼재해 있다. 근대적 국제관계가 형성되고 각국 간에 부국강병의 냉혹한 경쟁이 벌어지는 시대였지만, 그런 틀 안에서 이루어진 콜럼버스의 항해는 오히려 중세적 순례(pilgrimage)의 성격을 띠고 있었다. 중세의 순례 여행(peregrination)에는 두 가지 유형이 있다. 하나는 예루살렘, 로마, 산티아고 데 콤포스텔라 등 지상에 실재(實在)하는 성지를 다녀오는 것이고, 다른 하나는 천국, 지옥, 연옥 같은 저세상을 다녀오는 것이다. 그런 순례 기록들을 보는 오늘날의 독자라면 하나는 실제 여행이고 하나는 상상의 여행이라는 식으로 구분할 테지만, 중세에는 이 둘이 혼융되어 있었다. 우선 에덴동산이나 천국, 지옥 혹은 연옥도 지구상의 어딘가에 실제 존재하는 구체적 공간으로 인식했다. 그런 곳은 대부분의 사람들은 접근할 수 없으나, 특별한 은총을 입은 사람에게는 이론상 그곳에 다녀오는 것이 불가능하지 않았다. 예컨대 브렌단 성인의 여행 기록은 특이한 경험이긴 하되 실제 일어났던 일로 여겨졌다. 중세 마파문디에서 예루살렘과 지상낙원이 동일한 자오선상에 표시되는 것은 종교적 의미를 띠는 동시에 실제 지리적인 사실로 받아들여졌다.

콜럼버스의 '인도 사업'은 실제 항해 경험이면서 또한 종교적 의미를 띤 여행이었다. '저세상'의 여행은 흔히 내면의 '발견의 여행'으로서, 그 여행을 통해 자기정화와 구원을 찾는 육체적·정신적 경험이 된다.(Zamora, 136) 이때 지리(geography), 곧 '땅에 대한 글쓰기'는 신비적인 동시에 현실적이다. 콜럼버스가 새로운 땅을 '발견'하고 온 것 역시 이중의 의미다. 문자 그대로 그동안 유럽인들에게 알려지지 않았던 어떤 낯선 땅을 보고 왔다는 것과 동시에, 자신과 인류 모두에게 새로운 삶의 가능성을 찾았다는 것을 의미한다. 그 정점은 지상낙원의 발견이다. 그는 인간의 삶의 첫 출발지이자 결국 인류가 돌아가게 되어 있는 목적지인 에덴동산을 발견하고 돌아왔다고 믿었다. 이제 낙원에서 복된 삶을 누리는 인류 역사의 마지막 시대가 열리려 하는 것이다. 낙원에서는 영혼과 육체 모두 행복을 누릴 것이다. 타락 이전의 존재는 육체와 영혼이 모두 희열 속에서 조화롭게 살았다. 타락 이후 인간은 단지 힘들고 낯선 곳에서 생존을 위해 투쟁해야 한다는 점 외에도 영육의 분리 때문에 자기 자신과 투쟁해야 한다는 점에서 고통을 겪는다. 자신의 영혼이 자기 육체와 싸우는 상태가 현재의 상태라 할 수 있다. 콜럼버스의 여행은 이런 상태로부터 벗어나 구원의 상태로 되돌아가는 가능성을 타진한다는 의미를 띠기 때문에 세속적 요소와 종교적 요소가 긴밀히 연관되어 있다. "금을 가진 자는 무엇이든 할 수 있으며, 심지어 영혼을 낙원으로 보낼 수 있다"라는 충격적인 발언은 그런 함의를 띠고 있다.

콜럼버스의 사업은 성속에 걸친 이중의 목표를 지향했다. 그는 지상의 지배자의 후원을 받아 아시아로 가고자 했고, 그곳에서 아시아 세계와 지상낙원을 발견하고 돌아왔으며, 그 후 자신이 깨달은 인류 구원의 신적인 계획을 국왕에게 보고하려 했다. 인류 역사는 마지막 단계에 접어들었으므로, 스페인 국왕의 주도하에 십자군을 조직하여 지상의 예루살렘을 탈환하고 시온 산에 성전을 재건하며, 그 과정에서 이슬람 세력을 압살하고 모든 사람들을 기독교로 전도하는 과업을 수행해야 한다고 믿었다. 지금까지 일어난 일뿐 아니라 앞으로 벌어지는 종말론적 사건들 역시 과거에 예언자들이 예견했던 대로 이루어질 것이라고 믿어 의심치 않았다. 아라곤 가문 출신의 스페인 국왕이 인류 구원의 역사의 주인공이며 자신은 그런 대역사에 동참하는 조력자였다. 이처럼 특이한 사고는 단순히 콜럼버스 개인의 특별한 종교적 경험이거나 심지어 그의 '광기'로 치부할 것이 아니라 당대까지 이어지는 유럽 기독교 전통, 그중에서도 특히 스페인에 강고하게 자리 잡고 이어져 온 특별한 종말론에 호응하는 것이다.

사실 동방국가들과 동맹을 맺어 이슬람권을 공격한다는 계획에는 오래된 전통이 있었다. 과거에 카르피니(Giovanni de Piano Carpini), 루브룩(William of Rubruck), 몬테코르비노(Giovanni de Monte Corvino) 등 몽골과 중국을 향해 전도와 동맹의 사명을 가지고 파견된 사자들이 꽤 많았다. 스페인 역시 15세기 초에 엔리케 3세가 티무르에 특사를 보낸 경험이 있다. 이런 점은 콜럼버스의 『항해일지』 앞부분을 비롯한 여러 곳에서 찾아볼 수 있어, 그 전통이 지속되고 있었음을 알 수 있다.

이처럼 콜럼버스 현상은 중세의 연속이라는 특성을 띠지만 도착점은 전혀 다른 방향으로 향했다. 근대 이후에도 종교는 여전히 강력한 영향력을 끼쳤고 정치 현상과 복합적으로 연관되었지만, 근대 국가는 더 이상 종교적 이념의 직접적인 구현체는 아니었다. 국가는 그 스스로 존재의의를 보유하되 다만 종교가 그 대의에 도움을 주는 관계로 변했다. 과거에 아시아는 신의 땅이며 인류의 고향으로 신비로운 경험과 지극한 위험이 함께 어우러진 땅이었지만, 이제 갈수록 그런 의미는 탈각되고 인적·물적 자원이 풍부한 정복 대상의 땅으로 변모해 갔다. 콜럼버스가 '발견'한 그 땅은 아시아의 동쪽 끝도 아니고 중세적 지리 개념에 등장하는 '또 다른 세계(otro mundo)'도 아닌 별개의 대륙이라는 점이 명확해졌으며, 곧 아메리카라는 새로운 이름이 붙여졌다.

이후 유럽과 아메리카와의 관계는 급속히 변화했다. 원래 스페인은 탐스러운 아시아 제국을 '발견'하려 했던 것이지 제국을 건설하려던 것은 아니었다. 그러나 과거의 꿈은 곧 사라졌다. 아직 콜럼버스가 생존해 있던 1503년 세비야에 무역관(Casa de Contratación)이 설립되어 이 기관이 스페인과 아메리카 사이의 이주, 상업, 교통 등을 관장했다. 수 세기 동안 유럽에서 누적되어 온 경험을 토대로 이곳에 식민 체제가 만들어졌다. 아메리카 문명권 혹은 문명 수준 이하에 머문 지역들은 특유의 허약성으로 인해 철저히 파괴되었다.(다이아몬드) 애초에 이 지역은 유라시아나 아프리카 등 다른 문명권과의 접촉과 교류가 없었기 때문에 그 나름의 독창적 문화 요소들을 발전시켰지만, 결국 유럽의 군사·정치적 힘에서 압도당했다. 여기에 구대륙의 전염병이 들어와 심대한 피해를 입히는 바람에 인구가 궤멸 위기에 몰렸다.(맥닐; 카렌) 과거 문명이 괴멸당한 그 땅에는 엔코미엔다라는 새로운 체제가 들어섰다.(Phillips, 252) 엔코미엔다는 이베리아 반도의 재정복 운동과 카나리아 정복 당시 이미 시행했던 것이다. 그렇지만 똑같은 단어라 하더라도 구대륙과 신대륙 사이에는 결정적인 차이가 있었다. 구대륙에서는 스페인 사람인 지배자가 토지를 소유하거나 지대 수취권을 받지만 단 그것은 기존 거주민들의 책임하에 이루어졌다. 이에 비해 신대륙에서는 토지 소유자에게 노동력 징발·사용의 권리까지 부여했다. 이것이 심각한 문제를 유발했다. 현지 주민들에 대한 가혹한 지배와 무제한의 착취의 길이 열린 것이다. 사실 스페인의 국왕으로서는 새로운 영토에 거주하는 사람들을 보호하려는 선의가 없지 않았다. 인디언들에 대한 정당한 대우를 규정한 1512년의 부르고스 법령이나 노예화를 금지한 1542년의 신법(Nueva Recopilación) 등이 그런 사례다. 그렇지만 설사 그런 선의가 있었다 하더라도 항해에 몇 달이 걸리는 원격지에서 자의적인 지배가 이루어지는 것을 막을 구체적 방안이 없었으므로 결국 이곳에서는 최악의 폭압적 체제가 자리 잡아 갔다. 인도주의적 노력을 아끼지 않은 라스카사스 같은 인물은 예외에 불과했다. 이처럼 단기적으로 스페인 정복은 아메리카 문명을 파괴하고 극히 비인간적인 수탈 체제를 만들었지만, 그런 위기를 거친 이후 장기적으로 인구가 안정화되고 종국적으로는 유럽, 아프리카, 아메리카의 요소들이 합쳐진 새로운 복합 문명이 만들어졌다.

이제 모든 대륙, 모든 문명이 어떤 방식으로든 서로 영향을 주고받으며 하나의 흐름 속으로 합류해 들어가는 시대가 열렸다. 아메리카의 은이 유럽에 들어왔다가 그중 많은 부분이 아시아, 특히 중국으로 흘러들어갔고, 이 과정에서 세계 경제에 지대한 파급 효과를 일으켰다. 구대륙의 전염병이 아메리카만 아니라 세계 각지의 오지로 퍼져 가며 수많은 희생자를 냈다. 자연생태계 요소들이 전 세계에서 다른 전 세계 각지로 퍼져 갔고, 그 가운데 인간이 사용하는 주곡(옥수수, 감자, 고구마, 카사바 등) 혹은 채소와 과일(토마토, 시금치, 파인애플 등)이 세계인의 일상생활을 크게 변화시켰다. 천만 명 이상의 아프리카인들이 노예가 되어 대서양을 넘어 남북 아메리카 각지에 끌려가 비인간적 삶을 살면서 고통받는 가운데 새로운 대서양 세계가 형성되었다. 세계는 이전과는 한층 다른 차원에서 재구조화되어 갔다.

콜럼버스는 자신의 항해로 인해 엄청난 변화가 일어나리라고 기대했다. 그것은 세계인들이 기독교로 개종하고 세계 제국이 건설되며, 그런 준비 이후 예수가 재림하고 인류는 마침내 첫 출발지인 낙원으로 복귀하면서 인류 역사가 마감되리라는 전망이었다. 물론 그가 생각했던 종류의 묵시론적 변화는 아니었지만 실제 그에 준하는 엄청난 규모의 변화가 일어났다. 콜럼버스는 근대 세계의 도래를 예견하고 준비한 중세의 예언자이자 활동가였다.

Giovanni Colombo de Mocónesi

Susanna Fontanarossa (ca.1489 사망) — Domenico Colombo (1418 생)

Giovanni Pellegrino Colombo

Bartolomé Colón (1461-1514/5)

Diego Colón (ca.1462-1515)

Bianchinetta Colombo

Felipa Moniz Perestrelo (ca.1454-1484) — Christopher Columbus (1451-1506) ··· Beatriz Enríquez de Arana (ca.1465-1522)

María de Toledo (1549 사망) — Diego Colón (ca.1480-1526)

Fernando Colón (1488-1539)

Felipa Colón (ca.1511 생)

María Colón (ca.1513 생)

Juana Colón (ca.1515 생)

Isabel Colón (ca.1517 생)

Luis Colón (1521-1572)

Cristóbal Colón (ca.1521/4 생)

Diego Colón (ca.1521/4 생)

콜럼버스의 말년의 종교적 심성을 말해 주는 증거 중 하나는 그의 특이한 서명이다. 그가 4차 항해를 떠나기 직전인 1502년 3월 21일, 스페인 주재 제노바 대사인 오데리고에게 『특권서』 수고본 두 권과 함께 편지를 보냈는데 그는 이 편지에 아주 특이한 서명을 했다. 윗줄에 S, 두 번째 줄에 S, A, S, 그리고 아랫줄에 X, M, Y를 쓰고 다시 그 밑에 Xpo FERENS를 붙인 것이다. 전체적으로 삼각형 모양을 이루는 것으로 보아 이는 삼위일체를 나타내고자 한 것으로 볼 수 있다. Xpo FERENS, 곧 Christoferens라는 것은 '예수를 저 먼 대륙에 운반해 간다'는 의미다.

문제는 알파벳 약자들의 의미다. 많은 학자들이 추론해 보았으나, 누구나 동의하는 해석은 아직 찾지 못했다. 콜럼버스 자신은 이에 대해 의미를 설명한 적이 없다. 그러면서도 후손들이 이것을 계속 사용하기를 바란다는 의사를 표명했다.(Symcox 2005, 55) 여러 학자들의 추론 중 가능성이 큰 것으로는 다음과 같은 것들이 있다.(West, 72)

SERVUS

SUM ALTISSIMI SALVATORIS

XRISTE MARIA YESU

(가장 고귀하신 구세주 예수, 마리아, 예수의 종)

SALVO

SANCTUM ALTISSIMUM SUPULCRUM

XRISTE MARIA YESU

(그리스도, 마리아, 예수의 성스러운 성묘를 구하리라)

SERVIDOR

SUM ALTEZAS SACRAS

XRISTE MARIA YSABEL

(가장 고귀하신 그리스도, 마리아, 이사벨의 종)

SUM

SEQUAX AMATOR SERVUS

XRISTE MARIAE YOSEPHI

(그리스도, 마리아, 요셉의 추종자이며 종)

참고문헌

Abulafia, David. 2008. *The Discovery of Mankind, Atlantic Encounters in the Age of Columbus*. New Haven: Yale University Press.

Berlioz, Jacques. 2010. "Quel jour êtes-vous né?" *L'Histoire* 352: 32.

Bevan, William Latham and Henry Wright Phillott. 1873. *Mediaeval Geography; An Essay in Illustration of the Hereford Mappa Mundi*. London: E. Stanford.

Bildhauer, Bettina and Robert Mills. 2006. *The Monstrous Middle Ages*. Toronto: University of Toronto Press.

Boucheron, Patrick. 2010. "Qui a inventé les Grandes Découvertes?" *L'Histoire* 355: 8-13.

Bushman, Claudia L. 1992. *America Discovers Columbus, How an Italian Explorer Became an American Hero*. Hanover, NH: University Press of New England.

Columbus, Ferdinand. 1960. *Life of Columbus*, edited by B. Keen. London: Folio Society.

Crouzet, Denis. 2006. *Christophe Colomb, Héraut de l'Apocalypse*. Paris: Payot.

Dawson, Christopher. 1980. *Mission to Asia*. Toronto: Toronto University Press.

Delumeau, Jean. 1992. *Une histoire du paradis*. Paris: Fayard.

Dugard, Martin. 2005. *The Last Voyage of Columbus*. New York: Little, Brown and Co.

Duncan, T. Bentley. 1975. "Steensgaard and the Europe-Asia trade of the Early Seventeenth Century." *Journal of Modern History* 47(3): 512-518.

Dunn, Oliver and James E. Kelley, Jr. 1989. *The Diario of Christopher Columbus's First Voyage to America 1492-1493*. Norman, OK: University of Oklahoma Press.

Duverger, Christian. 2004. "Enquête sur un tabou." *L'Histoire* 290: 38-47.

Edgerton, Jr., Samuel. 1974. "Florentine Interest in Ptolemaic Cartography as Background for Renaissance Painting, Architecture, and the Discovery of America." *Journal of the Society of Architectural Historians* 33(4): 275-292.

Fernández-Armesto, Felipe. 1974. *Columbus and the Conquest of the Impossible*. London: Weidenfeld and Nicolson.

Fernández-Armesto, Felipe. 1987. *Before Columbus, Exploration and Colonisation from the Mediterranean to the Atlantic 1229-1492*. Philadelphia: University of Pennsylvania Press.

Fernández-Armesto, Felipe. 1991. *Columbus*. Oxford: Oxford University Press.

Fernández-Armesto, Felipe. 1995. *The Global Opportunity*. Aldershot: Variorum.

Flint, Valerie I. J. 1992. *The Imaginative Landscape of Christopher Columbus*. Princeton: Princeton University Press.

Fraker, Charles F. 1966. "Prophecy in Gonçalo Martínez de Medina." *Bulletin of Hispanic Studies* 43: 81-97.

Graham-Campbell, James ed. 1994. *Cultural Atlas of the Viking World*. New York: Facts on File.

Greenblatt, Stephen. 1991. *Marvelous Possession, The Wonder of the New World*. Chicago: The University of Chicago Press.

Grove, Richard. 1995. *Green Imperialism: Colonial Expansion, Tropical Island Edens and The Origins of Environmentalism, 1600-1860*. Cambridge: Cambridge University Press.

Heers, Jacques. 1960. "Le rôle des capitaux internationaux dans les voyages de découverte au quinzième et seizième siècles." In M. Mollat et al. eds., *Les aspects internationaux de la découverte océanique au quinzième et seizième siècles: Actes du cinquième Colloque International d'histoire maritime*. Paris: S.E.V.P.E.N.

Heers, Jacques. 1984. "De Marco Polo à Christophe Colomb: comment lire le Dévisement du Monde." *Journal of Medieval History* 10: 125-143.

Hulme, Peter. 1986. *Colonial Encounters, Europe and the Native Caribbean, 1491-1797*. London: Methuen.

Irving, Washington. 1800. *The Life and Voyages of Christopher Columbus*. New York: Lovell.

Jane, Cecil, ed. 1988. *The Four Voyages of Columbus*. New York: Dover Publications.

Jehel, Georges. 1993. *Les Génois en Méditerranée occidental: fin XIe-début XIVe siècles. Ebauche d'une stratégie pour un empire*. Amiens: Université de Picardie.

Koning, Hans. 1991. *Columbus: His Enterprise: Exploding the Myth / including, Columbus in the classroom, by Bill Bigelow*. New York: Monthly Review Press.

Las Casas, Bartolomé de. 1992. *The Devastation of the Indies*. Baltimore: The Johns Hopkins University Press.

Las Casas, Bartolomé de. 2001. *Las Casas on Columbus: The Third Voyage*, edited by Geoffrey Symcox. Turnhout: Brepols.

Las Casas, Bartolomé de. 2002. *Histoire des Indes*, vol.1. Paris: Seuil.

Le Goff, Jacques. 2007. "L'Inde, ou Antichambre du paradis." *Les Collection de L'Histoire*, 86-88.

Lequenne, Michel, 2002. *Christophe Colomb contre ses mythes*. Grenoble: Jérôme Million.

Lyber, Arthur H. 1915. "The Ottoman Turks and the Routes of Oriental Trade." *English Historical Review* 30: 577-588.

Madariaga, Salvador de. 1952. *Christophe Colomb*. Paris: Calman-Lévy.

Madsen, Deborah, ed. 1994. *Visions of America since 1492*. New York: St. Martin's Press.

Magasich-Airola, Jorge and Jean-Marc de Beer. 2007. *America magica, When Renaissance Europe Thought It Had Conquered paradise*. London: Anthem Press.

Mahn-Lot, Marianne. 1960. *Portrait historique de Christophe Colomb*. Paris: Point.

Major, R. H. 1969. *Four Voyages to the New World, Letters and Selected Documents*. New York: Corinth Books.

Mandeville, John. 1983. *The Travels of Sir John Mandeville*. London: Penguin.

Martinière, Guy. 1994. *Le Portugal à la rencontre de 'Trois Mondes' (Afrique, Asie, Amérique) aux XV-XVIe siècles*. Paris: Editions de L'Institut des Hautes Etudes de l'Amérique.

Morison, Samuel Eliot. 1972. *Admiral of the Ocean Sea: A Life of Christopher Columbus* (Renewed Edition). Boston: Little, Brown and Company.

Phillips, Jr., William D. and Carla Rahn Phillips. 1992. *The Worlds of Christopher Columbus*. Cambridge: Cambridge University Press.

Rackham, H. 1967. *Natural History, with an English translation*. Cambridge: Harvard University Press.

Reeves, Marjorie. 1976. *Joachim of Fiore & The Prophetic Future: A Medieval Study in Historical Thinking*. Stroud: Sutton Publishing.

Rumeu de Armas, Antonio. 1989. *Libro Copiador de Cristóbal Colón. Correspondencia Inedita con los Reyes Católicos Sobre los Viajes a America*. Madrid: Testimonio.

Sale, Kirkpatrick. 1991. *The Conquest of Paradise, Christopher Columbus and the Columbian Legacy*. London: Penguin.

Schaub, Jean-Frédéric. 2010. "Pourquoi les Ibériques ont ouvert le chemin." *L'Histoire* 355: 44-53.

Schmitt, J.-C. 2009. *L'Invention de l'anniversaire*. Paris: Arkhé.

Silverberg, Robert. 1972. *The Realm of Prester John*. Garden City: Doubleday & Co.

Simek, Rudolf. 1996. *Heaven and Earth in the Middle Ages: The Physical World before Columbus*, translated by Angela Hall. New York: Boydell Press.

Subrahmanyam, Sanjay. 1993. *The Portuguese Empire in Asia 1500-1700: A Political and Economic History*. London: Wiley-Backwell.

Symcox, Geoffrey ed. 2001. *Italian Reports on America, 1493-1522, Letters, Dispatches, and Papal Bulls*. Turnhout: Brepols.

Symcox, Geoffrey, and Blair Sullivan eds. 2005. *Christopher Columbus and the Enterprise of Indies: A Brief History with Documents*. New York: Palgrave Macmillan.

Urvoy, Jean-Michel. 2004. "Où est enterré Christophe Colomb?". *L'Histoire* 286: 20-21.

Varela, Consuelo. 2008. *Christopher Columbus and the Mystery of the bell of the Santa Maria*. Vercelli: Whitesalt Publisher.

Voragine, Jacobus de. 1993. *The Golden Legend: Readings on the Saints*, translated by William Granger Ryan. Princeton: Princeton University Press.

Watts, Pauline Moffitt. 1985. "Prophecy and Discovery: On the Spiritual Origins of Columbus's 'Enterprise of the Indies'." *The American Historical Review* 90(1): 73-102.

West, Delno C. and August Kling. 1991. *The Libro de las profecías of Christopher Columbus*. Gainsville: University of Florida Press.

Zamora, Margarita. 1993. *Reading Columbus*. Berkeley: University of California Press.

게레멕, 브로니슬라프. 2010.『빈곤의 역사: 교수대인가 연민인가』(이성재 옮김). 길.
다이아몬드, 재레드. 2013.『총, 균, 쇠: 무기, 병균, 금속은 인류의 운명을 어떻게 바꿨는가』(김진준 옮김) 3판. 문학사상사.
단테, 알리기에리. 2007.『신곡』(박상진 옮김). 민음사.
르고프, 자크. 1992.『서양 중세 문명』(유희수 옮김). 문학과지성사.
르고프, 자크. 1995.『연옥의 탄생』(최애리 옮김). 문학과지성사.
마사카쓰, 미야자키. 1999.『정화의 남해 대원정』(이규조 옮김). 일빛.
맥닐, 윌리엄. 2009.『전염병과 인류의 역사』(허정 옮김). 한울.
붕크, 루크. 2006.『역사와 배』(안성찬 옮김). 해냄.
브로델, 페르낭. 1995.『물질문명과 자본주의』(주경철 옮김). 까치.
소벨, 데이바 외. 2001.『경도, 한 외로운 천재의 이야기』(김진준 옮김). 생각의나무.
엘리엇, 존 H. 2000.『스페인 제국사 1469-1716』(김원중 옮김). 까치.
정인철. 2008.「서양 중세 세계지도에 표현된 지상낙원의 지도학적 연구」.『대한지리학회지』 제3호, 412-431.
주경철. 2005.『문화로 읽는 세계사』. 사계절.
주경철. 2008.『대항해시대: 해상 팽창과 근대 세계의 형성』. 서울대학교출판부.
주경철. 2012a.「신은 목마르다: 아스테카 제의와 기독교의 만남」.『현대문학』 2012-9, 200-216.
주경철. 2012b.『히스토리아』. 산처럼.
진즈부르그, 카를로. 2001.『치즈와 구더기: 16세기 한 방앗간 주인의 우주관』(김정하·유제분 옮김). 문학과지성사.
카, 레이몬드 외. 2006.『스페인사』(김원중·황보영조 옮김). 까치.
카렌, 아노. 2001.『전염병의 문화사』(권복규 옮김). 사이언스북스.
쿨란스키, 마크. 1998.『세계를 바꾼 어느 물고기의 역사』(박광순 옮김). 미래 M&B.
폴로, 마르코. 2000.『동방견문록』(김호동 옮김). 사계절.
허일·김성준·최운봉 편역. 2005.『중국의 대항해자 정화의 배와 항해』. 심산.

찾아보기

주경철

서울대학교 경제학과를 졸업하고 동 대학원 서양사학과에서 역사학 석사학위를, 프랑스 사회과학고등연구원(EHESS)에서 역사학 박사학위를 받았다. 미국 하버드대학교 옌칭연구소 초빙 연구원을 거쳐 현재 서울대학교 서양사학과 교수로 재직 중이다. 주요 저서로는 『바다 인류: 인류의 위대한 여정, 글로벌 해양사』, 『대항해시대: 해상 팽창과 근대 세계의 형성』, 『어떻게 이상 국가를 만들까?: 유토피아의 역사에서 배우는 미래를 위한 교훈』, 『주경철의 유럽인 이야기』, 『마녀』, 『문명과 바다』, 『문화로 읽는 세계사』, 『신데렐라』, 『모험과 교류의 문명사』, 『그해, 역사가 바뀌다』 등이 있다.